破产管理人
典型案例实操

主　编◎李　燕

副主编◎高　翔　袁小彬　徐丽霞

法律出版社
LAW PRESS · CHINA
北京

图书在版编目(CIP)数据

破产管理人典型案例实操 / 李燕主编. -- 北京 :
法律出版社, 2022
ISBN 978-7-5197-7442-4

Ⅰ. ①破… Ⅱ. ①李… Ⅲ. ①破产法-研究-中国
Ⅳ. ①D922.291.924

中国版本图书馆 CIP 数据核字(2022)第 251469 号

破产管理人典型案例实操
POCHAN GUANLIREN DIANXING ANLI SHICAO

李 燕 主 编
高 翔
袁小彬 副主编
徐丽霞

策划编辑 沈小英 陈 妮
责任编辑 杨大康 刘雪莲
装帧设计 汪奇峰

出版发行 法律出版社
编辑统筹 法治与经济出版分社
责任校对 晁明慧
责任印制 吕亚莉
经 销 新华书店

开本 710 毫米×1000 毫米 1/16
印张 19.75 字数 363 千
版本 2023 年 1 月第 1 版
印次 2023 年 1 月第 1 次印刷
印刷 固安华明印业有限公司

地址:北京市丰台区莲花池西里 7 号(100073)
网址:www.lawpress.com.cn
投稿邮箱:info@lawpress.com.cn
举报盗版邮箱:jbwq@lawpress.com.cn

销售电话:010-83938349
客服电话:010-83938350
咨询电话:010-63939796

书号:ISBN 978-7-5197-7442-4
定价:118.00 元
凡购买本社图书,如有印装错误,我社负责退换。电话:010-83938349

但在2015年之后，人民法院因时制宜放宽破产案件的审查标准，破产案件数量大增，破产司法实践中出现了诸多新需求、新情况，各地也纷纷成立破产法庭专门审理破产案件。《中华人民共和国企业破产法》（以下简称《企业破产法》）自2007年施行以来，长久未作实质性修订，实践中面临的很多问题都需要进一步的规范指引，现今破产法的修订已提上日程。目前《企业破产法》修订关注度较高的问题包括：(1)破产法的适用范围。包含非营利性法人（事业单位、社会团体、基金会、社会服务机构）、特别法人（机关法人、农村集体经济组织法人、城镇农村的合作经济组织法人、基层群众性自治组织法人）、非法人组织（个人独资企业、合伙企业、不具有法人资格的专业服务机构）及自然人是否都能够破产？适用何种破产程序？个人破产纳入现行破产法之中还是单独立法等。(2)破产程序的改革。包括是否成立专门的破产案件审判机构，是否设立专门的破产事务管理机构，简易破产程序如何完善，法院能否依职权启动破产程序，债权人参与权如何保护等。(3)管理人制度的改革。包括管理人选任规则的完善，管理人在破产程序中职责发挥的保障，管理人行业协会的自律管理建设等。(4)重整制度和预重整制度的完善。如债务人自行管理模式的完善，预重整中临时管理人的设立，预重整与重整的衔接等。(5)金融机构破产。涉及申请金融机构破产的标准、主体以及对金融破产案件的管辖问题，金融机构破产的行政清理问题，金融机构破产的债券清偿顺位等。(6)破产涉税问题。特别是破产重整中有没有税务减免，破产过程中涉及的许多交易的税务如何处理，破产企业的滞纳金是普通债权还是劣后债权等。(7)府院联动。涉及专门破产管理机构、行政管理部门的设立问题，风险预警机制的问题以及信用修复的问题等。(8)跨境破产。涉及我国破产法的域外效力，我国法院的管辖权以及司法协助的原则、条件等。(9)关联企业实质合并破产。如关联企业实质合并破产的认定、管辖以及处理原则等。此外破产法修订还涉及与诸多关联法律法规如公司法、民事诉讼法、劳动法、金融法乃至刑法等进一步衔接的问题，如董事、高管的破产申请义务就关系破产法与公司法的衔接等，此处不再详述。

破产法归属于商事法律范畴，具有很强的实践性。天下之事，不难于立法，而难于法之必行。从全国范围的破产司法实践来看，重庆已走在前列，其早在2019年便成立破产法庭专门管辖破产案件。破产法庭成立以来，成功审结力帆系企业、北汽银翔公司、比速汽车及其销售公司等一批在全国具有较大影响，办

序　言

法律总是产生于特定的社会关系，故市场经济涉及的市场准入、市场交易和市场退出等关系均需要构建相应的法律架构，即市场准入法、市场交易法和市场退出法。其中市场退出法层面主要靠破产法调整，是市场竞争中的失败者退出市场或者进行司法救助的一种机制，其制定与实施也是市场经济法治化的重要标志。

破产法，也被称为“市场经济宪法”，是对债权债务关系的一种文明的司法安排，其制度的实施也有利于优化资源的市场配置，促进企业主体的公平竞争和优胜劣汰。破产制度分为破产清算、破产重整、破产和解三大制度。破产清算以公平清偿债务为宗旨，保护债权人的合法权益，坚持概括清偿原则；破产重整在维持企业存续的基础上，公平清偿各方债权，在保护债权人利益的同时兼顾债务人的利益保护；破产和解维持并保护基本面较好的企业生存，支持原管理层继续经营。企业是各类市场主体中最活跃、最广泛的构成，完善企业破产制度供给，破除制约企业破产退出的阻碍，实现企业有进有退，有利于进一步完善社会主义市场经济体制。

近年来我国经济在产业结构、发展模式等方面已发生重大变化，市场机制得到充分发挥。在商业实践中，企业破产已不鲜见。在 2015 年以前，人民法院严格审查破产申请，一定程度上限制了法院破产案件的受理数量。

编委会

理难度较高的破产重整案件,取得了良好的政治效果、法律效果和社会效果。2021年,重庆破产管理人协会组织了年度经典案例与十佳管理人的评选活动。被评选出的经典案例深刻反映出了当前破产实践的典型样态,也是推动本书编写的最初缘由。随后本书也结合了2021年重庆律师协会评选出的破产经典案例,从中选取了具有代表意义的案例进行汇编分析和评价,希望可供理论界与实务界参考一二。本书的编写,力求展现当前破产实践现状,特别是呈现破产管理人的具体工作内容,包括管理人的工作流程、管理人的办案经验总结等,以期读者能够了解管理人工作的全貌及破产管理人制度的重要性。另外,结合这一轮破产法的修订,深入探讨当前破产实践中有代表性的理论问题,如关联企业实质合并破产、出资人权益调整的中小股东保护、“执转破”、重整计划强制批准、高管范围及其工资确认规则、债务人税款以及滞纳金债权清偿等问题。因本书案例的文字内容偏多,为便于阅读,本书采用索引归纳的方式呈现问题,以便读者查找和阅读重点问题。

总体而言,我国破产案件的审理一直朝着专业化、技术化的方向不断发展,但专业化、技术化是一项艰巨且复杂的系统工程。这需要人民法院、破产管理人、债务人、债权人等相关主体的共同努力。本书的撰稿人既有深度参与破产实践的律师事务所、会计师事务所、企业清算公司的专业人员,也有从事破产法研究的相关学者、博士研究生等,使本书的内容既不脱离于破产实践本身,又具备一定的理论研究价值。但编者自知,文章一事,各有喜好,纵费尽心机,亦难成无暇。书中不足之处,望读者不吝批评指正。编者深信,此书的读者与编者、撰稿人一样,共同期待着我国破产制度日臻完善。

谨以本书致献重庆市法学会破产法学研究会的批复设立。

李燕

2022年9月1日于西南政法大学

索　引

第一编　重　整　编

案例一　力帆系企业破产重整案

关键词:关联企业合并破产;救济机制;协调审理;劣后债权;金融债委会

一、关联企业合并破产制度司法审查标准的确立

二、关联企业合并破产程序应由法院主导

三、关联企业合并破产程序的救济机制

四、法院应在各债务人破产程序独立的前提下协调审理案件

五、债权人加倍支付的迟延利息应认定为劣后债权

六、劣后债权可分为法定劣后债权与约定劣后债权

七、劣后债权不仅适用于清算,也应适用于重整与和解程序

八、根据劣后债权的产生源头和法律特征确定劣后债权间的清偿顺序

九、设立金融债委会,发挥其协调作用,改善债权人沟通机制

十、充分利用出资人让渡资源,运用上市公司出资人让渡的转增股票化解债务

十一、对于社会影响较大的破产案件应建立高效社会联动与舆情导控机制

案例二　四川盛马化工股份有限公司等5家关联公司合并破产重整案

关键词：税款滞纳金；税款优先权；普通债权；出资人权益调整；最大利益原则；战略投资人招募

一、税款滞纳金不属于税款优先权的范围，应视为普通债权

二、在重整中应注意调整出资人权益

三、区分对待公司股东，考虑股东对公司陷入困境所存在的过错程度

四、在重整计划中应考量最大利益原则，法院应该保障任何一个反对重整计划的利害关系人至少可以得到在破产清算程序中应得到的清算利益，无论其所属表决组是否通过重整计划

五、管理人应促使投资人在重整计划执行中一次性清偿完所有债权人，避免重整计划执行中的不确定性

六、应积极采用府院联动模式招募战略投资人，提供优惠政策，促使招募成功

七、在评估租赁物价值时，管理人应以本金为限继续履行融资租赁合同，降低融资租赁债权人的表决风险

案例三　重庆荧鸿房地产开发有限公司、重庆荧鸿置业有限公司实质合并破产重整案

关键词：房地产企业重整；建设工程优先权；投资人；居住权；抵押债权

一、房地产企业重整不仅需满足购房者交房、办证的需求，也要保障已入住群众的基本居住权

二、在破产程序中原则上应坚持建设工程优先权债权优于抵押债权的清偿顺位，但应严格限制建设工程优先债权的范围

三、在房地产企业重整中的续建会增加新的工程款债权或共益债务，这可能对原建设工程优先权人的债权实现造成额外困难，因而有必要在重整中采取有效措施保护建设工程优先权人的债权实现

四、在考察投资人时，管理人应从投资意向、财务实力、品牌影响力等方面综合考量，并充分分析债务人及市场现状，制定符合债务人自身利益的最佳投资方案

五、管理人应依法依规保持与债权人、投资人等各方的沟通交流,合理平衡各方主体利益,保证重整工作合法推进

六、破产重整程序中需要在企业的自营自管权与管理人监督权中寻找居中道路,协调二者关系,平衡双方诉求

案例四　重庆华城希望房地产开发有限公司破产重整案

关键词:破产解除权;未履行合同;购房人优先权;在建工程续建;投资人引进;出资人权益调整

一、建立破产解除权的适用原则,将未履行合同类型化,以平衡破产财团与各利益相关方利益

二、购房人优先权制度应设置一定限制条件

三、应进一步明确购房者优先权内容

四、在房地产企业破产重整中应充分保障商品房购房人及拆迁户利益

五、管理人应该与法院、政府建立制度化、常态化的协调联动机制,统筹协调解决案涉社会稳定、复工续建、职工保障、拆迁户和购房人权益保障、投资人引进等问题

六、对在建项目工程的复工续建,可由管理人制定复工续建方案,交由债权人会议表决并实施

七、因房地产企业重整涉及诸多利害关系人,故管理人需在平衡协调多方利益的前提下,合理合法制订重整计划

案例五　重庆九七九置业有限公司破产重整案

关键词:表决规则优化;投资者权益保护;社会维稳;战略投资人;府院联动机制

一、在重整计划草案表决中,要根据权利主体的权益调整程度适当扩展表决内容、细化表决主体,综合考量债权性质和权益差异来划分表决组、优化决议规则

二、管理人应进一步分析重整成功和失败后的风险,进而保障重整企业投资者的知情权、公平竞争权以及安全退出权

三、房地产企业重整案涉债务众多,管理人应解决房地产在建项目必要的生

产经营费用,并重视社会维稳工作

四、为保障债权人知情权,管理人应将战略投资人的选择权交由债权人会议

五、在债务人税务问题上,管理人应协调政府、法院建立府院联动机制,与当地税务部门协调解决

案例六　重庆华生园食品股份有限公司破产重整案

关键词:职业经理人管理模式;全面接管企业;担保债权;职工权益保护;社会维稳;

一、在债务人原有治理体系混乱时,考虑引入职业经理人管理企业经营并赋予其履行职权的法律基础和正当性

二、在大型企业的接管和管理上,管理人应尽量全面接管企业,必要时可请求司法协助,深入管理企业,大力整治企业乱象

三、在无投资人加入的情况下,管理人可在充分考虑债务人的品牌价值和资产情况的基础上制定自行经营偿债的重整计划

四、破产程序中担保债权的限制与保护

五、对于生产经营型企业,管理人应首先保障职工在破产受理后的工资发放,加强与职工债权人、股东债权人的联系沟通,协助相关政府部门做好维稳工作

案例七　北汽银翔汽车有限公司、重庆北汽幻速汽车销售有限公司破产重整案

关键词:债转股;债权人知情权;商业秘密;重整计划草案制订

一、破产重整中的债转股必须贯彻自愿原则,不能适用债权人会议多数决的强制原则

二、选择债转股的债权人完成相应股东变更程序后,即使重整失败也不再恢复原债权债务关系

三、在重整程序中,管理人需要注意保护债权人的知情权

四、在信息披露的同时管理人也应注意债务人商业秘密的保护

五、在重整计划草案制订的过程中,可以通过制订工作进度计划、论证重整方案、召开专题研讨会等方式监督重整计划草案的制订

案例八　重庆泰利尔压铸有限公司破产重整案

关键词:重整计划强制批准;重整计划执行救济;重整计划执行监督;财产管理方案;职工安置

一、法院在裁定批准重整计划草案时应符合实体要件与程序要件的要求

二、避免司法权过度在强制批准中干预私权,应加强重整计划被强制批准后的救济,赋予利害关系人一定的救济权

三、可由法院、具有专门学识和经验的专家、学者组成监督组对重整计划的执行进行监督

四、在破产重整中管理人应重视职工问题,拟定有效的职工安置方案

五、管理人应有效识别债务人重整价值,加强沟通协调推动破产重整实施

六、管理人应在重整计划草案中平衡各方利害关系人权益,使重整方案获得法院批准

案例九　重庆海洲化学品有限公司破产重整案

关键词:出资人权益调整;债权补充申报;高级管理人员认定;府院联动机制

一、完善出资人权益强制调整制度

二、重整程序中补充申报债权的限制及后果

三、破产管理人应当结合个案实际情况确定公司高级管理人员的范围

四、担保债权人表决权数的确认

五、管理人应该与政府、法院积极沟通,协调配合,积极探索建立府院联动机制

第二编　和　解　编

案例一　重庆忠荻商业管理有限公司破产和解案

关键词:破产和解;清算转和解;同债不同偿;和解协议监督机制

一、破产和解中同债不同偿的现实基础

二、破产和解的制度价值

三、破产和解程序中的和解协议监督机制

案例二　重庆欧特模具科技有限公司破产和解案

关键词:执转破;审转破;破产案件“回收率”;股东责任

一、“执转破”程序的完善

二、“审转破”程序的探索

三、破产案件“回收率”指标的优化

四、管理人应严格追究未履行出资义务的股东责任,要求其实缴出资

五、管理人应充分发挥履职能动性,积极协调各方利益,化解债务人遗留纠纷

案例三　重庆市合川区至皇建材有限公司破产和解案

关键词:重整转和解;家族式企业;债权人权益保障

一、破产重整向破产和解程序转化的理论基础

二、破产重整向破产和解程序转化程序的完善

三、在立法缺失导致破产重整程序向破产和解程序转换缺乏指引的情况下,管理人应释明法理,引导债权人和债务人

四、对于缺乏规范办事流程、科学人才选任机制的家族式企业,管理人应增进与债务人经营管理人员的沟通,全面掌握企业经营状况,作出科学决策

五、管理人应加强与债权人沟通,了解债权人意愿

案例四　重庆崛鸿农业发展有限公司破产和解案

关键词:股东债权;物品变价处置;管理人中立

一、破产程序中股东与公司之间债权债务关系的处理

二、不宜长期保存物品变价处置过程中的问题

三、破产程序中管理人应保持中立地位,公平、平等保障与破产财产所涉的各主体的合法权益

四、在启动资金缺失无法对公司的财产进行审计、评估时,管理人可先行垫付审计费、评估费,后以资产拍卖款归还的方式获得启动资金

五、在案件各参与主体之间矛盾尖锐,无法形成有效决议的情况下,管理人应平衡债权人、债务人、股东等各方利益,根据具体情况随时调整由合适人员承

办案件,积极促成和解的达成

第三编 清 算 编

案例一 重庆晨昊汽车零部件有限公司破产清算案

关键词:破产档案资料移交;产权证书;假马竞标;破产财产;府院联动机制

一、建设工程施工合同解除后工程技术档案资料移交义务的履行

二、未办理产权证书的不动产处置问题

三、“假马竞标”在清算程序中的运用

四、充分发掘资产优势,多渠道寻找意向买家,坚持以市场化手段处置破产财产,以实现破产财产价值最大化

五、应逐步探索在破产财产交付过程中采用府院联动机制,提高破产财产处置效率,缩短生产要素盘活周期,充分发挥其效能

案例二 云阳县云春大酒店有限责任公司强制清算及破产清算案

关键词:强制清算;破产清算;控股股东;高级管理人员;侵占公司财产

一、强制清算与破产清算的程序衔接

二、控股股东、高级管理人员涉嫌隐匿、销毁会计凭证、会计账簿等行为分析

三、控股股东、高级管理人员利用职务之便侵占公司财产行为分析

四、民营企业账目不清、会计凭证账簿不齐时,清算组应核查债权债务资料、财务凭证

五、在公司控股股东、高管涉嫌侵占债务人财产时,管理人应书面要求其归还被侵占财产并承担赔偿损失的责任。若其未履行相应义务,则应告知债务人并应积极向公安机关举报,配合提起刑事附带民事诉讼追索财产

案例三 重庆德浩实业有限公司破产清算案

关键词:职工债权;经济补偿金;破产财产价值最大化;破产财产处置

一、职工债权的认定范围

二、职工经济补偿金的计算规则

三、管理人在破产程序中应该快速清理职工债权,以消除职工对企业破产后

果的不安和恐惧

四、破产程序中的破产财产价值最大化原则

五、管理人在对债务人财产变现时应采用灵活多样的变现方式

目　录

第一编　重　整　编

案例一　力帆系企业破产重整案 …… 3

一、案件基本情况 …… 4

二、实务经验总结 …… 11

三、理论问题探究 …… 17

案例二　四川盛马化工股份有限公司等 5 家关联公司合并破产重整案 …… 23

一、案件基本情况 …… 24

二、实务经验总结 …… 27

三、理论问题探究 …… 31

案例三　重庆荧鸿房地产开发有限公司、重庆荧鸿置业有限公司实质合并破产重整案 …… 39

一、案件基本情况 …… 40

二、实务经验总结 …… 47

三、理论问题探究 …… 53

案例四　重庆华城希望房地产开发有限公司破产重整案 …… 61

一、案件基本情况 …… 62

二、实务经验总结 …… 67

三、理论问题探究 …… 70
案例五 重庆九七九置业有限公司破产重整案 …… 79
一、案件基本情况 …… 80
二、实务经验总结 …… 85
三、理论问题探究 …… 89
案例六 重庆华生园食品股份有限公司破产重整案 …… 97
一、案件基本情况 …… 98
二、实务经验总结 …… 102
三、理论问题探究 …… 108
案例七 北汽银翔汽车有限公司、重庆北汽幻速汽车销售有限公司破产重整案 …… 115
一、案件基本情况 …… 116
二、实务经验总结 …… 120
三、理论问题探究 …… 126
案例八 重庆泰利尔压铸有限公司破产重整案 …… 134
一、案件基本情况 …… 134
二、实务经验总结 …… 139
三、理论问题探究 …… 143
案例九 重庆海洲化学品有限公司破产重整案 …… 150
一、案件基本情况 …… 151
二、实务经验总结 …… 156
三、理论问题探究 …… 160

第二编 和 解 编

案例一 重庆忠荻商业管理有限公司破产和解案 …… 173
一、案件基本情况 …… 174
二、实务经验总结 …… 176
三、理论问题探究 …… 182
案例二 重庆欧特模具科技有限公司破产和解案 …… 190
一、案件基本情况 …… 191

二、实务经验总结 …… 193
三、理论问题探究 …… 195
案例三 重庆市合川区至皇建材有限公司破产和解案 …… 203
一、案件基本情况 …… 204
二、实务经验总结 …… 213
三、理论问题探究 …… 219
案例四 重庆崛鸿农业发展有限公司破产和解案 …… 227
一、案件基本情况 …… 228
二、实务经验总结 …… 234
三、理论问题探究 …… 237

第三编 清 算 编

案例一 重庆晨昊汽车零部件有限公司破产清算案 …… 247
一、案件基本情况 …… 248
二、实务经验总结 …… 253
三、理论问题探究 …… 255
案例二 云阳县云春大酒店有限责任公司强制清算及破产清算案 …… 268
一、案件基本情况 …… 269
二、实务经验总结 …… 272
三、理论问题探究 …… 277
案例三 重庆德浩实业有限公司破产清算案 …… 286
一、案件基本情况 …… 286
二、实务经验总结 …… 289
三、理论问题探究 …… 294

第一编　重　整　编

案例一　力帆系企业破产重整案*

力帆公司系重庆市知名上市公司,但因汽车、摩托车行业处于深度转型期,同时受短贷长投、战略投资亏损、内部管理不善等综合因素影响,近年来陷入严重的经营危机和债务危机。2020 年力帆公司及其 20 多家关联企业进行破产重整。[①] 法院受理案件后,及时指定管理人介入。法院、管理人在较短时间内高效完成重整工作,促成各方主体的利益共赢,取得了良好的法律效果和社会效果。力帆公司破产重整案,牵涉上市公司重整,管理人在工作中充分发挥主观能动性,依托府院联动机制,确保重整进程顺利推进。案件本身也反映了诸多理论研究问题。例如,关联企业实质合并破产需要分析法律形式与实质内容,从法人人格是否混同、是否严重损害债权人公平清偿利益等方面综合判断。再如劣后债权的处理,要在细分债权类型,明确适用程序后,审慎认定和清偿等。这些也是破产法修订完善中需要关注的问题。

---

* 执笔人:夏天,重庆学苑律师事务所合伙人、管委会副主任;杨朝越,重庆工商大学法学系讲师。

① 此次力帆系企业破产共涉及 22 家公司,在破产重整中分为两大板块。其中力帆股份及其 10 家全资子公司被称为上市板块,力帆控股等 11 家公司被称为非上市板块。

一、案件基本情况

2020 年 6 月至 8 月，重庆嘉利建桥灯具有限公司等债权人以力帆股份及其 10 家全资子公司不能清偿到期债务，且资产不足以清偿全部债务或者明显缺乏清偿能力为由，申请对其进行破产重整，并采用协调重整进行审理。与此同时，力帆控股等 11 家公司分别以不能清偿到期债务，且资产不足以清偿全部债务为由，申请破产重整，并同时申请实质合并重整。重庆市第五中级人民法院依法裁定力帆控股等 11 家公司实质合并重整，并对该重整案进行协调审理。法院同时指定了力帆系企业清算组作为管理人，重庆学苑律师事务所与北京市金杜律师事务所及相关部门工作人员作为清算组成员，履行管理人职务。

（一）重整期间核心工作开展情况

1. 接管企业

法院、管理人、企业等各方在力帆股份企业现场召开接管会议，全面启动接管工作。管理人按照接管方案接管了力帆系企业的重要印章及资质证照等系列文件材料，同时，管理人对债务人财产进行清查。在完成接管后，管理人对力帆系企业各类印章进行直接监管。为保持力帆系企业财产的运营价值，维护广大债权人权益，法院依法决定力帆系企业在重整期间继续营业。同时，考虑到公司经营管理具有较强专业性，为保障重整期间公司生产经营活动的正常平稳运行，经法院许可，管理人聘请原管理层负责营业事务，由管理人对公司生产经营进行监督。

2. 债权申报审查

在债权申报期限内，管理人按照确定的工作流程接受债权申报，对债权申报材料登记造册，并依法进行审查。债权申报及审查情况具体如下：

管理人审查确定力帆股份债权金额共计 105.97 亿元，其中担保债权 30.37 亿元，税款债权 80.26 万元，普通债权 75.47 亿元，劣后债权 1106.57 万元；在已申报债权中，债权人申报债权性质为普通债权，经管理人审查因主体不适格、已过诉讼时效等原因不予确定的债权金额为 1.41 亿元；因涉及未决诉讼等尚未审查确定的债权金额为 6.14 亿元，其中担保债权 1.10 亿元，普通债权 50,439.73

万元。此外经管理人调查，力帆股份存在职工债权 601.38 万元，涉及职工 85 名。

管理人审查确定力帆乘用车债权共计 60.69 亿元，其中担保债权 11.80 亿元，税款债权 750.47 万元，普通债权 48.69 亿元，劣后债权 1081.79 万元；不予确定债权 2.19 亿元；暂缓确定债权 8.68 亿元，其中担保债权 1.10 亿元，普通债权 7.58 亿元。力帆内燃机普通债权 2812.97 万元；不予确定债权 52.67 万元。力帆摩发债权共计 2.62 亿元，其中普通债权 2.61 亿元，劣后债权 79.28 万元；不予确定债权 36.78 万元；暂缓确定债权 7235.55 万元。力帆汽发债权共计 13.66 亿元，其中担保债权 11.80 亿元，普通债权 1.85 亿元，劣后债权 0.91 万元；不予确定债权 2568.61 万元；暂缓确定债权 2.09 亿元，其中担保债权 1199.15 万元，普通债权 1.97 亿元。力帆汽销债权共计 7.25 亿元，其中担保债权 2.13 亿元，普通债权 5.11 亿元，劣后债权 16.17 万元；不予确定债权 1296.38 万元；暂缓确定债权 3.59 亿元，其中担保债权 1.10 亿元，普通债权 2.49 亿元。力帆进出口债权共计 40.21 亿元，其中担保债权 11.72 亿元，普通债权 28.49 亿元，劣后债权 0.17 万元；不予确定债权 730.92 万元；暂缓确定债权 9684.52 万元，其中担保债权 7235.55 万元，普通债权 2448.97 万元。力帆速骓普通债权 540.71 万元。力帆喜生活普通债权共计 2214.63 万元；不予确定债权 1.00 万元。重庆移峰普通债权 2491.64 万元；不予确定债权 526.09 万元；暂缓确定债权 1173.26 万元。无线绿洲普通债权 454.33 万元，劣后债权 0.78 万元；不予确定债权 9.87 万元。

管理人审查确定力帆控股等 11 家公司债权金额共计 144.25 亿元，其中担保债权 40.76 亿元，税款债权 26.37 万元，普通债权 103.46 亿元，劣后债权 214.27 万元，不予确定债权 9970.67 万元，暂缓确定债权 25.03 亿元，全部为普通债权。此外，经管理人调查，力帆控股存在职工债权 418.82 万元，涉及职工 122 名。

3. 继续履行合同

经管理人核查，确定上市板块待履行合同 1765 份，其中继续履行 1065 份，解除 700 份；非上市板块待履行合同 256 份，其中继续履行 251 份，解除 5 份。对于决定继续履行的合同，管理人第一时间发出继续履行通知，确保力帆系企业经营业务正常开展。

4. 资产评估与审计

管理人依法聘请了审计机构和评估机构对本项目展开审计、评估工作，并针对力帆系企业的资产情况出具审计报告和评估报告。根据审计报告和评估报告,力帆股份及10家子公司资产具体情况如下:力帆股份账面资产值约38.34亿元,资产评估值约38.40亿元。力帆乘用车账面资产值约22.21亿元,资产评估值约19.64亿元。力帆汽销账面资产值约0.30亿元,资产评估值约0.15亿元。力帆进出口账面资产值约6.54亿元,资产评估值约6.63亿元。力帆摩发账面资产值约0.98亿元,资产评估值约0.61亿元。力帆汽发账面资产值约3.02亿元,资产评估值约2.26亿元。力帆内燃机账面资产值约1.23亿元,资产评估值约0.97亿元。力帆速骓账面资产值约3.58亿元,资产评估值约2.48亿元。无线绿洲账面资产值约0.01亿元,资产评估值约22.32万元。力帆喜生活账面资产值约0.76亿元,资产评估值约0.56亿元。重庆移峰账面资产值约0.18亿元,资产评估值约0.06亿元。力帆控股等11家公司账面资产值合计约20.35亿元,资产评估总值为41.75亿元。

5. 投资人招募与确定

为协调推进和统筹完成力帆股份的重整工作,2020年8月26日,管理人在"全国企业破产重整案件信息网"发布《力帆实业(集团)股份有限公司管理人关于招募重整投资人的公告》,公开、公平、公正引入重整投资人,以期通过重整投资人的引入实现以下目的:第一,优化力帆股份及10家子公司的资产、债务、股本结构,并维护全体债权人合法利益;第二,整合产业资源,实现产业升级;第三,优化公司治理结构。公告发布后,重庆两江股权投资基金管理有限公司(以下简称两江基金)、吉利迈捷投资有限公司(以下简称迈捷投资)以联合体身份与法院、管理人及企业进行接洽,报名参与本案重整工作。管理人结合力帆股份实际情况,与意向重整投资人进行磋商讨论,并在谈判成果基础上形成了最终重整投资方案。基于各方达成的重整投资方案,管理人结合债权申报审查工作、审计评估工作等多项重整工作成果,起草了重整投资协议。2020年11月6日,管理人与迈捷投资、两江基金签署《关于力帆实业(集团)股份有限公司重整投资协议》,明确重整投资人身份及重整投资实施方式。

6. 债权人会议组织与召开

为顺利召开第一次债权人会议,在法院指导下,管理人组织专业队伍在力帆债权申报中心驻场办公,收发债权申报材料快递与电子邮件,高效审查3600余笔债权,梳理合同2000余件,短时间内迅速完成了第一次债权人会议会前全部工作。力帆系企业合并重整案第一次债权人会议于2020年10月13日通过网络会议方式召开。经会议审议，力帆系企业《财产管理方案》均获表决通过。为使债权人能够充分理解重整计划的内容，管理人就重整计划的内容与债权人进行了充分的交流，相关单位还组织队伍赴北京、贵阳、长春、南京、杭州、深圳等地实地拜访关键债权人，解释重整方案，解答债权人疑问，寻求债权人支持。在沟通过程中，管理人也及时向债权人反馈重整工作进展的有关情况，重点解答各债权人对重整工作和重整计划草案提出的疑问，并阐明重整对债权人的积极意义，全面配合债权人履行内部报批流程，取得债权人认可。2020 年 11 月 25 日力帆系企业重整案第二次债权人会议顺利召开。经会议审议，力帆系企业重整计划（草案）均获表决通过。

7. 信息披露

力帆股份作为上市公司，根据《上海证券交易所股票上市规则》，管理人指定专人与企业及交易所进行沟通，负责公司信息披露，真实、准确、完整、及时地履行信息披露义务。力帆控股作为债券发行人，根据《银行间债券市场非金融企业债务融资工具信息披露规则》，管理人指定专人与企业及交易商协会进行沟通，负责公司信息披露，真实、准确、完整、及时地履行信息披露义务，有效维护广大投资者的合法权益。

（二）重整计划的内容与批准

1. 力帆股份及 10 家子公司重整计划草案内容

力帆股份及 10 家子公司系采取协调审理方式重整，因此 11 家公司分别制定了重整计划草案，但 11 个重整计划草案的内容共同成为一个整体的方案，以保证重整效果，主要内容如下：

（1）出资人权益调整方案

力帆股份申请重整时的总股本约 13.14 亿股，其中员工股权激励需回购注销限售股 2793.13 万股，无限售条件流通股 12.86 亿股。重整计划以后者为基数，按每 10 股转增 24.99695156 股的比例实施资本公积金转增股本。转增后，力帆股份总股本由 13.14 亿股增至 45.28 亿股。此外，2793.13 万股限售股在满足条件注销完成后，力帆股份总股本为 45 亿股。转增股票不分配给股东，其中 13.50 亿股用于引入基金，9 亿股用于引入产业投资人，9.65 亿股分配给力帆股份及 10 家子公司的债权人用于清偿债务。

(2)债权调整及受偿方案

职工债权、税款债权不作调整,将由力帆股份及10家子公司在重整计划获得批准之日起6个月内以现金方式全额清偿。原则上,担保债权在担保财产的评估值范围内优先受偿,未能受偿部分将按照普通债权受偿方案受偿,但对应的担保财产未能变现的,则就担保财产评估值范围内的债权,由力帆股份及10家子公司在重整计划获得批准后5年内以现金方式予以留债分期清偿,按上述评估值留债分期清偿后,未能受偿的部分将按照普通债权受偿方案获得受偿;担保财产予以处置变现的,则相应有财产担保债权以担保财产处置所得款项优先受偿,未能受偿的部分将按照普通债权受偿方案受偿。对于数量众多的普通债权,每一普通债权人10万元以下(含10万元)部分,由力帆股份及10家子公司在重整计划获得批准之日起6个月内以现金方式一次性清偿完毕;每一普通债权人超过10万元以上部分以转增股票抵偿,每100元普通债权分得约6.26174076股力帆股份A股股票,股票的抵债价格为15.97元/股。

(3)经营方案

在本次重整过程中,迈捷投资、两江基金以联合体身份成为意向投资人。投资人将全方位提升上市公司质量,具体包含主营业务升级、现金流支持和运营管理革新等方面。

2. 力帆控股等11家公司实质合并重整计划草案主要内容

(1)出资人权益调整方案

综合考虑股权结构、偿债资源匹配和重整需要,力帆控股等11家公司出资人权益调整对象为汇洋控股、力帆控股、盼达租赁、润欧实业、润益实业的出资人权益。由汇洋控股股东以清偿力帆控股等11家公司债权为目的,成立一家持股平台公司,公司名称暂为“汇洋控股一号企业管理有限公司”;汇洋控股股东分别将其所持有的汇洋控股股权全部让渡至新设立的“汇洋控股一号企业管理有限公司”,该持股平台公司将作为信托计划委托人。力帆控股股东将其持有的力帆控股24%股权,和盼达租赁股东将其持有的盼达租赁34%股权全部让渡至汇洋控股名下。

(2)债权调整及受偿方案

职工债权、税款债权不作调整,由力帆控股等11家公司在重整计划获得法院裁定批准之日起6个月内依法以现金方式全额清偿。担保债权存在质押保证金的,以相应的质押保证金优先清偿。在扣除现金清偿后剩余的担保债权,将按比例获得信托受益权份额进行抵偿。担保债权人所获得的信托受益权份额,在相应担保财产处置变现时,在变现价值范围内优先分配收益;担保债权人可根据对应担保财产实际状况随时提出担保财产处置要求,信托运营平台、信托公司应当及时进行处置,但重整计划对担保财产另有特殊规定的除外。

对力帆控股持有的力帆股份股票享有质权的股票质权人,其按照上述有财产担保债权受偿方案进行清偿。根据最高人民法院《关于审理上市公司破产重整案件工作座谈会纪要》规定的相关内容,力帆控股需为上市公司进入重整承担控股股东责任,为全面平衡上市公司中小投资者、上市公司债权人与力帆控股债权人的利益,质押股票设立 24 个月保留期,即质押股票自本重整计划获法院裁定批准之日起24 个月内不进行处置,自第24 个月满后次日起股票处置小组可以根据二级市场情况进行有序处置。

普通债权部分,每一普通债权人 10 万元以下(含 10 万元)的债权部分,由力帆控股等 11 家公司在本重整计划获得法院裁定批准之日起6 个月内依法以现金方式一次性清偿完毕;每一普通债权人超过 10 万元以上的债权部分以信托受益权进行抵偿,债权人领受信托受益权份额计算方式与领受可就特定担保财产优先分配收益的信托受益权份额计算方式相同。

融资租赁债权人对融资租赁物享有所有权。在法院裁定批准本重整计划之日起 3 日内,融资租赁债权人可向管理人提交并送达行使取回权申请书,行使取回权;若在上述期限内融资租赁债权人未行使取回权的,则视为融资租赁债权人不行使取回权并委托管理人通过公开方式处置相应融资租赁物。管理人处置融资租赁物的,该融资租赁物的市场变现价款将支付给融资租赁债权人,融资租赁债权人债权扣除市场变现价款后的剩余部分按照普通债权受偿方式予以清偿。

(3)经营方案

为实现资产隔离,保障力帆控股等 11 家公司资产安全,通过时间换空间,以资产管理与运营实现资产价值最大化,提高债权清偿率,持股平台公司承接全部股东权益后,将作为信托计划委托人以所持汇洋控股 100% 股权作为信托财产,通过信托公司设立信托计划,取得信托受益权,并以信托受益权份额清偿债权。

3. 重整计划草案的批准

2020 年 11 月 30 日,法院分别裁定批准力帆股份及其 10 家全资子公司、力帆控股等11家公司重整计划,并终止重整程序。力帆系22家企业的破产重整案件,自裁定受理到终止重整程序,总计耗时102天。

(三)重整计划的执行与监督

1. 移交和监督运营事务

重整计划通过后,法院组织管理人、企业及重整投资人完成力帆系企业管理权移交工作。2020年12月1日,各方在力帆股份现场通过会议的方式完成财产和营业事务的移交。移交会议上,在法院的指导下,管理人工作人员与力帆系企业相关负责人员进行印章、证照、账簿、文书等材料和财产的移交工作。

2. 战投资金、资源注入

根据管理人与重整投资人签署的《重整投资协议》,重整投资人应当自法院裁定批准重整计划之日起15日内尽最快速度完成"满江红股权投资基金企业(有限合伙)"(暂定名称,最终以中国证券投资基金业协会备案信息为准,以下简称满江红基金)的设立,并且满江红基金应在上市公司股票实施转增前向管理人指定账户支付全部转增股票的认购价款人民币30亿元。同时,吉利迈捷(吉利科技)的持股比例达70%以上的绝对控股公司应自法院裁定批准重整计划之日起30日内,完成产业资源注入工作。法院和管理人积极敦促重整投资人根据《重整投资协议》的约定,设立满江红基金并支付转增股票认购款30亿元,并由吉利绝对控股公司注入相关产业资源,以保障力帆股份及10家子公司的重整计划能够得以实施。

3. 股票转增、划转

为顺利完成股票转增、划转工作,管理人提前赴上海中证登处开立了管理人证券账户。同时,在裁定批准重整计划后,法院依法出具协助执行通知书,并前往中国证券登记结算有限责任公司上海分公司(以下简称中登上海分公司)申请实施资本公积转增股本。在中登上海分公司审批同意转增股票的情况下,法院结合管理人提交的债权人、战投提供股票划转指令,出具相应协助执行通知书,送达中登上海分公司并由其依法划转转增股票,以完成股票的划转工作。

4. 债权人清偿

根据力帆股份及10家子公司的重整计划,力帆股份及10家子公司的债权将以现金、股票及留债等方式予以清偿。力帆控股等11家公司实质合并重整计划,力帆控股等 11 家公司的债权将以现金、信托受益权及留债等方式予以清偿。

5. 重整程序的终结

2021 年 2 月 8 日,人民法院分别裁定确认力帆股份及其 10 家全资子公司重整计划执行完毕并终结各案重整程序。2021 年 5 月 28 日,人民法院裁定确认力帆控股等 11 家公司实质合并重整计划执行完毕并终结该案重整程序。

二、实务经验总结

(一)重点焦点问题分析

1. 协调审理集团企业重整案件统筹运用偿债资源

基于对力帆股份及子公司的全面调查与梳理,力帆股份及子公司内部广泛存在相互担保、资金拆借等情形,如仅对力帆股份或其子公司进行重整,不仅无法整体解决力帆股份的债务危机,而且将造成对债权人实质上的不公平。同时,力帆乘用车等主要子公司作为力帆股份全资子公司,是合并报表下主要的经营实体,更是上市公司重要营业收入来源。如果能够成功地化解债务风险,将成为力帆股份重要的利润来源,对力帆股份的持续经营和发展具有重要的作用。能否通过重整程序挽救 10 家子公司,使 10 家子公司的主要经营性资产和业务继续保留在力帆股份体系内、全面化解其债务风险,关系到上市公司重整后主要的财务指标能否得到根本性改善、能否具有持续经营能力与盈利能力,也关乎上市公司中小股东权益能否获得有效保障。因此,若将力帆股份及 10 家子公司重整案割裂审理,一是将使重整价值大幅减损,难以引入战略投资者;二是重整工作将被割裂,难以有效推进,将面临失败的风险。

为解决上述问题,法院对力帆股份及其子公司的重整程序在各自独立的前提下协调审理。一方面,基于力帆股份及 10 家子公司法人人格的独立性,对力帆股份及 10 家子公司按照程序分立的原则进行审理。主要体现为:分别指定 11 家重整企业管理人,分别受理债权申报并审查,分别出具资产评估报告和审计报告,分别制定重整计划草案并由各重整企业债权人会议分组表决等。另一方面,法院在办案过程中对相关问题协调处理、共同推进。主要体现为:11 家重整企业均指定力帆系企业清算组担任管理人,同时召开债权人会议,重整计划草案之间相互关联并统筹运用力帆股份出资人让渡的偿债资源。通过对力帆股份及10家子公司进行协调重整,实现了力帆股份及10家子公司财产价值最大化,最大限度提高债权人的清偿率。

2. 优化可行性方案提交主体,提高案件受理效率

从《关于审理上市公司破产重整案件工作座谈会纪要》的内容可以看出,申请上市公司破产重整与非上市公司存在一定区别,申请上市公司破产重整除提交《企业破产法》规定的申请材料外,还需要向法院提交上市公司具有重整可行性的报告。在实践中,通常进一步要求申请人提出含债务清偿方案、经营方案等包含在内的相关重整预案。然而,在债权人申请破产重整时,由于债权人对上市公司财务状况、经营现状和行业发展缺少足够的了解,其难以在重整申请阶段对上市公司的重整可行性进行充分调查并制作切实可行的重整预案。如以提交相关重整可行性报告及重整预案作为上市公司重整的申请前提,将使债权人无法及时提出对上市公司的重整申请,造成上市公司重整受理的实质性障碍。

在债权人提出对力帆股份的重整申请后,听证债务人力帆股份对债权人提出的重整申请无异议并愿意提交重整可行性报告等材料。因此,为提高重整受理效率,法院对上述材料的提交主体具体问题具体处理,同意重整可行性报告及重整预案由债务人提交,并与申报材料一并层报最高人民法院审查。

3. 充分利用出资人让渡资源,整体化解集团债务

力帆乘用车等10家力帆股份的子公司,是力帆股份经营业务中主要实体,同时也是力帆股份主要收入来源。由于力帆乘用车等10家子公司已同步进入重整程序且处于资不抵债的境地,根据《企业破产法》的相关规定,力帆股份对力帆乘用车等10家子公司享有的最终出资人权益应被调整为零。同时,力帆乘用车等子公司的主要资产为固定资产、存货、土地厂房等生产性资产,难以在保留持续经营能力的前提下运用自身资源化解债务。

针对上述问题,经管理人向法院汇报,决定在力帆股份及子公司重整中充分利用上市公司资源,整体运用上市公司出资人让渡的转增股票化解力帆股份及子公司债务。首先,力帆股份的10家子公司需要继续保持由力帆股份进行实际控制的局面,才能最大限度地实现运营价值,从而实现力帆股份资产价值最大化。其次,利用上市公司股票资源偿还子公司债务,能够在不处置子公司生产性资产的前提下增加子公司偿债资源,整体化解力帆股份及子公司的债务危机。

最后,力帆股份的股票资源为出资人让渡形成,在重整计划获得表决通过的基础上,由出资人向10家子公司提供部分转增股票以清偿其债务,解决10家子公司的债务问题,以使力帆股份在其10家子公司的最终股东权益不被调整。如此操作具备合法性及合理性,公平保障力帆股份出资人、力帆股份及子公司债权人的权益。

4. 明确劣后债权性质实现公平受偿

在债权申报过程中,部分债权人以力帆股份及10家子公司未及时履行生效法律文书而产生的迟延履行期间加倍利息作为破产债权予以申报。对于上述债权是否属于破产债权,结合最高人民法院《关于适用〈中华人民共和国企业破产法〉若干问题的规定(三)》(以下简称《企业破产法解释三》)第3条的规定,司法实践中存在争议。

综合《企业破产法》的立法宗旨及加倍支付的迟延利息的性质,结合最高人民法院的判例以及各地破产法庭的做法,经汇报法院,管理人在本案中将应当加倍支付的迟延利息认定为劣后债权。一方面,迟延利息不应被认定为普通债权。《企业破产法》及破产重整程序旨在公平清理债权债务,而从应当加倍支付的迟延利息性质上看,具有惩罚性,意在敦促债务人尽快履行债务。然而,在破产程序中,债务人资产已不足以清偿全部债务,客观上无法履行债务,主观上亦不存在能够履行却不履行的恶意。同时,根据《企业破产法》的立法精神,除法律特殊规定之外,同一顺序的债权人应获同等受偿。持有包含惩罚性的加倍延迟利息内容生效法律文书的债权人,并不应获得更高比例的清偿。因此,加倍支付的迟延利息作为惩罚性债权,若在破产程序中作为普通债权得以清偿,不仅与《企业破产法》的债务清偿一般原则相悖,也会损害其他债权人公平受偿的权利,不符合规定迟延利息的初衷。另一方面,在生效法律文书已对加倍利息作出规定的情况下,如重整程序及重整计划草案中对该部分债权完全不作安排,将对主动提起债权诉讼,积极行使权利并为此耗费了时间及金钱成本的债权人产生实质上的不公平。综合上述考虑,本案重整计划中将力帆股份及10家子公司未及时履行生效法律文书而产生的迟延履行期间的加倍利息确定为劣后债权,并明确劣后债权将不直接占用本次重整偿债资源;在重整计划获法院裁定批准之日起3年后,若为预计债权预留的现金及股票资源经分配后仍有剩余,则劣后债权可参照普通债权受偿方案进行清偿;但预留的股票及现金资源不足以按普通债权受偿方案清偿所有劣后债权的,则按各劣后债权金额的比例进行分配。

5. 调整股票除权公式,保障中小股东权益

一般情形下,上市公司实施资本公积金转增股本,会使总股本增加,从而每股所代表的实际价值减少。因而,需要在转增后从股票价格中剔除这部分因素,因此需要对股票价格进行调整。根据力帆股份重整计划之出资人权益调整方案,在每10股转增近25股的转增比例下,如按一般公式进行除权,股票价格将被立即调整至市场价格的1/3左右,中小股东、未来通过以股抵债获得力帆股份股票的债权人、重整投资人的权益都将受到重大影响。为保障中小股东利益,法院指导管理人、财务顾问及重整投资人等各方与监管机构进行积极沟通,通过论证本次资本公积转增股本与一般情形的区别,全力争取通过对除权公式进行调整,达到实际不除权的效果。

一是本次资本公积金转增股本不同于一般意义上为了分红而单纯增发股票的行为。本次资本公积金转增股本经法院裁定批准后执行,全部用于引进重整投资人对力帆股份投资,导入现金以及清偿力帆股份对普通债权人的债务,公司原股东实际并未获得转增股份。本次转增前后,公司在总股本扩大的同时债务规模明显减少,所有者权益明显增加;公司原股东所持股票数量未发生变化,每股股票所代表的企业实际价值较重整前有所提升,并未减少。这与转增前后公司所有者权益不变、需要通过除权对股票价格进行调整的一般情形存在本质差别。

二是本次重整完成后,公司资产负债结构得到优化,净资产实力得到增强。因此,如果在资本公积金转增股本后按照相关要求对力帆股份股票价格实施除权,将导致除权后的股票价格显著低于除权前的股票价格,与力帆股份重整前后基本面有望实现根本性变化的实际情况有所背离。因此,除权后的股票价格可能无法充分反映力帆股份股票的真实价值,与除权的基本原理不相符。

三是本次资本公积金转增的股本用于引入重整投资人及偿还债务,重整投资人以现金为支付对价,债权人以债权为支付对价。截至重整程序终结,重整投资人和债权人取得股份的对价高于市值,不会对公司权益造成稀释。从实施效果来看,本次转增并非向上市公司全体原股东配售或通常情况下的资本公积金转增股本,而是更接近面向市场、协商确定的交易行为。

本次资本公积金转增的股本支付对价同时涉及现金与债权,其整体估值需

综合考虑。考虑到本次转增将在力帆股份债权人会议和出资人组会议表决通过并经司法裁定确认后执行,并且转增前后不存在公司所有者权益增加的幅度明显低于股本增加的幅度而导致每股净资产将下降的情形。因此,上述现金及债权对价的整体估值已经兼顾了上市公司、上市公司原股东及债权人的利益,并得到各方共同认可;本次资本公积金转增股本后上市公司原股东利益也未被稀释,相应的股份可不再纳入除权参考价格计算公式范围。

6. 合理确定转增股票作价,平衡各方权益

因重整投资人受让力帆股份转增股票的对价以及债权人以股抵债的股票作价属于重整计划的核心问题,关系到债权人等各方权益的公平保障。经多方研究讨论,最终确定按以下方式合理确定转增股票作价。

一是满江红基金受让转增股票的价格。财务投资人以 30 亿元现金对价受让转增股票中的 13.4955 亿股,股票受让价格约为 2.22 元/股。该受让价格主要是按照资本市场惯例,以力帆股份重整后每股净资产为基础,同时参考股票市场价格、历史案例、投资总额意愿等相关因素,在合理区间内与各方通过协商确定,较投资前力帆股份每股净资产溢价约 20.5%,在市场合理范围之内,也是在考虑作价背景、风险承担等因素后对各方利益进行平衡后的合理结果。

二是产业投资人受让转增股票的价格。产业投资人以提供优质产业资源、管理资源、品牌支持等相关资源为非现金对价有条件受让转增股票中的 9 亿股。前述产业投资人提供的非现金资源中,包括车型使用授权等导致产业投资人受让股票对价较投资前力帆股份每股净资产已有较高溢价。此外,产业投资人还将投入商业机会、产能支持、销售支持、管理资源、品牌支持等大量无法进行市场估值或评估的非现金资源。

三是债权人获得抵债股票的价格。管理人聘请了财务顾问对力帆股份重整后的股票估值,出具相关股权价值分析报告。财务顾问在对力帆股份及重整投资人相关情况进行分析后,针对力帆股份重整后主要从事的换电业务和摩托车及通用汽油机业务,分别采用了市销率和市盈率作为估值参数,并选取市场上可比公司进行对比,认为在力帆股份按现有方案完成重整,且产业投资人合理估计的业绩实现的前提下,每股市场价值将达到 15.55 元/股~20.70 元/股。管理人在上述分析测算的基础上,经与各方磋商谈判,按照谨慎、客观、公允的原则,确定转增股票抵债价格为 15.97 元/股,该抵债价格能公允反映力帆股份重整后的

资产负债结构和持续经营能力，并充分保障债权人的利益。

（二）办案心得体会

1. 发挥金融债委会协调作用改善债权人沟通机制

力帆系企业债务规模较大，涉及金融机构众多，且各个金融机构的债权情况和诉求并不一致。如仅由管理人和债务人沟通，将降低沟通效率。为快速摸清金融机构等主要债权人的真实诉求，说服其支持现有重整计划草案，在法院指导下管理人改善沟通机制，整合各方力量，分轮次、分组别开展债权人沟通工作。

2. 多部门联动构成高效社会维稳与舆情导控机制

在重整期间，由市信访办、市公安局、法院等多部门联动开展社会安全维稳保障工作，提高重整工作中各相关部门和机构维护稳定及控制风险的能力，最大限度预防和减少重整工作中不稳定因素的不利影响，保障重整程序的顺利推进，维护地方社会秩序和经济秩序的稳定，促进地方社会和经济的全面、协调、可持续发展，为力帆系企业重整的成功提供了强有力的保障。

3. 发挥"府院联动"机制，全面优化营商环境

为全面落实关于推进企业破产和积极稳妥处置"僵尸企业"的决策部署，更好发挥破产重整程序在淘汰落后产能、配置有效资源、营造良好营商环境方面的重要作用，在力帆系企业重整案中，重庆市委、重庆市人民政府及各级人民政府及其相关部门，全面建构企业破产处置府院联动机制，全力支持法院推进力帆系企业破产重整相关工作。

4. 疫情期间多管齐下保障工作正常推进

疫情防控期间，为确保重整程序顺利推进、工作进度不受延阻，在法院的监督和指导下，力帆系企业重整清算组坚持以深入沟通、全面合作为载体，以组建专业团队、增强攻坚力量、细化工作分类、落实责任到人为举措，先后多次通过视频会议的方式，与多方主体就重整相关事宜进行沟通讨论，有关重整的各项工作在疫情期间仍取得重大突破。

5. 诉讼集中管理与破产管辖协调机制

2019 年，因力帆系企业已陷入债务危机，最高人民法院对包括力帆股份及 10 家子公司在内的力帆系企业的诉讼案件作出由重庆市第一中级人民法院集中管辖的特殊安排。而重庆市第五中级人民法院依法受理本案后，根据《企业破产

法》第21条的规定，有关力帆股份及10家子公司由法院集中管辖。最终实现法院对重整受理前案件及重整受理后案件分别集中管辖的效果。通过上述集中管辖的特殊安排，在本案重整程序中能够在最短时间内协调人民法院对涉及力帆股份及10家子公司的诉讼案件采取联动措施，降低协调成本，有效利用司法资源，并推进本案重整程序。

三、理论问题探究

纵观我国证券市场发展的30年，上市公司破产重整的案例并不常见。长期以来，我国民众对上市公司的印象良好，认为除非系统性风险否则不会发生上市公司破产的极端情形。本案例中的力帆公司是一家在重庆本土经营多年的老牌企业，旗下存在关联关系的各类公司数量众多，单独对其中某一家企业进行破产重整，已无力扭转局面，必须通盘统筹。案例中体现了实控人担保责任免除、上市公司重整条件等理论问题，但最值得讨论的是关联企业实质合并破产与劣后债权的认定与处理问题。

（一）关联企业实质合并破产

全国各级法院在破产案件审判工作中，纷纷通过关联企业合并破产等方式对企业滥用公司法人人格损害债权人利益问题进行有益探索，并从最初的尝试合并破产清算到现在的合并破产清算、合并破产重整多点突破。实质合并破产规则适用已经非常普遍。关联企业并非法律上的概念，我国商事法律皆未对关联企业这一概念作出界定。[①] 然而在商事实践中，关联企业这一概念已经广为运用。此外关于关联企业实质合并破产，我国《企业破产法》也未明确规定。[②] 关联企业合并重整是处理关联企业破产重整的一种特殊方法，是实质合并原则在破产重整制度中的运用。实质合并原则是美国法官根据衡平法则创造出的一种

---

① 在联合国贸易法委员会《破产法立法指南：第三部分破产企业集团对待办法》中，对企业集团的定义是：以控制权或举足轻重的所有权而相互联结的两个或多个企业。或许对关联企业可具体定义为：关联企业是指通过股权、合同或其他方法如人事控制、表决权协议等，在相互间存在直接或间接的控制与从属关系或重要影响的两个或多个企业。

② 本书使用"关联企业破产"这一表述时，若无特别说明，则既包含破产重整也包含破产清算。

公平分配破产财产的救济措施。[①] 当下虽然司法实践就关联企业实质合并破产已经作出了有益探索,但这一法律制度尚未系统建立。不过就此问题,在理论上已有过诸多研究。具体而言,围绕关联企业实质合并破产制度,理论界就该项制度的理论基础、制度价值、适用原则及标准、具体程序等方面展开了诸多研究。

1. 关联企业实质合并破产制度的理论考量

企业主体理论被看作是关联企业合并破产制度的理论来源,指的是企业能否独立承担法律责任,需要从法律形式与实质内容两个方面综合判断。这区别于实体分离理论,该理论认为只要企业符合法律形式要求,完善设立手续,便是独立的法律主体。此外,关联企业实质合并破产制度与公司法上的法人人格否认制度也存在联系。有观点认为关联企业合并破产本质上是人格否认制度在破产领域的拓展适用。[②] 随着商业交易的不断发展,不仅交易体量变得十分庞大,各种交易模式也层出不穷。企业作为商业交易的重要参与主体,在法律赋予企业独立法律人格的同时,也带来了交易风险。尤其是对于关联企业而言,此种交易风险被进一步扩大。换言之,关联企业之间进行不正当交易的便利性大于一般企业。此外,关联企业之间时常存在直接的经济往来,判断前述经济往来是否属于正常的商业交易,是法律上能否认可企业独立法律人格的关键。或许可以这样认为,法人人格否认制度重点在于个案中的否认企业法人人格,而关联企业实质合并破产制度则是在企业破产时否认关联企业的独立法律人格。该项制度具有一定的合理性,这是因为在我国目前的经济活动中,企业以集团结构展开经营已经屡见不鲜。虽然这可以降低企业经营成本,优化企业内部的资源配置,但同时也会造成企业集团内部各个企业之间的人格混同。这从本案例中即可看出,力帆旗下关联公司众多,各公司之间存在资产、债务、经营决策、企业管理、人事任免等方面的严重混同。因而,法院基于债权人利益保护、稳定社会经济秩序的考虑,裁定合并重整。

2. 关联企业实质合并破产的审查标准

关联企业实质合并破产制度既可实现破产程序中的公平,也能提升破产程序的效率。但该项制度的过度使用,也会扩大企业的经营风险。因而,需要严格

---

① 参见王欣新、周薇:《关联企业的合并破产重整启动研究》,载《政法论坛》2011 年第 6 期。

② 参见高小刚、陈萍:《论关联企业破产程序中实质合并原则的适用》,载《法律适用》2020 年第 12 期。

限定该项制度的适用范围。换言之，应当确立起关联企业实质合并破产的司法审查标准。在《全国法院破产审判工作会议纪要》（以下简称《破产审判会议纪要》）中，也明确了关联企业实质合并破产应当谨慎适用。同时还提出了原则上的审查标准，即当关联企业成员之间存在法人人格高度混同、区分各关联企业成员财产的成本过高、严重损害债权人公平清偿利益。① 进一步分析，《破产审判会议纪要》提出三项标准。然而关联企业实质合并破产的这三项标准，究竟是需要同时符合，还是只需要符合其一便可，或许可以进一步讨论。从文义解释，无法找出明确的答案，但按照体系解释，从整个《破产审判会议纪要》的整体内容而言，均表明了关联企业实质合并破产应当严格、谨慎适用。因此，可以推断出《破产审判会议纪要》认为关联企业实质合并破产，应当同时符合前述三项标准。但上述标准是否需要同时满足，或者存在优先层级，则可进一步进行讨论。从理论上可将前述标准类型划分为行为标准、结果标准。法人人格高度混同属于行为标准，是否严重损害债权人公平清偿利益则是结果标准，而区分各关联企业成员财产的成本过高，则关系该项制度效率与成本的问题。可以推之，对于适用关联企业实质合并破产，其行为标准是必不可少的。关联企业之间若无法人人格混同之行为，便属于独立的法律主体，进行合并破产便无理论基础。同时，存在人格混同的关联企业经营至破产，也必然损害债权人权益，但未必损害债权人公平清偿利益。因此，或许可以将行为要件与结果要件看作是适用关联企业实质合并破产的必备要件，至于区分各关联企业成员财产的成本是否过高，不能成为决定是否适用的决定性条件。换言之，或许关联企业之间满足行为要件与结果要件即可适用实质合并破产。本案例中，首先，力帆旗下关联企业之间的人格混同可从审计报告中看出；其次，力帆旗下关联企业之间债权债务关系复杂，存在重复计算可能；最后，关联企业数量众多，财产区分成本较高。因此，最终裁定进行合并重整。

3. 关联企业实质合并破产的具体程序

实质合并为法院提供了一种有效的工具，来重新定义商业世界现实的破产财产，使得财产分配与现实相一致。② 目前关于关联企业实质合并破产，尚不存

---

① 这里需要特别注意的是，在《破产审判会议纪要》中明确指出了适用关联企业实质合并破产方式审理破产案件，并非常态而是一种例外方式。

② 参见朱黎：《美国破产实质合并规则的实践及其启示》，载《浙江学刊》2017 年第 1 期。

在统一的操作流程。但从《破产审判会议纪要》中可以大体知晓具体程序大体包含以下方面:第一,申请主体的确定及审查;第二,管辖法院的选定;第三,救济机制的设定。首先,从申请主体而言,我国《企业破产法》规定了债权人、债务人和出资人可以申请破产重整,但由于关联企业实质合并重整的启动方式与一般的破产重整不同。① 因而如果将申请主体仅限定于前述三类,或许无法保障该项制度得到有效运用。这便引出了关联企业实质合并破产申请的审查问题。② 有观点认为,采用债权人会议或债权人委员会表决同意的审查方式混淆了法院司法职权与债权人会议职权的划分。③ 因此,或许在关联企业实质合并破产的启动中,应然由法院进行主导。其次,关于关联企业实质合并破产管辖法院的选定,或许应当具体问题具体分析,不可一概而论。一般而言,需要结合关联企业状况、法院审判能力、债务人构成情况等因素综合考量判断。④ 最后,由于关联企业实质合并破产会导致相关主体权益受损,因此需要设计一定的救济机制。此种救济机制或许可以限定在破产程序之内,若将此种救济机制扩张至其他领域,将会影响整个破产程序的效率,与制度设计初衷相违背。

(二)破产重整中劣后债权的认定与处理

力帆系企业破产重整涉及劣后债权认定问题,部分债权人以迟延履行期间产生的加倍利息作为破产债权予以申报。严格按照《企业破产法解释三》第 3 条的规定,迟延利息无法被认定为破产债权。但如此简单处理,或有损破产清偿中公平性。劣后债权指的是,破产清偿中排在普通债权之后的债权。最高人民法院在 2018 年印发的《破产审判会议纪要》第 28 条进一步明确了破产债权的清偿

---

① 与一般破产程序启动方式不同的是,关联企业实质合并破产的启动方式大致有分别破产、合并审理;一家破产、其余连带;先行合并、再审破产;整体受理、阶段推进等方式。本案例中的力帆破产,便属于第四种情形。

② 关于实质合并破产申请的审查方式,司法实践并不统一,主要有两种方式:第一种是以债权人会议或债权人委员会表决同意作为法院裁定实质合并的前提;第二种是由法院采取公开听证的方式进行审查。

③ 参见王静:《非讼程序视角下实质合并的申请与审查》,载《法律适用》2021 年第 6 期。

④ 例如,关联企业中的核心企业集中了关联企业的主要资产和负债,处于决策控制的最高端,由核心企业住所地法院管辖或许更能确保案件的审理效率和程序经济。

原则和顺序的概念。[①] 而纪要的这一内容，被解读为关于“劣后债权”的规定。在破产程序中，劣后债权只有在普通债权完全获得清偿后才能实现，但其获得清偿的权利未被剥夺。劣后债权设立的目的，在于防止破产程序中出现债务人破产清算后，仍剩余部分财产的不合理现象。劣后债权的认定与处理是一项复杂的系统工作，需要结合破产案件本身及现有规范综合判断。以下问题需要着重考量。

第一，劣后债权的具体类型。根据产生原因不同，劣后债权可分为法定劣后债权、约定劣后债权。我国目前尚无劣后债权的法律规定，一般而言，法定债权指的是民事惩罚性赔偿金、行政罚款、刑事罚金、没收财产等涉及财产的惩罚性债权。约定劣后债权指的是，产生于债务人与特定债权人之间的使该债权劣后于普通债权的特别约定。只要这种约定不违反法律的强制性规定，在破产程序中便应当尊重当事人的意思自治。本案中的迟延利息可以归为法定原因产生的劣后债权。

第二，劣后债权的适用范围。严格从《破产审判会议纪要》的内容来看，劣后债权被置于破产清算章节之下，但或许并不应据此认定，劣后债权只适用于破产清算，而不适用于重整与和解。具体原因有两点：其一，无论在清算还是重整与和解程序中，均可能发生程序终结后债务人仍剩余部分财产的情形。其二，劣后债权目前尚无明确的法律规定，属于破产实践的创新举措，没有合理理由限制其适用范围。

第三，劣后债权人的权利内容。在破产程序中，劣后债权人享有权利与普通债权人不同，这主要体现在是否享有表决权。是否应当赋予劣后债权人破产程序中的表决权，应当综合考虑。以破产重整为例，若重整计划草案不涉及劣后债权实现内容，或者说重整程序中劣后债权不存在获得清偿的可能，则可不赋予劣后债权人表决权。只有在劣后债权可能获得清偿的情形下，或许才有赋予劣后债权人表决权的必要。至于劣后债权人的其他权利则需要进一步讨论。不过或

---

① 对于法律没有明确规定清偿顺序的债权，人民法院可以按照人身损害赔偿债权优先于财产性债权、私法债权优先于公法债权、补偿性债权优先于惩罚性债权的原则合理确定清偿顺序。因债务人侵权行为造成的人身损害赔偿，可以参照《企业破产法》第 113 条第 1 款第 1 项规定的顺序清偿，但其中涉及的惩罚性赔偿除外。破产财产依照《企业破产法》第 113 条规定的顺序清偿后仍有剩余的，可依次用于清偿破产受理前产生的民事惩罚性赔偿金、行政罚款、刑事罚金等惩罚性债权。

许可以明确的一点是,劣后债权人的权利应该严格限制。

第四,劣后债权间的清偿顺位。破产程序中劣后债权间的不同清偿顺序,可能主要是缘于各类劣后债权产生源头不同所致。此外,劣后债权是对一系列不同债权类型的总称,也有必要通过具体分析各类劣后债权的法律特征,从而确定劣后债权间的清偿顺序。

在力帆系破产重整案件中,普通债权获得了全额清偿。这使劣后债权的认定与处理对于重整程序的顺利推进尤为关键。在本案例中,管理人认定部分债权人申报的迟延利息为劣后债权,避免了重整程序的久拖不决,对破产案件的审理起到了推动作用。总体而言,无论是实质合并破产,还是劣后债权的认定与处理,均需要充分发挥法院、破产管理人的主观能动性。在不同破产案件中,进行灵活处理。

案例二　四川盛马化工股份有限公司等5家关联公司合并破产重整案*

四川盛马化工股份有限公司(以下简称盛马化工)及其4家全资子公司先后进入破产重整程序。由于5家公司存在人格混同,法院裁定5家公司进行合并破产重整。本案重整实务中的亮点体现在,一是地方政府采用招商引资的方式,提供了优惠政策,助力管理人招募到合适的战略投资人;二是管理人策略性地评估租赁物价值,以本金为限继续履行融资租赁合同,降低了融资租赁债权人的表决风险;三是促使投资人一次性清偿完所有债权人,避免了重整计划执行中的不确定性。本案涉及增值税留抵税额抵销、税款滞纳金的定性、出资人权益差异化调整等问题。管理人积极行使破产抵销权,创新性地将增值税留抵税额抵销其他种类的税款,并通过诉讼判决的方式确认了税款滞纳金属于普通债权;对出资人权益进行差异化调整,公平保障小股东利益的同时避免了群体事件发生;在普通债权人组表决未通过的情况下,法院根据最大利益原则审慎适用重整计划草案强制批准权。本案的重整成功为企业所在地保留了发展石化产业的种子,以及行业转型升级的基石,产生了良好的经济效

---

* 执笔人:王玮玮、王治超,重庆海川企业清算有限公司法律顾问;赵紫含,西南政法大学2020级民商法博士。

益与社会效益。

一、案件基本情况

(一)债务人基本情况

盛马化工成立于1997年9月18日,注册地址为四川省遂宁市大英县工业园区,注册资本15,293万元。经营范围为危险化学品生产及经营、危险货物运输(三类)、普通货运、石油炼化等。主要生产汽油、柴油、石脑油、MTBE、液化石油气、丙烯、聚丙烯、石油沥青等石化产品,拥有390万吨/年的原油加工能力。2000年国家清理整顿炼油行业后,其成为在西南地区唯一被保留的地方性炼油企业。2008年其成为四川省工业"7+3"产业发展规划(2008~2020年)石化产业重点企业、四川省重点培育的大企业大集团之一,自2003年到2015年,累计上缴税金额达数亿元。截至破产申请受理时,盛马化工拥有员工数百人,拥有10套主要生产装置、48万立方米油品储罐、年装卸300万吨的铁路专用线及附属设施。盛马化工有4家全资子公司,分别是大英新涛石油有限公司、大英诺曼石油化工有限公司、大英维涛石化装备技术有限公司、四川新英能源科技有限公司。盛马化工及大英新涛石油有限公司具有危险化学品生产经营许可证、成品油经营许可证等资质。

(二)重整程序的基本情况

1. 案件审理情况

盛马化工因国际原油价格下跌及国内炼油成本的提高,资金链断裂,陷入经营困境,于2015年6月逐渐开始停产,已开始的更新技改升级项目基本停工。2018年5月15日,盛马化工以不能清偿到期债务但具有重整价值为由,向法院递交了破产重整申请。2018年5月29日,四川省大英县人民法院作出(2018)川0923破字第1号民事裁定书,裁定受理盛马化工破产重整申请,并指定重庆海川企业清算有限公司担任管理人。

2018年11月,法院又分别裁定受理了盛马化工4家子公司(大英新涛石油有限公司、大英诺曼石油化工有限公司、大英维涛石化装备技术有限公司、四川新英能源科技有限公司)的破产重整申请。2018年11月7日,管理人申请将上述子公司与盛马化工合并破产重整。法院审理后认为,4家子公司设立目的系为盛马化工生产经营服务,股东和管理人员与盛马化工高度混同,经营管理由盛马化工实际控制和决定,其债权债务与盛马化工之间混同。大英县人民法院作出(2018)川0923破字第1号之一民事裁定书,裁定盛马化工及其4家子公司(以下简称盛马系企业)破产合并重整。2018年12月26日,法院裁定批准了盛马系企业重整计划草案。

2.债务人资产负债情况

根据审计报告和评估报告,截至2018年5月31日,盛马系企业的资产账面总额约13亿元,账面负债总额约27亿元,资产负债率为207.93%。评估价值约12亿元。

现有资产主要包括无形资产、应收账款、土地、房屋、构筑物、存货等;负债主要为金融机构借款、融资租赁租金款、职工社保、税金、供应商货款以及建筑工程款等。

债权申报期内,共有数百家债权人向管理人申报债权,管理人审查确认约24亿元。

如果进行破产清算,建设工程价款优先债权、职工债权、社保债权将获得全额清偿,对盛马化工特定财产享有担保权的债权及税款债权将获得部分清偿,普通债权不能获得清偿。

3.管理人履职情况

管理人在接受法院指定后,立即委派法律及财务人员组建专业团队进驻盛马化工。为促进本案件依法、稳妥、顺利推进,管理人及时制定了各项工作制度,接管企业资产及负债。2018年6月3日,管理人向四川省高级人民法院、北京市第二中级人民法院等5家法院相继发出解除保全措施、中止执行程序书面申请。2018年6月4日,法院同意盛马化工继续开展营业事务及聘用相关经管人员,以维持现有资产运营价值,推动重整进程。2018年6月11日起,管理人开始接收债权申报,并展开资产清核及审计评估工作,同时代表债务人参与诉讼及仲裁,审查破产债权、加强与职工及社会股东的沟通。

2018年6月20日,管理人在全国企业破产重整案件信息网、全国性破产法论坛公众号及四川日报、中国石油报等具有较大影响力报刊上刊登招募投资人公告,公开招募重整投资人,并配合法院、政府领导小组先后与多家意向投资人展开多轮磋商、谈判。

2018 年 8 月 23 日,盛马化工重整案第一次债权人会议召开,管理人就盛马化工债权申报及审查情况、财产状况报告、财产管理方案及管理人执行职务工作报告等向债权人进行披露、说明,并对盛马系企业重整计划草案进行了表决。

2018 年 12 月 26 日,四川省大英县人民法院作出(2018)川 0923 破字第 1 号之三民事裁定书,裁定批准盛马系企业重整计划草案。

(三)重整思路及相关情况

根据管理人提交的盛马系企业重整计划草案,重整投资人提供不超出 10 亿元作为重整资金清偿所有债务(含支付其他个人股东的补偿款),其中,建设工程价款优先债权、职工债权、社保债权、税款债权全额清偿,对盛马化工特定财产享有担保权的债权按照特定财产的评估值清偿,对普通债权中 10 万元(包含 10 万元)以下债权全额清偿,10 万元以上的债权,一次性清偿 10 万元,超出 10 万元的部分按照 13.5% 的清偿比例予以清偿。

2018 年 12 月 18 日,盛马系企业合并重整案第一次债权人会议顺利召开。该次债权人会议对盛马系企业合并重整案的债权进行了核查确认,依照债权分类对盛马系企业重整计划草案进行了分组表决,分别为盛马化工特定财产享有优先受偿权的债权组、普通债权组、职工债权组和税款债权组四个表决组。经过表决,对盛马化工特定财产享有优先受偿权的债权组、职工债权组、税款债权组均高比例表决通过重整计划草案,出资人组也表决通过了重整计划草案中的出资人权益调整方案。普通债权组第一次表决未通过重整计划草案,经管理人与表决未通过的普通债权组协商,普通债权组再次进行表决,结果为:同意重整计划草案的人数占出席会议的普通债权人的 77.37%,超过出席会议的普通债权人的 1/2,其所代表的债权总额占普通债权总金额的 34.63%,未达到普通债权总额的 2/3,普通债权组未表决通过重整计划草案。未通过的主要原因在于两家大国企在普通债权组的受偿率比较低,决策程序难以通过。

大英县人民法院经过审查之后,认为盛马化工具有稀缺的资质资源和广阔的市场前景,保住盛马化工的资质就等于留下了遂宁发展石化产业的种子和行业转型升级的基石,重整计划草案公平对待同意表决组的成员,所规定的债权清偿顺序不违反《企业破产法》的规定,盛马化工的经营方案具有可行性,裁定批准重整计划草案能够产生更好的经济效益与社会效益，故于2018年12月26日裁定批准了重整计划。最终，除受衍生诉讼影响的个别债权人延迟受偿外，95%以上的债权人在1个月内获得全额清偿，该重整计划于2019年10月14日全部执行完毕。

二、实务经验总结

（一）重点焦点分析

1. 税款债权的认定与处理

大英县税务局申报税款债权本金及滞纳金数亿元，并主张税收滞纳金属于税款债权，应优先于普通债权得到清偿。盛马化工在税务机关的增值税留抵税额有数千万元，而大英县税务局认为增值税留抵税额仅能用于抵销增值税而不能抵销其他欠税。在重整投资人仅出资10亿元的情况下，若将税务局申报的滞纳金全部确认为税款债权，普通债权将得不到任何清偿，重整必定失败。如何依法确认税款债权并协调税务机关积极行使表决权成为盛马系企业能否重整成功的核心问题。为解决该问题，管理人与税务机关进行了两审诉讼，争议的焦点有两个：一是盛马化工在税务机关的留抵增值税能否抵减其他欠税；二是税款滞纳金属于税款债权还是普通债权。

关于税款滞纳金是否属于税款债权及留抵增值税能否抵减其他欠税均涉及法律适用问题，即《中华人民共和国税收征收管理法》（以下简称为《税收征管法》）及相关规章制度与《企业破产法》及相关司法解释适用在破产程序中的适用问题。管理人认为如果《企业破产法》对于破产程序中企业的税款债权及其清偿顺序另有明确规定的，或者属于破产法专有制度的，则应当优先适用《企业破产法》的规定。而增值税留抵额属于债务人的资产，实际上系盛马化工对税务机关享有的债权，双方互负债权债务，管理人主动行使抵销权，既符合税款债权优先受偿，也利于提高普通债权的清偿率。该做法在破产案件审理过程中存在一定的超前性，但充分保障了债权人的权益，也符合我国税法基本原理。财政部、税务总局、海关总署《关于深化增值税改革有关政策的公告》规定，自2019年4月1日起，试行增值税期末留抵税额退税制度。这也进一步印证了管理人将增值税留抵税额抵销其他税款本金的创新做法是符合国家政策的。本案税款债权确认衍生案件被最高人民法院《关于企业破产法司法解释(三)理解与适用》一书作为典型案例收录。

此外,盛马化工破产重整案是当地税务机关第一次参与破产重整程序,对《企业破产法》不甚理解且担心存在决策风险,债权人会议表决重整计划草案时税款债权由于诉讼未决处于待定状态,管理人申请人民法院赋予税务机关临时表决权,并为协调税务机关在税款债权组和普通债权组均投赞成票做了大量释明及说理工作。

2. 融资租赁债权的处理方式

盛马化工存在不同的债权类型,融资租赁债权属于比较特殊的一类债权,但同时也是众多破产企业均存在的债权形式。盛马化工的融资租赁物主要为化工设备和铁路专用线,融资租赁债权人虽然享有取回权,但是难以取回或者并不想取回。融资租赁债权人在融资租赁物之外还存在抵押物,根据初步测算,融资租赁债权人抵押物和融资租赁物的评估值远远超过其债权本金,这意味着在其他债权人遭受巨大损失的情况下,融资租赁债权人可以全额受偿,不利于债权人之间的利益平衡。

管理人根据多年的实务经验判断,融资租赁权人的底线是其本金获得全额受偿,可以通过谈判的方式,以本金为限继续履行融资租赁合同一次性赎回融资租赁物。鉴于融资租赁债权人对融资租赁物享有物权,故没有将融资租赁物纳入评估范围,仅要求评估公司以账面价值列式,从而减少债权人的决策风险。最终,经过管理人多次沟通,融资租赁权人同意支持重整计划草案。该种处理方式在本案中具有一定的创新和适用性,也为其他普通债权人争取了更多的清偿资金,平衡了债权人之间的利益。

3. 广大小股东的权益保障问题

因由国企改制而来,盛马化工存在约数千余名社会个人股东,社会股东持股比例为7.17%,其不仅数量庞大且持股年限久远,也没有参与企业的生产经营。虽然《企业破产法》规定可以调整出资人权益而无须给予任何补偿,但这些社会股东持股比例非常低,且对于企业的破产没有任何过错,如果将其出资人权益调整为零,容易引起严重的社会问题。

为避免"一刀切"调整股权权益而引起群体性事件,管理人对出资人权益进行差异化调整,对人数众多、持股比例小且对企业破产不负任何责任的社会股东,按照1股2元的价格进行补偿。本案重整计划将重整方提供10亿元重整资金中的部分资金由管理人授权大英县政府平台公司专项对所有社会个人股东进行兑付,之所以委托政府平台公司兑付,一是基于政府的公信力,二是为了避免大量人员聚集到盛马化工影响企业正常运转。此举有力维护了社会稳定,最大限度保全了众多社会股东的利益,产生了良好的社会效果。

(二)办案心得感悟

1. 合理甄别真正有投资意向的投资人

盛马化工存在许多重整优势,但作为化工企业,其劣势也十分明显:生产设备不配套,无法满足汽、柴油"国六标准",后续技术改造需要投入大额资金。在招募投资人的过程中,管理人接触了不少意向投资人,但对于企业的估值和报价严重偏低,仅为2亿左右。虽意向投资人众多,但能够采取实质行动且符合条件的投资人较少,故管理人将主要精力集中在确有投资意愿的投资人身上。在接待过程中,管理人发现有些投资人仅仅是让几个业务员过来了解,而有些投资人却派出包括法律、工程、设备、财务等各方面的专业人才组成的团队过来考察。最终确定的投资人在每一次谈判与尽职调查中均派遣了完备的工作小组,从态度上表现出极大的诚意。对管理人而言,从投资人派出人员构成上,可以初步判断出其重整盛马化工的决心和态度。

此外,地方政府充分发挥府院联动机制,采用招商引资方式配合管理人招募重整投资人,提供了包括税收奖补、预留发展土地等一系列优惠政策。最终投资人同意提供10亿元的偿债资金并签订了招商引资协议,使重整计划具备可执行性。

2. 合理确定重整期间的生产经营模式和方案

盛马化工于2018年4月停产,化工装置在停产后会加速腐蚀,若不进行生产,将产生严重的安全隐患,且随着时间的推移,引发重大安全事故的风险将递增。同时,盛马化工在岗职工数百人,已拖欠职工2个月工资,若不继续开展生产经营赚取利润,将无力支付职工工资,这可能造成职工恐慌,引发群体上访的事件发生,给当地维稳工作造成巨大压力。因此,重整期间的经营应当以保守经营为原则,减少经营风险,扩大盈利,不能对企业造成巨额亏损,否则就会增加共益债务,损害债权人的利益。这需要考察企业的内部治理机构,并论证经营方案的营利性与合法性。

盛马化工具备相对完善的组织架构,除董事长之外,还设有总经理、综合部、财务部、市场部、工程部,但该内部治理机制并未有效运转,企业的生产经营依然由原董事长独断决策。如果允许企业自行管理其财产和营业事务,可能会造成生产经营的亏损,不利于债权人利益的最大化。故管理人没有选择债务人自行管理财产和营业事务的方案,而是由管理人对生产经营进行管理。

鉴于管理人并非化工专家,对于炼油行业的运转并不熟悉,管理人提请人民法院继续聘用原企业的经营管理人员,重新任命了总经理、行政副总、经营副总、生产副总和总工程师。在紧密依靠上述高管人员的基础上,管理人严格执行报送给人民法院的生产经营方案,规范合同签订与用印管理,并通过管理人账户对外收付款。管理人在第一次债权人会议之前将继续营业的对外借款,经人民法院同意后列为重整期间的共益债务,从而使盛马化工获得生产经营启动资金。最终,盛马化工通过生产销售汽油和液化石油气,实现了职工工资和日常开支的自给自足,为重整工作的顺利推进打下了良好的基础。

3. 与债权人的谈判应当立足于情理与法理

盛马化工谈判的难点在于投资人提供的偿债资源不充分,盛马化工约有24亿元的负债,但投资人只提供10亿元的偿债资金。如何平衡债权人的利益成为摆在管理人面前的难题。管理人先后开展了多轮谈判工作,为表达谈判诚意,管理人专程前往成都、新疆等地上门拜访,了解主要债权人的清偿意向。在拟定重整计划草案的过程中,管理人在大英县人民法院及政府的支持下又多次针对方案内容与主要债权人进行协商沟通,使债权人的核心利益得到有效保障。

此外,税款债权的谈判也是本案的谈判难点,税务谈判要点有两个:一是在诉讼未决的情况下,赋予债权人临时表决权;二是滞纳金作为普通债权,需要税务局在普通债权组投赞成票。为此,大英县人民法院以及管理人多次向税务局普及《企业破产法》相关知识,并明确告知其诉讼不影响表决,人民法院可以赋予其临时表决权,同时向其说明判决结果虽尚未出具,但最高人民法院的司法解释以及相关案例可以佐证,滞纳金必定属于普通债权。从长远利益和社会利益角度来看,盛马化工破产重整成功,不仅有利于税务局收回现有欠税,未来还会创造更多的税收机会,符合社会整体利益。最终,在遂宁市委、市政府,大英县委、县政府,遂宁市中级人民法院,大英县人民法院的协调之下,税务局在税款债权组及普通债权组均投赞成票支持盛马化工重整。

4. 现场债权人会议需要做好安保工作及应急预案

盛马化工破产重整期间,网络债权人会议尚未大范围普及,故债权人会议的召开通常以现场会议为主。由于盛马化工债权人众多,且为大英县首例具有影响力的破产重整企业,会议筹备和安保工作成为重整的重要问题。由于管理人没有执法权,在安保问题上难以发挥重要作用,需要借助于政府和人民法院的力量,保障债权人会议的顺利召开。本案中,遂宁市、县主要领导亲自研究部署督导安保、维稳工作,市、县公安机关主动配合,负责外围安保维稳。人民法院积极组织法官队伍熟悉案件情况,配合管理人对会议召开当天债权人可能提问或者不满的问题进行解答。

三、理论问题探究

在本案重整过程中,税款债权的数额巨大且具有优先受偿性,而投资人提供的偿债资金有限,因而税款债权的认定尤为重要。管理人通过诉讼方式据理力争,盘活增值税留底税额数千万元用于抵扣其他欠税,从而大幅降低了税款债权的总额,同时将数亿元税收滞纳金确认为普通债权,实际上增加了可供普通债权人分配的债务人财产。双方争议涉及税收优先权的范围以及破产程序中的抵销权行使的问题。此外,管理人基于出资人权益差异调整的理念,妥善处理数千名社会股东的出资权益,也是本案重整能得以成功的重要一步。最后在重整计划草案表决中,由于两家大国企在普通债权组的受偿比较低,内部决策程序难以通过而投了反对票,人民法院在审定后审慎应对,依据《企业破产法》最大利益原则强制批准了该重整计划草案。重点探讨如下。

(一)税款债权的认定问题

1. 税款滞纳金是否属于破产税款债权

在我国破产程序中,税款债权的优先性体现在其优先于普通债权获得清偿。我国《企业破产法》第113条亦是如此规定。[①] 但税款债权的优先性并不局限于

---

① 《企业破产法》第113条第1款规定:“破产财产在优先清偿破产费用和共益债务后,依照下列顺序清偿:(一)破产人所欠职工的工资和医疗、伤残补助、抚恤费用,所欠的应当划入职工个人账户的基本养老保险、基本医疗保险费用,以及法律、行政法规规定应当支付给职工的补偿金;(二)破产人欠缴的除前项规定以外的社会保险费用和破产人所欠税款;(三)普通破产债权。”

破产程序中。税收优先权制度最早是在我国《税收征管法》中得以明确的，具体包括：一是税款债权优于无担保债权，法律另有规定的除外；二是纳税人欠缴的税款发生在纳税人以其财产设定抵押、质押或者纳税人的财产被留置之前的，税款债权应当先于抵押权、质权、留置权执行，主要是防止通过虚假担保损害国家税收利益；三是纳税人欠缴税款，同时又被行政机关决定处以罚款、没收违法所得的，税款债权优于罚款、没收违法所得。①

税款债权优先性的法理逻辑主要在于税收具有公益性。以法规形式明确其优先性实质是运用国家公权力对税收予以特殊的保障，从而也间接地维护公共利益。基于此，税款滞纳金是否应在破产程序中优先于普通债权受偿，应回归于其性质及法律属性。比较而言，税款本金系债务人基于破产受理前的经营行为而形成的税款，大多数是在营利状态下发生的，本质是对国家负有的债务。税收滞纳金本身并非因经营而产生，而是因纳税义务人未按时足额纳税所致，通常由税务机关在责令限期缴纳税款的同时额外按日加收。滞纳金实质上是对纳税人和扣缴义务人占用国家税款的一种补偿，同时也具有处罚的性质。就补偿功能而言，滞纳金的本质类似于欠款本金的资金占用费或利息。由于破产程序中存在诸多主体的利益冲突，故需要法律权衡，即国家（也间接代表公众）的利息补偿权与特定的、少数人的本金受偿权之间的冲突。即使以普通人的理解，在债务人资不抵债的情形下，部分债权人本金的受偿显然比本金享有优先权之债权人的利息受偿更为急迫和重要。此外，在企业正常经营状态下，滞纳金的收缴可以起到惩罚并敦促纳税义务人及时纳税的功能。但在债务人陷入破产困境时，由于现有财产属于全体债务人可供分配的破产财产，且尚不足以完全覆盖所有债务。如果再将滞纳金置于普通债权的前位得以提前清偿，实际是将普通债权人的可受偿的部分财产用于向国家承担违约责任及接受行政罚款。滞纳金的处罚对象被转化为普通债权人，无法实现其处罚功能。因此，在破产程序中，滞纳金的补偿与处罚功能难以证成，如果赋予其优先性将损害其他更为重要的价值利益。

从行政法规与《企业破产法》的适用而言，本案中滞纳金是否属于破产税款

---

① 《税收征管法》第45条第1款规定："税务机关征收税款，税收优先于无担保债权，法律另有规定的除外；纳税人欠缴的税款发生在纳税人以其财产设定抵押、质押或者纳税人的财产被留置之前的，税收应当先于抵押权、质权、留置权执行。"

债权也起因于对法律法规的理解和适用存在分歧。国家税务总局《关于税收优先权包括滞纳金问题的批复》(以下简称《国家税务总局的批复》)中规定:“按照《中华人民共和国税收征收管理法》的立法精神,税款滞纳金与罚款两者在征收和缴纳时顺序不同,税款滞纳金在征缴时视同税款管理,税收强制执行、出境清税、税款追征、复议前置条件等相关条款都明确规定滞纳金随税款同时缴纳。税收优先权等情形也适用这一法律精神,《税收征管法》第四十五条规定的税收优先权执行时包括税款及其滞纳金。”本案中,大英县税务局据此认为滞纳金应属于破产税款债权,应优先于普通债权清偿。

而破产管理人援引最高人民法院《关于税务机关就破产企业欠缴税款产生的滞纳金提起的债权确认之诉应否受理问题的批复》(以下简称《最高人民法院的批复》)①中规定:“依照企业破产法、税收征收管理法的有关规定,破产企业在破产案件受理前因欠缴税款产生的滞纳金属于普通破产债权。”以及最高人民法院《关于审理企业破产案件若干问题的规定》(以下简称《破产法司法解释一》)②第61条第1款第2项中规定:“人民法院受理破产案件后债务人未支付应付款项的滞纳金,包括债务人未执行生效法律文书应当加倍支付的迟延利息和劳动保险金的滞纳金。”

应注意的是,上述《税收征管法》《国家税务局的批复》中对于破产程序中税收滞纳金是否为优先债权并无明确规定,其中规定的税款优先权应仅适用于正常经营中企业的征税或者民事强制执行程序。而针对进入破产程序的债务人,《企业破产法》以及《最高人民法院的批复》中对于税款债权与其他债权的清偿顺序另有明确规定的,人民法院审理破产企业欠缴税款的相关民事案件,则应当按照特别法优先于一般法适用的原则,优先适用《企业破产法》的相关规定。如此,本案中滞纳金在破产程序中不属于税款优先权的范围。

2.破产程序中增值税留抵税额的抵销问题

抵销权本是民法上的权利,其行使需具备如下要件:一是双方当事人互负债务;二是双方债权均须合法、有效存在;三是双方互负债务,标的物的种类、品质

---

① 《最高人民法院的批复》,已于2012年6月4日由最高人民法院审判委员会第1548次会议通过,现予公布,自2012年7月12日起施行。

② 《破产法司法解释一》,2002年7月18日最高人民法院审判委员会第1232次会议通过,法释〔2002〕23号。

相同;四是双方债权均已届清偿期。

破产法上的抵销权有其特殊性,是指债权人在破产申请受理前对破产债务人负有债务的,在破产财产最终分配确定前向管理人主张相互抵销的权利,而无论债务是否已到期、标的是否相同。抵销权可在债务人丧失清偿能力的情况下使其债权在抵销的范围内得到全额、优先清偿,对维护债权人的权益具有重要的意义。① 从表面上看,破产程序中抵销权的行使可能会使某些债权人获得一种个别清偿,似乎有违破产法"公平清偿"之立法理念,但深层次的法律逻辑却是基于"自然的公平",即如果自己欠破产企业的债务,被要求作出全面履行偿还,而自己拥有的债权,却只能按比例平均地分配,这显然不公。

本案中盛马化工欠缴税款,同时在税务机关又有数千万元的增值税留抵税额。国家税务总局《关于增值税一般纳税人用进项留抵税额抵减增值税欠税问题的通知》第1条规定:"对纳税人因销项税额小于进项税额而产生期末留抵税额的,应以期末留抵税额抵减增值税欠税。"大英县税务局认为"增值税留抵税额不能抵减增值税以外的税种欠款"的观点或许存在瑕疵。从抵销权的行使要件来看,留抵增值税款本质上仍是盛马化工的资产,审计报告亦将增值税款列为企业其他流动资产,大英县税务局亦认可本案留抵增值税款属于盛马化工资产。一方面,破产企业存在欠缴税款;另一方面,破产企业在税务机关存有特定资产,此种情形,可以认为是双方互负债务。破产重整期间,盛马化工没有进行生产,不用再缴纳增值税,更无法用留抵增值税款抵减增值税,如果不能抵减所欠其他税款,就相当于该笔资产没有纳入重整程序处理,这会损害其他债权人利益。根据最高人民法院《关于适用〈中华人民共和国企业破产法〉若干问题的规定(二)》第45条的规定,债权人依据《企业破产法》第40条的规定行使抵销权,应当向管理人提出抵销主张。管理人不得主动抵销债务人与债权人的互负债务,但抵销使债务人财产受益的除外。管理人主张将留抵增值税款优先抵扣欠缴税款,实质上是增加了可分配财产价值,使债务人财产受益。按照《企业破产法》第113条的规定,税款债权系优先债权,将留抵增值税款优先抵扣少缴税款,结果是清偿税款债权,提高普通债权受偿率,维护了普通债权人的利益。因此,管理人行使破产抵销权最终也得到了法院的支持。

---

① 参见王欣新、王中旺:《论破产抵销权》,载《甘肃社会科学》2007年第3期。

(二)出资人权益差异调整

出资人权益调整主要是指在破产重整程序中,对公司的现有股权结构如总股本、持股人、持股份额、持股比例进行相应调整,以清偿公司债务,优化公司治理结构,使公司获得重生,避免破产清算的措施。①

1. 先决条件:破产企业的出资人权益

承认股东权益的存在是探讨股东权益调整规则的前提和基础。当公司进入破产程序,账面资产小于负债时,投资人是否仍享有股东权益存有不同的观点。有学者提出,重整程序中股东不再享有表决权,理由是"不再享有潜在利益"。②当公司资不抵债时,所有者权益为零,股东虽然形式上仍然持有股权,但实际价值为零。③ 反对的观点认为,资不抵债这一理由并不足以否定公司重整程序下股东权益之存在。④ 公司进入破产程序后,股东并不当然失去权益,企业的现实价值也并不完全由资产与负债的比例决定,更多的是取决于企业的营利能力和市场中综合资源的占有情况。因此,虽然有些企业资不抵债,但仍有市场价值。⑤

破产企业的账面价值为负并不必然等于企业没有价值,在破产重整特别是仍继续经营的企业,债务人虽暂时陷入债务危机,但仍有重生的希望。在破产程序中,仍然存在股东权益。但应注意如何进行调整其正当的逻辑和方式。

2. 出资人权益调整的正当性及差异调整的法理逻辑

出资人权益调整具有法理上的正当性。重整制度本身即是通过重新分配利害关系人的利益结构,整合各方力量积极拯救困境企业。破产程序中的股权价值以实然接近归零的面目出现,重整投资人提供偿债资金如及时雨般地出现,因此,股东也应当付出代价。⑥ 此外,在重整中债权人通常以减免债务、变更清偿方式等形式,减轻破产企业的偿债压力,为实现企业重生作出巨大的牺牲。而债权

---

① 参见丁燕:《上市公司破产重整计划法律问题研究理念、规则与实证》,法律出版社2014年版,第75页。

② 参见张小炜、尹正友:《〈企业破产法〉的实施与问题》,当代世界出版社2007年版,第171页。

③ 参见张勇健、杜军:《破产重整程序中股权调减与股权负担协调问题刍议》,载《法律适用》2012年第11期。

④ 参见唐旭超:《论上市公司重整中的股东权益》,载《政治与法律》2014年第6期。

⑤ 参见王欣新:《论新破产立法中债权人会议制度的设置思路》,载《法学家》2005年第2期。

⑥ 参见齐明:《中国破产法原理与适用》,法律出版社2017年版,第161页。

人的利益保护通常被认为应优先于破产企业股东。故而需要通过对出资人的权益进行调整让出资人承担部分重整成本,实现债权人与出资人共担重整成本。

如果说出资人权益调整的正当性在于破产企业股东应在重整中让渡利益作出牺牲,出资人差异调整则着眼于区分不同股东应承担不同的责任。基于股东异质化理论,不同股东对公司控制权的实质不同必然导致其应承担的破产责任不同。如果大股东和中小股东以相同比例调整其权益范围,无疑是将本不应当由中小股东承担的公司经营失败的责任强加到它们身上,这不利于保护中小股东的合法权益。① 因而有学者主张,在调减股东权益时,控制股东或实际控制人的权益应被全部或大部分调减,中小股东权益应仅被调减一小部分或不被调减。②

因而出资人权益区分调整的思路在于:一是区分对待对公司经营管理享有实质性支配力的控股股东与不参与公司经营的股东;二是考虑股东对公司经营陷入困境所存在的过错程度或应担负责任的大小股东的过错责任。本案中,盛马化工系由国企改制而来,有数千名社会个人股东,不仅数量庞大且持股年限久远。这些社会股东持股比例不足10%,属于无过错且不参与公司经营的股东。如果将股东权益全部清零,将无异于使小股东承担了控制股东过错所导致的股东权益的减损。鉴于此,管理人在制作重整方案时,拟定盛马化工的出资人将其持有的盛马化工100%的股权无偿转让给重整投资人,但按照每股两元对其他个人股东进行现金补偿。出资人权益调整后,盛马化工原出资人持股比例为0,社会小股东获得部分补偿,即体现了大股东权益调整归零,而无过错的个人股东获得一定权益变现的区分调整思路。

(三)重整计划强制批准中的最大利益原则

破产重整程序是一个多方利益主体相互博弈、相互妥协、相互合作的司法程序,③而利益主体的多元化往往也会导致重整中的债权人、债务人、企业职工、债

① 参见李曙光、张或通:《上市公司重整中股东权益调整的界限》,载《公司重整法律评论》第3卷,法律出版社2013年版。

② 参见唐旭超:《论上市公司重整中的股东权益》,载《政治与法律》2014年第6期。

③ 参见曹文兵:《上市公司重整中出资人权益调整的检视与完善——基于51家上市公司破产重整案件的实证分析》,载《法律适用》2018年第17期。

务人股东等利害关系人相互之间很难达成一致意见，出现部分表决组不通过重整计划草案的情况。在此情形下，管理人可以申请法院强制批准重整计划，这也是重整程序中司法强制力的表现之一。法院在重整计划的强制批准中，不仅需要维护债权人的合法权益，还关系债务人营业事务的延续和职工的就业，也关涉到社会稳定等社会公共利益，故此，重整计划的强制批准必然要从社会公共利益出发，要求各方当事人着眼于长远利益而作出一定的让步与牺牲。① 但是，重整计划的强制批准对于债权人利益的"善意侵犯"也需要在一定限度内，满足一定基本原则。

最大利益原则又称债权人利益最大化原则、清算价值保障原则等，其是指任何一个反对重整计划的利害关系人，法院都应该保障其至少可以得到在破产清算程序中应得到的清算利益，无论其所属表决组是否通过重整计划。② 该原则设置的目的是保障反对重整计划的个体利害关系人的权益，无论利害关系人所在的表决组采取何种意见，都要保证持反对意见的个体利害关系人的利益能够在最大限度上得到应有的保护。债权人"最大利益"是其以清算程序能够获得清算价值为法律保护的底线。故此，最大利益原则也被称为重组价值分配的底线。③ 我国《企业破产法》在第87条第2款第3项中规定了最大利益原则，即按照重整计划草案，普通债权所获得的清偿比例，不低于其在重整计划草案被提请批准时依照破产清算程序所能获得的清偿比例。

本案对重整计划草案进行表决时，对债务人特定财产享有优先受偿权的债权组、职工债权组、税款债权组和出资人组均表决通过了重整计划草案。普通债权组第一次表决未通过重整计划草案，经管理人与表决未通过的普通债权组协商，普通债权组再次进行表决，仍未通过重整计划草案。根据模拟的清算程序受偿比例，如果盛马系企业进入破产清算，资产处置会产生高额的交易税费，资产的实际变现价值将会进一步降低，债务人具有继续经营价值的无形资产也将全部灭失，普通债权的清偿金额为零。而实施重整计划草案，普通债权中10万元（包含10万元）以下债权全额清偿，10万元以上的债权，一次性清偿10万元，超

---

① 参见谭筱清、肖江：《司法重整在执行程序中的适用》，载《人民司法》2009年第13期。

② 参见王欣新：《破产法》（第3版），中国人民大学出版社2011年版，第274页。

③ 参见张艳丽、李蒙娜：《企业重整的价值目标及其实现——从重整制度构成的角度》，载《北京理工大学学报（社会科学版）》2008年第6期。

出 10 万元的部分按照 13.5% 的清偿比例予以清偿。普通债权所获得的清偿比例远高于盛马系企业依照破产清算程序所能获得的清偿比例。加之,债务人重整成功有利于化解债务人的债务危机,最大限度地保护债权人的合法权益,有利于提升和促进四川省石化行业的发展壮大,有利于维持和增加就业,维护社会稳定。故法院根据最大利益原则最终裁定批准了盛马系企业重整计划草案。

案例三　重庆荧鸿房地产开发有限公司、重庆荧鸿置业有限公司实质合并破产重整案*

本案中的两家公司均是地方知名房地产企业，由于资金链断裂而双双进行破产重整。由于两家企业存在人格混同，法院在依法受理破产重整后决定实质合并重整，并指定破产管理人客观、公正地审计和评估其偿债能力。两家公司开发的项目进度过半，继续建设所需投入资金较少，项目建成后即可预售回款，最终成功引入重整投资人，使其再获新生。本案面临债权人众多、购房者数量庞大等社会影响较大的情形。为更好推动重整进程，政府与法院采用"府院联动"的有效方式，专门成立处置小组办公室与管理人组成了联席会议机制，在保障民众基本权益的大原则下，合法合理推进重整工作。本案还包含法定权利之间的清偿顺位问题探讨，如抵押权与建设工程优先权这两项法定权利在破产重整中的清偿顺位问题，应从规范层面与现实层面并结合个案公正进行综合判断。此外，在重整程序中对建设工程优先权加强保护是必要且可行的，需严格限制法院裁定批准重整计划草案的情形。

---

* 执笔人：刘赛丽，重庆丽达律师事务所合伙人；樊沛鑫，西南政法大学民商法学院博士研究生。

一、案件基本情况

(一)基本案情

1. 债务人基本情况

重庆荧鸿房地产开发有限公司(以下简称荧鸿地产公司)成立于2008年4月10日,是由法定代表人郑某荣(持股35%)和福建荧鸿投资集团有限公司(持股65%)共同投资设立的房地产开发及销售公司,注册资本10,000万元,公司位于重庆市江津区德感街道东江路777号。重庆荧鸿置业有限公司(以下简称荧鸿置业公司)成立于2012年7月25日,是由法定代表人郑某荣(持股50%)和郑某伟(持股50%)共同投资设立的房地产开发公司,注册资本2000万元,公司位于重庆市江津区几江街道鼎山大道518号。

2. 破产重整前债务人经营情况

荧鸿地产公司、荧鸿置业公司主要从事房地产开发项目,两公司开发建设的"荧鸿城"项目位于江津区德感工业园,总规划开发建筑面积90万平方米,分为7个街区,因经营不善,导致资金链断层,无法清偿到期债务,严重资不抵债。目前尚有三、七街区共计约94亩未开发,四、六街区工程大部分工程已取得预售证,仅有2栋高层需进一步完善,但进度也已过半,投入较少资金即可开始进行预售。该项目共计剩余未售住宅面积约80,000余平方米,剩余未售商业面积约20,000余平方米,剩余未售车库约3000个,以及剩余未开发土地90余亩。

3. 破产前债务人财产情况

截至2017年8月15日,包含土地使用权价值在内,荧鸿地产公司资产总额为8000余万元,负债总额约为3.4亿元,资产负债率高达386.99%;包含土地使用权价值在内,荧鸿置业公司资产总额约为4.1亿元,负债总额约为5.7亿元,资产负债率达138.72%。两家公司均属于严重资不抵债,且两家公司均涉及多起诉讼及执行,公司不动产均被抵押或司法查封,无法进行清偿。

(二)案件受理情况

荧鸿地产公司、荧鸿置业公司于2017年8月31日分别向重庆市第五中级人民法院申请破产重整。法院于2017年9月19日分别依法受理了两家公司的重整申请,并指定由重庆市江津区人民法院审理。2017 年 11 月 13 日,法院经过公开竞选后,择优指定重庆丽达律师事务所作为两家公司的管理人。

(三)重整期间主要工作情况

1. 法律尽职调查

管理人接受人民法院指定后,依法开展相关破产重整工作,严格履行管理人职责,全面清查两家公司的资产、负债情况,聘请具有相关司法资质的第三方机构对两家公司分别进行客观、公正的审计和评估,并分析两家公司的偿债能力。管理人对荧鸿地产公司、荧鸿置业公司之间的混同关系进行充分调查论证,为重整计划草案的制定打下坚实基础。

在第一次债权人会议召开前,管理人对接收到的债权进行清理、审核,并制定债权表。截至 2018 年 1 月 5 日,荧鸿地产公司共计 68 户债权人向管理人申报了债权,另有共计 206 户购房者向管理人主张了要求交房、办证等物权权利。管理人根据债权人提供的相应证据材料,初步认定审核债权情况如下:初步审核的债权共计 67 户,审定总额约 1.5 亿元;职工债权 10 户,共计约 10 万元;临时债权 4 户,共计约 3.3 亿元。荧鸿置业公司共计 145 户债权人向管理人申报了债权,另有共计 698 户购房者向管理人主张了要求交房、办证等物权权利。管理人根据债权人提供的相应证据材料,初步认定审核债权情况如下:初步审核的债权共计 91 户,审定总额约为 8.2 亿元;另职工债权 11 户,共计约 67 万元;临时债权 9 户,共计约 5 亿元。

"荧鸿城"项目多数购房者属于消费性购房户,购房目的为生存性使用,存在较大的维稳压力,因此政府关注力度较大。在法院裁定受理荧鸿地产公司、荧鸿置业公司破产重整申请前,政府即组成专门处置小组针对"荧鸿城"项目进行重点关注与处理。管理人于 2017 年 11 月 13 日接收人民法院指定当日,即与法院主办法官一同到"荧鸿城"项目进行整体走访拍照,并与政府处置小组成员进行开会沟通,考虑到后续工作的开展问题,一同建立工作联络群,以备随时沟通处理破产重整中相关问题。截至第一次债权人会议召开前,据不完全统计,管理人参与府院联动会议已有 30 余次,三方相互配合,共同解决破产重整程序中维稳、招商等各项综合性问题。

2017 年 11 月 16 日管理人分别接管了两家公司的印鉴资料、经营证照、各项合同等财务资料。同时,交接了两家公司关于“荧鸿城”项目设计图纸、规划许可以及未完工工程部分,以备后期续建工程以及竣工验收使用。

2017 年 11 月 13 日至 20 日,管理人对两家公司名下共计 18 个银行账户开展了全面调查,最终查询到荧鸿地产公司名下 7 个银行账户目前余额共计约 30 万元,荧鸿置业公司名下 11 个账户目前余额共计约 57 万元。两家公司的银行账户大部分处于司法冻结状态,管理人向相关法院提出了解除冻结申请,并将已解封款项划至管理人账户。两家公司均无办公设备等动产,亦无专利权、商标权、著作权、许可或特许经营权等无形资产。

2. 审计、评估工作的开展

管理人通过招投标方式公开向具有相应司法资质及丰富经验的审计、评估机构进行邀标,并邀请荧鸿地产公司、荧鸿置业公司代表、法院、政府处置小组成员共同参与现场比选方式,最终决定聘请重庆天健会计师事务所重庆分所作为审计机构,重庆立信资产评估土地房地产估价有限公司作为评估机构,以破产受理裁定日 2017 年 9 月 19 日为基准日,对荧鸿地产公司、荧鸿置业公司分别进行财务审计和资产评估。

根据审计报告显示,截至 2017 年 9 月 19 日,荧鸿地产公司账面资产总额约为 2.5 亿元,账面负债约 1.97 亿元,所有者权益合计约为 5800 万元,即资产大于负债 5800 万元。但是审计机构对此出具情况说明,写明审计报告中对资产负债的重大未确定事项涉及资产额约 8700 万元,包含库存现金约 9 万元均为白条,对于修建南华新居公租房的工程款约 8700 万元,仍作为预付账款暂列,抵押登记费、土地调查费等约 9 万元,实为应支付的费用,因未取得发票而无法记入成本费用等。根据评估报告显示,荧鸿地产公司资产总额约为 9000 万元,为一、二街区已完工未售部分以及三街区未开发土地等不动产。

根据审计报告显示,截至 2017 年 9 月 19 日,荧鸿置业公司资产总额约为 8.6 亿元,负债总额约为 7.7 亿元,所有者权益合计约为 9300 万元,即资产大于负债 9300 万元。审计机构对此出具情况说明,写明审计报告中对资产负债的重大未确定事项涉及资产金额约 1.78 亿元,包含库存现金约 35 万元均为白条,对于修建南华新居公租房的工程款 1.7 亿元,仍作为预付账款暂列,非关联方前四项为支付的融资中介费、利息等,合计约 800 万元,实为应支付的费用,因未取得发票而无法记入成本费用等。评估报告显示,荧鸿置业公司资产总额约为 2.9 亿元,为七街区土地,四、六街区在建工程及五、六街区已完工未售部分等不动产。

3.企业关联结果以及实质合并工作

管理人在工作中发现两家公司办公地点一致,实际控制人均为郑某荣,且在工程建设、财务管理、融资管理、销售管理等方面均统一安排,故特别委托审计机构对项目关联情况进行着重审查。经审计,截至2017年9月19日,荥鸿地产公司应付荥鸿置业公司往来款约为3500万元,占荥鸿地产公司负债总额的18.19%,该笔往来款占荥鸿置业公司其他应收款总额的32.88%。根据上述情况,管理人认为荥鸿地产公司与荥鸿置业公司之间存在高度人格混同,为最大限度地提升荥鸿地产公司、荥鸿置业公司的重整价值,维护债权人利益,管理人于2018年6月13日向法院申请两家公司合并重整,法院根据管理人的申请裁定对荥鸿地产公司、荥鸿置业公司进行实质合并重整。

4.第二次债权人会议前债权申报及审核情况

因法院已于2018年7月3日裁定对荥鸿地产公司与荥鸿置业公司进行实质合并重整,故管理人对两家公司债权进行整理合并,对于在两家公司均申报债权的,合并为一个债权人。截至2018年7月18日,管理人依法接受债权申报197家,申报债权总金额约2.1亿元。管理人依法对每笔债权进行审核,并依法对职工债权进行了审查确认,最终确认的各项债权性质及金额具体如下:担保债权6家,建设工程优先权2家,税款债权1家,普通债权175家,其中有2家建设工程优先权部分金额在普通债权中确认,职工债权21家。因诉讼等原因导致债权待定的有23家,其中普通债权18家、担保债权4家、建设工程优先权1家。

5.偿债能力分析

截至评估基准日,两家公司如实施破产清算,假定其全部财产能够按清算状态下以价值约3.8亿元快速变现,按照《企业破产法》规定的清偿顺序,财产变现所得中的约3700万元将优先偿还破产重整中续建六街区所借支的共益债务,约9700万元将优先用于偿还工程款,约3.2亿元将优先偿还有财产担保债权人优先受偿的快速变现价值。此外,两家公司剩余财产变现所得在依次支付破产费用、共益债务、职工债权、税金债权后,剩余可供普通债权人进行分配的无担保财产总额约为负1.4亿元。按照普通债权总额约7.7亿元进行分配,在破产清算状态下普通债权的清偿比例为0。

(四)重整计划的制定思路及主要内容

管理人与政府部门充分协商下,制订了详细的重整计划草案,并针对共益债务、重整路径、债权清偿等问题进行了重点设计。

1. 重整方案的经营思路

第一,完工“荧鸿城”四、六街区工程。荧鸿地产公司、荧鸿置业公司现有的“荧鸿城”四、六街区项目继续建设完工并销售以后,将有利于荧鸿公司整体资产增值,直接提高全体债权人的清偿比例。“荧鸿城”四、六街区项目计划将对外借款续建,建设周期预计为16个月,借款作为共益债务以“荧鸿城”四、六街区未出售资产变现金额优先受偿。

第二,融资启动“荧鸿城”三、七街区工程。通过贷款、借款融资等方式对“荧鸿城”三、七街区进行开发,借款作为共益债务以“荧鸿城”三、七街区未出售资产变现金额优先受偿。开发三、七街区将保证荧鸿公司的持续经营能力,最大程度增值荧鸿地产公司、荧鸿置业公司资产,提高对全体债权人的清偿比例。

第三,项目销售计划。“荧鸿城”项目规划销售的为住宅、商业,符合市场需求。从整体市场来看,2018年重庆楼市处于上行阶段,价格涨势明显,住宅、商业热销,销售回款快。从区域市场来看,荧鸿城项目所处的位置,可销售存量房稀缺,新盘供应有限,而市场需求旺盛,这将利于荧鸿城项目销售。地产公司、置业公司将对外聘请专业销售团队,对“荧鸿城”四、六街区及后期的三、七街区项目通过媒体(包括地方电台、报纸及自媒体等)进行包装、宣传,以实现荧鸿地产公司、荧鸿置业公司资产最大限度地销售变现。

第四,对自持商服务用房的出售及租赁。“荧鸿城”一、二街区现有商服务用房约4000平方米,“荧鸿城”四、五、六街区在四、六街区完工后约有商服用房20,000余平方米。考虑到上述房屋大部分房屋已经设立抵押权,对于地段及楼层好的房屋,可以进行出售,对于不利于变现的房屋,可以以租赁的形式获得长期收益,实现价值最大化。

第五,办理产权证。对“荧鸿城”尚未办理房屋产权证的业主,荧鸿地产公司、荧鸿置业公司配合相关行政主管机关,在2019年3月31日前办理完毕一、二、五街区业主所有产权证书(具体办理时间以行政主管机关确定时间为准)。

2.共益债务的认定与清偿

管理人在与政府部门多次探讨沟通后,政府处置办经报批当地政府同意,以政府平台公司、重庆市江津区滨江新城建设集团有限公司向荧鸿地产公司、荧鸿置业公司借款的方式,进行续建,续建费用计入共益债务。

3.债权分类及调整方案

对荧鸿地产公司、荧鸿置业公司享有特定财产担保的债权就特定财产评估价值部分全额受偿,债权金额超过特定财产评估价值部分根据《企业破产法》第110条规定转入普通债权清偿。对于拖欠的工资、经济补偿金、社会保险等职工债权金额不作调整,依法全额清偿。对所欠税款因申报部分均为本金,故金额不予调整,依法全额清偿。对经法院裁定确认的普通债权人(包含担保债权预计将经调整转为普通债权部分受偿的),确认金额在5万元(包含5万元)以下的部分,按照100%的清偿比例予以受偿;确认金额在5万元以上的部分,按照29.78%的清偿比例予以受偿。

4.债权受偿方案

第一,破产费用包括重整案件受理费、管理人报酬、聘请中介机构的费用及管理人执行职务的费用等,按照相关规定及合同约定支付。

第二,共益债务包括但不限于因继续履行合同所产生的债务、继续营业而应支付的劳动报酬和社会保险费用以及由此产生的其他债务,由荧鸿地产公司、荧鸿置业公司按照相关合同约定随时清偿。

第三,担保债权及工程款优先权。对担保债权清偿期限为2年,法院裁定批准重整计划后1个月内,债权人即协助办理解除对担保物的抵押登记的相关手续,荧鸿地产公司、荧鸿置业公司从债权人解除担保物抵押之日起即开展相应住宅及剩余抵押商业的销售工作,荧鸿地产公司、荧鸿置业公司就各街区住宅、商业、车库按照与各担保债权人协商的价格进行溢价销售,直至偿还完毕调整后担保债权金额。自法院裁定批准重整计划之日起,以未偿还本息为基数,按照中国人民银行同期贷款基准利率计息。2年后未完成销售的担保财产,债权人可选择重新聘请评估机构对未售房屋进行评估,以不低于评估价值作为实物分配价值向对该资产享有优先受偿权的债权人进行分配。对于工程款优先权,自人民法院裁定批准重整计划之日起60日内,开始对债权人优先权金额进行清偿。在建设工程优先权范围内予以清偿,具体清偿方式为:对于建设工程优先权范围内不动产进行销售,住宅销售期为3年,车位销售期为4年,销售期满未完成销售的担保财产,债权人可选择重新聘请评估机构对未售房屋进行评估,以不低于评估价值作为实物分配价值向对该资产享有优先受偿权的债权人进行分配。

第四,职工债权自重整计划裁定批准之日起12个月内一次性全额现金清偿。

第五,税金债权自重整计划裁定批准之日起24个月内分批次全额现金清偿。

第六,普通债权中确认金额5万元以下(含5万元)的普通债权受偿方式:确认金额在5万元以下的部分,自重整计划裁定批准之日起12个月内,一次性全额现金清偿;其中确认金额5万元以上部分的普通债权受偿方式:对5万元以上部分债权,按该部分债权金额的29.78%进行现金清偿;其中,该部分债权金额的9.13%在自重整计划裁定批准之日起24个月内,一次性全额现金清偿。并以四、六街区全部未售房产对该清偿作为担保。具体方式为:24个月后,未获现金清偿的债权部分,以当时未完成销售的房产进行偿付,债权人可选择重新聘请评估机构对未售房屋进行评估,以不低于评估价值作为实物分配价值向相应债权人进行分配。剩余该部分债权金额的20.65%在自重整计划裁定批准之日起60个月内,一次性全额现金清偿。并以三、七街区全部未售房产对该清偿作为担保。具体方式为:60个月后,未获现金清偿的债权部分,以当时未完成销售的房产进行偿付,债权人可选择重新聘请评估机构对未售房屋进行评估,以不低于评估价值作为实物分配价值向相应债权人进行分配。担保债权不足清偿转入普通债权清偿部分,按照普通债权确认金额在5万元以上的部分的受偿方式受偿。

(五)重整结果

荧鸿地产公司、荧鸿置业公司重整计划草案力求维护各类债权人的合法权益,特别是对金融机构利息损失进行了补偿,以及提高普通债权人的清偿比例,使其远远高于破产清算状态下的受偿比例,同时保护广大消费性购房户的合法居住权,平衡了相关主体利益。管理人认为该重整计划草案符合《企业破产法》第87条第2款之规定,具备申请法院批准重整计划的条件,并向法院提交了相关报告。法院于2018年10月29日裁定批准荧鸿地产公司、荧鸿置业公司重整计划草案,并终止重整程序。重整草案中明确承诺,对“荧鸿城”尚未办理房屋产权证的业主,荥鸿地产公司、荥鸿置业公司配合相关行政主管机关,在2019年5月31日前办理完毕一、二、五街区业主所有产权证书,在2019年12月31日前办理完毕六街区业主所有产权证书。在各方的协调与帮助下,两家公司于2019年5月31日前缴纳完毕了一、二、五街区业主办证所需材料。六街区业主产权证也在有序办理之中。届时,将解决1000余户业主房产证办理问题。

二、实务经验总结

(一)重点焦点问题分析

1. 民众权益保障问题

荥鸿地产公司、荥鸿置业公司是当地房地产企业,企业破产后老百姓最关注的问题就是购房者的权益能否得到保障。其核心问题是要满足购房者交房、办证的诉求,保障普通群众的基本居住权。这既是案件推进的法律问题,也是社会问题。一方面,购房者的数量庞大且大多数人并未接触过破产程序,并不知道在房地产企业破产后,他们下一步应当做什么,管理人的身份是什么,能够为他们做什么。管理人与购房者的沟通就显得极为重要。如何安抚购房者的情绪,如何让他们了解破产程序的走向,如何保障购房者的合法权益,都是管理人值得思考的问题。另一方面,破产企业作为一个特殊的主体,企业并没有多余的资金继续建设已经烂尾的工程,导致之前已经销售的房屋的交房问题尤为突出。而在企业剩余财产无法缴纳大修、契税、配套费,甚至无法顺利进行竣工验收时,办证的问题也变得更加严峻。如何顺利推进项目,成功化解矛盾,以及如何和政府、建设委员会等相关部门进行充分的沟通、配合以完成最终交房办证的目标,是所有涉及具有购房者的已停工房地产项目所共有的难点与痛点。

破产案件中的涉众事宜,其实首要是管理人的态度与沟通问题。管理人要敢于直面民众的不理解情绪,在保障自身安全的基础上,要能时时刻刻站得出来,为民众诉求提供一个有效、畅通的通道。在办理案件过程中,对于民众的情绪及诉求要实时跟进,及时反馈。管理人要加强与民众的沟通,多去现场值班,尽量保障民众有疑问时能及时得到解答,不要累积问题,增加民众的负面情绪。情况复杂严峻时,要及时反馈给政府和维稳办,做好紧急预案,避免突发情况时缺乏应对办法。在荥鸿地产公司、荥鸿置业公司案件办理时,第一次债权人会议的召开不仅有法院、管理人和债权人三方的积极参与,更得到了区公安部门、维稳办的大力支持,才得以圆满召开。管理人与法院在现场解答债权人疑问,把控会议流程,听取债权人意见;公安部门派出警力维护现场秩序,维稳办做好维稳准备,预防民众情绪过激发生意外情况。多方配合最终达到会议顺利召开的效果。在解决涉众问题上,要充分发挥"府院联动"的机制,群众的很多问题是单纯司法程序无法予以解决的。"府院联动机制是目前在破产审判工作中解决企业破产衍生社会问题的一种新生机制。作为司法实践中创造出的一种有效机制,府院联动有助于较为高效地解决实际问题,应当予以提倡。"①

在实践中,在没有正常完整材料的情况下如何进行竣工验收,在配套费、人防费仍有拖欠的情况下如何协调建设委员会,在契税、大修基金未缴纳完毕的情况下如何办证等,如果进行纯法律角度的思考,是无法解决实际问题的。而在给民众充分沟通、疏导的基础上,最终能将问题得以圆满解决,才是推进破产项目,解决涉众问题的关键核心。"府院联动"机制在本案完成交房办证工作中也取得极好的效果。遵循"法院是破产程序的主导者,政府是破产事件的协调者和风险处置者"的基本原则,②江津区人民法院充分发挥法院职能,在江津区政府与法院间建立了完善的制度化、常态化的协调联动机制,统筹协调解决本案破产重整工作中的社会稳定、复工续建、职工保障、购房户权益保障、投资人引进等问题,为防范化解本案重大风险、保障全体债权人利益、促进本案重整成功创造了良好条件。

2. 投资人的招募及投资方式的选择问题

对于一个破产重整项目,特别是涉及需要继续进行建设销售的房地产项目而言,投资人至关重要。项目的整体规划、复工续建、交房办证等无一不需要投资人的支持,而重整投资人的选择是一个难点问题。对于投资人的基本考察需要全面扎实,包括其投资意向的强烈性、投资人自身的财务实力、是否具有品牌影响力等,而项目本身实际的需要又是另一个方面的考量。如有些项目因停工问题,导致原开发商本身商业信誉大幅度受损,需要一个具有品牌影响力的投资人进行联合开发,恢复市场信心。有些项目,原开发商基本面还在,如继续施工,

① 王欣新:《府院联动机制与破产案件审理》,载《人民法院报》2018年2月7日,第7版。

② 参见叶美峰:《深化府院良性互动,推进企业破产重组》,载《浙江经济》2015年第20期。

市场还是会予以正向反馈,引入太优质的投资人反而会增加成本,垫资续建方或单纯资金方的引入更有利于项目最终利益最大化。对投资人的利益保障,以及投资人利益与项目整体的平衡问题,也是现在工作中的一个重难点问题。部分管理人招募投资人往往只站在解决破产项目问题的思考角度,仅对投资人提出要求,要求投资人解决各项问题。该问题体现于众多公开投资人招募公告中,公告通篇都是需要投资人解决的事项,对于投资人的诉求,往往仅简单回复:请投资人自行订立投资方案。这对于事先已洽谈、沟通好的投资人来说没有问题,但是对于面向全社会尽可能多地招募更为优质的投资人来说,无法切实考虑并平衡投资人的利益,阻碍了更多的投资人参与,不能充分发挥公开招募投资人的作用。一个意向投资人过少或过窄的项目,最终往往也会影响到项目推进,甚至影响到债权人及其他主体的利益。

每一个破产企业的情况各有不同,就算同类型的开发型企业破产重整案件,根据项目进度、地理位置、市场预测、债权债务构成等因素的不同,所需要的投资类型也不尽相同。投资人根据身份的不同一般分为财务投资人与战略投资人,根据投资模式的不同一般分为负债型投资人、权益型投资人和混合型投资人。实践中的重整案件,并不局限于理论上的分类,投资方式更为多种多样,交易结构也具有复杂多样性。在广为熟知的股权融资、债权融资、“出售式重整”融资等基础投资方式的基础上,还有如以投资收益权为基础的类证券化投资方式,以借款作为共益债务的投资,以及资产管理公司(AMC)通过不良债权收购作为投资人参与重整。因此,充分分析破产企业现状及市场现状,制定出符合企业自身利益的最佳投资方案,是重整项目中选取投资人的首要及关键任务。而在实际操作中,为了尽快发布投资人招募公告,往往忽略了这个关键点,形成了为发公告而发公告的无效运转,导致不能充分发挥投资人招募公告效用、无法将信息有效传递给意向投资人等问题。当然,获取投资人的渠道并不局限于公开招募。在现阶段实践过程中,债务人自行推荐,债权人、政府部门等其他主体进行推荐、引进,往往更具有针对性,且最终效果更好。但随着越来越多的市场主体关注破产重整项目,相信在目标明确,条件合适,准备充分的基础上,公开招募投资人将成为以后破产案件投资人的重要来源。最终投资人的选定及具体投资方式,都要以债权人会议所通过的相关规定为基础进行公开并落实,在重整项目中,该部分条款往往会直接写进重整草案文本内。

在荥鸿地产公司、荥鸿置业公司案件中，在具体投资方案的问题上，经过了不断的数据计算论证。管理人反复计算论证如引进战略投资人所带来的品牌、管理溢价产生的价值，与引入财务投资人单纯提供资金支持所产生的投资回报率之间的差额问题，最终选择了在本项目中能为债权人剩余最大价值的“借款垫资续建”投资模式。并将该模式的具体内容载入重整草案，最终予以裁定通过。该投资模式也在项目重整执行阶段中得到了很好的落实，并取得了良好的效果。用最低的成本，顺利完成了荥鸿地产公司、荥鸿置业公司第一期项目的全部交房、办证工作，且完成了第一阶段的偿债工作，与此同时，还余下了多余的资产剩余，为后期重整草案的全部兑现打下了坚实的基础。

3. 重整工作合法推进与各方主体利益平衡问题

破产重整制度是一项法律制度，最早源于英国衡平法中的公司整理制度。2006 年 8 月 27 日，我国颁布《企业破产法》，重整制度从此被正式引入我国破产法律制度中。就此而言，企业的重整工作实际上是一项法律工作，重整工作的推进实际上是法律程序的推进，这代表着重整中的任何工作都要在程序合法与实体合法的范围内展开，管理人只有熟悉了解、善于运用破产重整的法律规定，才能合理合法地保障债务人、债权人等各方主体的权益。但是，重整工作又不仅仅是一项法律工作。在世界所有建立了破产重整制度的国家中，企业拯救是破产重整的核心目标，这已经成为共识。在这一目标上，只通过单纯的法律机制显然是无法达到的，因此加强与各方主体的沟通交流，在各方主体的利益诉求中寻求平衡，也是管理人在重整工作中需要注意的重要问题。作为管理人，必须在依法依规的情况下保持与各方的沟通交流，平衡各方利益，以达到各方均较为满意的状态。对于普通债权人，管理人应以债务人清算状态下的偿债能力分析报告为基础，就清偿率、债权人实际所获收益等与债权人开展沟通谈判，阐明破产重整程序下债权人的利益能得到更大的保护。对于投资人，管理人不能一味要求投资人为管理人、债务人提供解决问题的帮助，也应该注意到投资人自身的诉求，关注投资人基本的资金保障方案及投资回报率。对于弱势群体，如消费型购房者、涉及工程款的农民工等，其大多数法律知识缺乏，法律基础薄弱，管理人不能以生硬的法律条款敷衍，要用他们理解的语言向其进行说明解释。

以荥鸿置业公司、荥鸿地产公司实质合并破产重整案为例。在该案中，普通债权人多为福建人，为了便于重整工作的有效推进，管理人多次前往福建当地与债权人进行统一开会,个别解释沟通。而本案中的购房者、农民工群体,又在项目本地重庆市江津区,管理人针对他们提出的任何疑问和要求,都尽力进行解答、纾解,涉及人数较多的情况,往往还会前往项目现场进行解释和沟通工作。同时,针对在各个地方的意向投资人,在确定其投资意愿及实力后,管理人往往会同政府、法院相关人员,前往投资人所在地进行实地考察及见面交流。管理人针对不同的地方,分别前往各个地区与各个相关主体进行沟通交流,听取各方意见,诠释法律规定,平衡各方利益。在运用各种互联沟通方式的基础上,一次次的见面沟通,更多的是对项目重视态度及对相对方尊重的体现。在沟通的过程中实时调整方式方法,调整方案,方能在矛盾激烈的破产案件中,取得各方一致的认可,并达到最后的平衡状态。

4. 债务人自营自管权利与管理人实施监督问题

债务人自营自管权利指的是企业自行管理财产和营业事务的权利,根据法律规定,一般存在于两个阶段,即重整程序阶段与重整计划执行阶段。在企业自行经营以及重整计划执行期间,既要保障债务人的自营自管权利,确保项目顺利推进,又要求管理人起到有效的监督作用,保障债权人与其他主体的权利。管理人监督如果过于严格,监督将变质为监管。实践中甚至存在企业进入重整计划执行阶段后,管理人仍控制企业公章的现象,导致企业不能在公司经营中自行做主,企业自营自管的权利实际上被架空,以及存在管理人过多参与公司决策,影响公司运营的问题。实际上大多数管理人作为律所、会计师事务所或者专门的清算公司,对债务人的行业情况和业务经营都知之甚少,其在企业经营中的干涉并不能带领正处于困境中的企业走出阴霾。而管理人监督如果过于宽松,当然也不利于企业重整工作的顺利展开,放任本就经营不善的企业自生自灭,可能导致企业无法完成重整计划,直接损害到债权人、投资人等各方主体的利益。所以管理人需要在企业的自营自管权与管理人的监督权中找到一条居中的道路,协调两者之间的关系,以达到双方诉求的平衡。

第一,在重整程序阶段,主要是对企业自营自管的监督。以荧鸿地产公司、荧鸿置业公司实质合并破产重整案为例。重整期内企业自营自管的前提是继续营业,根据两公司自身的实际情况,重整程序期间继续经营有利于提升两公司财产价值,有利于保留公司基本框架和骨干职工,有利于保持现有业务的基本稳定,为重整后续经营夯实基础。管理人根据企业情况主要开展了以下几个方面的工作：一是监督两公司的经营状况和财产状况。在破产重整期间，两公司主要的经营方向系为购房者办理房屋产权证、销售房屋等。在资金监管方面，两公司的所有资金均进入管理人账户，统一收支。在印章管理方面，建立规范用印制度，由管理人进行统一的管理，以监督合同的签订与履行情况。若发现两公司的经营状况和财产状况处于持续恶化状态，存在损害债权人利益的行为，并缺乏挽救可能，管理人将请求法院裁定终止重整程序，并宣告两公司破产。二是监督两公司的出资人、董事、监事、高级管理人员的行为。在破产重整期间，两公司不得实施分配投资收益的行为，两公司的董事、监事、高级管理人员也不得对外转让其持有的股权。管理人将监督前述行为，并及时报告债权人委员会和人民法院。三是监督两公司是否存在欺诈、恶意减少财产或者显著不利于债权人的行为。若两公司在自行经营期间，存在有其他欺诈、恶意减少两公司财产或者显著不利于债权人的行为，管理人将请求人民法院裁定终止重整程序、宣告两公司破产。四是监督两公司，限制担保物权人行使权利，保护担保物。在重整期间，限制担保物权的行使，将有利于两公司的重生。本案涉及有担保物权的债权人较多，且部分房屋在设立抵押之前已出售于他人。为更好地保护担保权人以及购房者的权利，若管理人发现两公司存在使担保物价值减损的行为，管理人将及时报告。五是监督两公司为新借款提供担保的行为。两公司在自行经营期间，为获得新的融资，使企业重获生机，极有可能对外借款，并在两公司财产上为新的借款设定抵押担保。管理人将及时向债权人委员会和人民法院报告两公司的借款行为，并对新的借款限定用途以及对其开支进行适当的控制和监督。在该期间，因企业公章还保留在管理人手中，为了企业的顺利经营，管理人还制定了专门的盖章流程，如盖章申请人向管理人负责人员提交需要盖章文件及相应复印件一份，管理人负责人员收取复印件，给复印件依顺序编号，并在盖章登记本上做好登记工作等流程。

第二，在重整计划执行阶段中对于重整计划履行的监督。重整执行期的监督管理主要是：管理人账户自行管理，公司账户是投资人与债务人共同管理，管理人随时查账监督；每年聘请审计做年审，对公司每年财务收支情况，流水等全部进行审计。公章在征得法院同意的前提下，交还债务人，方便债务人重整执行期复工续建、销售等工作。对于关键事项的决定，采取债权人委员会投票的方式来决定，管理人监督执行，核查销售情况，保障企业现金流来源。

（二）办案心得体会

荧鸿地产公司、荧鸿置业公司破产重整案于2017年9月19日法院受理，2017年11月13日指定重庆丽达律师事务所为管理人，最终于2018年10月29日裁定批准荧鸿公司重整计划草案。本案涉及债权人众多，涉案金额大，另涉数千户购房者交房办证的维稳的巨大压力，各种矛盾、冲突频发。但自管理人进场到最终裁定批准重整计划草案，历时不到一年，由于管理人对破产重整涉及程序上的法律规定的严格遵守，在人民法院的监督指导下，并在积极寻求人民政府的大力支持下，全面、认真地履行管理人职责，依法开展重整工作，努力推进重整程序顺利进行。《企业破产法》等相关法律法规之所以制定了一系列程序规定，对破产重整时间进行了程序上的严格限制，其立法本意就是遵守优胜劣汰的市场竞争丛林法则。企业具有破产重整基础，就应在短时间内重整成功。在拯救民营企业的基础上，更应站在更高的经济角度，优化产业结构、去产能。本案的现实意义是在破产重整案件大量久拖不决的现实状况下，在个案的实践中理解法的程序正义，践行《企业破产法》的立法精神。

一个企业破产重整成功与否，虽然要看企业自身的基本条件以及市场现状，但关键还在于管理人的履职能力和相关经验，管理人在重整过程中实时与当地政府、人民法院、广大债权人以及债务人等沟通协调，及时了解各债权人的基本诉求，与投资人和当地政府协商重整中的经营方案，及时向人民法院汇报工作，在制定重整方案时充分听取债权人的意见，对重整方案进行适当的调整，在表决前及时与债权人沟通，保障重整方案顺利通过。在重整计划进入执行阶段后，管理人对重整方案和重整计划是否按照计划执行进行全面监督，确保企业走出困境，有序发展，按期履行对债权人的偿付义务。

三、理论问题探究

房地产企业破产，牵涉到各种不同类型的债权。迟滞的破产重整程序将极有可能造成债务人企业的营运价值、客户资源丧失，降低债权人对管理人、债务人的信任，影响潜在投资人的投资意愿，引发债务人企业职工的猜测怀疑等不利后果。[①] 一般而言,房地产企业破产中,建设工程优先权人、购房者、拆迁户等特殊群体的债权清偿顺位问题被重点关注。在本案例中,也牵涉到许多破产法理论问题,如关联企业实质合并破产。[②] 但与本案例联系最为紧密的理论问题,是房地产企业破产中各类债权的清偿顺序问题。其中,建设工程优先权人与抵押债权的清偿顺位问题,更值得探讨。同时在本案例中,债务人后续经营中存在对外借款,这也涉及重整中建设工程优先权如何保护的问题。[③] 这些问题在本案例中值得重点讨论。

(一)破产中建设工程优先权债权与抵押债权清偿顺序探讨

1. 法律规定与争议由来

关于建设工程优先权债权与抵押债权清偿顺序,在破产实务中的处理方式较统一。一般而言,债务人同一财产上既存在建设工程优先权,又设定了抵押权时,应优先保障建设工程优先权的实现。这一操作思路既是基于相关法律规范的内容,也是出于实务操作的惯性。从相关法律规范内容分析,建设工程优先权产生于已被废止的《中华人民共和国合同法》(以下简称原《合同法》)第 286 条之规定。[④] 该条文的立法目的在于,解决当时我国建设工程施工中发包人拖欠承包人工程款的问题,也是为了保障农民工合法权益并维护社会稳定。但由于该规定略显简洁,导致了司法实务中的操作性欠缺。同时,该条文在设置时,也未妥善考虑发包人破产时如何处置的情形。[⑤] 在新颁布的《中华人民共和国民法

---

① 参见池伟宏:《困境企业拯救的破产重整路径效率优化》,载《中国政法大学学报》2021 年第 4 期。

② 关联企业实质合并破产在实践中已不少见,在《全国法院民商事审判工作会议纪要》以及《破产审判会议纪要》中,对此问题进行了详细探讨。

③ 如探讨破产重整中建设工程优先权人是否需要特殊保护,以及权利保护基础与保护路径的问题。

④ 第 286 条具体内容为:"发包人未按照约定支付价款的,承包人可以催告发包人在合理期限内支付价款。发包人逾期不支付的,除按照建设工程的性质不宜折价、拍卖的以外,承包人可以与发包人协议将该工程折价,也可以申请人民法院将该工程依法拍卖。建设工程的价款就该工程折价或者拍卖的价款优先受偿。"

⑤ 建设工程优先权成为一项法定权利时,我国现行《企业破产法》尚未颁布实施,因而这造成了建设工程优先权与破产程序衔接上的一系列法律问题。

典》(以下简称《民法典》)中,也规定了建设工程优先权的内容。[①] 与建设工程优先权一样,抵押权也是一项法定权利,从已被废止的《中华人民共和国担保法》、《中华人民共和国物权法》以及如今的《民法典》中,均一以贯之地确立抵押权的优先性。换言之,无论是建设工程优先权,还是抵押权,二者皆是民法典所规定的法定权利。那么在破产程序中,二者孰先孰后如何判断,有何标准? 这一理论上的疑问早在《民法典》实施之前已然存在。虽然在《民法典》实施后,最高人民法院发布了《关于审理建设工程施工合同纠纷案件适用法律问题的解释(一)》,其中已经明确了建设工程价款优先受偿权优于抵押权和其他债权。[②] 这在一定程度上解决了司法实务中建设工程优先权与抵押权在债权实现上的位阶问题。[③] 但仍有必要从理论上对二者在破产程序中的债权清偿顺序进行探讨。

2. 权利属性分析

关于在建工程款债权与抵押债权清偿顺序的理论探讨,或许可以主要围绕二者的权利性质展开。无论是建设工程优先权还是抵押权,均属于法定权利,由法律直接规定。从理论上的权利特点进行分析,抵押权是一种担保物权,以特定的动产或不动产为权利标的物,并且不转移标的物的占有。同时,在债务人破产时,抵押权人享有别除权,仍可以就抵押财产卖得的价金优先受偿。与抵押权类似,建设工程优先权以特定的建设工程为权利标的物,也不转移标的物的占有,其设立的目的也在于保障特定债权人的债权优先实现。但二者仍然存在一定的差别。第一,抵押权是一种法律明文规定的担保物权,而建设工程优先权的担保物权的权利性质在法律上没有确立;第二,抵押权的设立存在明确的要式性,即需要进行抵押权的设立登记,而建设工程优先权并不需要通过登记设立;第三,抵押权可以有顺位,但一般而言同一在建工程只产生一个建设工程优先权;第四,抵押的动产以及不动产可以看作是民法上独立的物,享有完整的物权,而在

① 具体参见《民法典》第 807 条规定:“发包人未按照约定支付价款的,承包人可以催告发包人在合理期限内支付价款。发包人逾期不支付的,除根据建设工程的性质不宜折价、拍卖外,承包人可以与发包人协议将该工程折价,也可以请求人民法院将该工程依法拍卖。建设工程的价款就该工程折价或者拍卖的价款优先受偿。”《民法典》的规定与原《合同法》之规定除了某些措辞上的改善,并无其他差别。

② 具体可参见最高人民法院《关于审理建设工程施工合同纠纷案件适用法律问题的解释(一)》第 36 条。

③ 从本案例荥鸿地产公司的破产重整计划来看,破产管理人是坚决认定建设工程优先权优于抵押权的。

建工程是否能享有完整的物权则存在争议。① 正是基于以上区别,才引发了二者在破产中清偿顺序上的探讨。有观点认为,建设工程价款优先受偿权代表的是施工人员的生存权,而建设工程抵押权代表的是担保物权人的财产权。从权利性质上看,生存权较之于财产权属于更加基础的权利,二者相较下立法显然会选择优先保护前者。② 在房地产企业正常经营时,优先保障建设工程优先权的债权实现,可能并不会对抵押权人的债权实现造成严重障碍。最初原《合同法》的立法初衷或许正是基于此点,因而关于建设工程优先权是否适用于破产程序的理论争论则长期存在。有的观点认为建设工程优先受偿权的实质就是法定抵押权,属于担保物权的一种,可以在破产程序中行使别除权。然而也有观点反对建设工程优先权适用于破产程序,理由为最高人民法院作出的《关于建设工程价款优先受偿权问题的批复》中并未明确说明建设工程优先权可以适用于破产程序。③

3. 清偿顺位探讨

目前,无论是实务界还是理论界,对于破产程序中可适用建设工程优先权并无异议。但破产程序中建设工程优先权和抵押权孰先孰后,仍存在可讨论的余地。从法律层面而言,无论是《民法典》还是《企业破产法》并未明确建设工程优先权优于抵押权的制度设计。虽然最高人民法院在《关于审理建设工程施工合同纠纷案件适用法律问题的解释(一)》中通过司法解释的方式明确了建设工程优先权优于抵押权,但理论上并不能据此推导出,在破产程序中便一定是建设工

---

① 在《民法典》建设工程合同一章中,并未直接规定在建工程属于独立之物享有物权。同时又规定了在本章没有规定的情况下,可以适用承揽合同的规定。而承揽合同中的标的物是正在被加工、正在形成的期待物,不是法定之物不享有独立物权。若照此理解,则在建工程不应当被认定为独立的物。以往学界关于建设工程优先权的权利性质,曾主要有三种观点,第一种观点认为建设工程优先权属于法定抵押权;第二种观点认为建设工程优先权是一种留置权;第三种观点直接就将建设工程优先权看作一种优先权。

② 参见罗琳:《房地产企业破产程序中优先权顺位研究》,西南政法大学2017年硕士学位论文,第17页。

③ 由于该批复回避了上海高院在请示中提及的破产案件中是否适用的问题,有观点便认为最高人民法院的批复仅规定在审理房地产纠纷和执行案件可以适用原《合同法》第286条的规定,对破产案件可否适用没有规定,故建设工程款优先受偿权制度在破产案件中不能适用。

程优先权的债权优于抵押债权。[①] 这是因为建设工程优先权突破了传统民法上物权优先于债权的一般规则。以司法解释的方式突破民法理论中物权优先于债权的原则,此举或有不妥。但从解决问题的实质出发,这又或许是较恰当的权宜之计。在破产程序中,将建设工程优先权置于优先于抵押权的地位,可能是出于社会整体利益最大化的考量。从现实层面考量,在破产程序中保障建设工程优先权的债权优先性,存在现实必要性。我国房地产行业高速发展时期已经过去,房地产企业暴雷概率大增。而建设工程施工人债权能否实现,与农民工工资问题紧密相连。房地产企业破产进入破产程序后,农民工工资问题将进一步恶化,这也可能会影响社会稳定。此外,破产中建设工程优先权与抵押权会发生冲突,一般是因为债务人实施了在建工程抵押行为。对于抵押权人而言,其抵押权的优先受偿效力,不仅包含在建工程,还包含相应的土地使用权。因此,即使优先保障建设工程优先权债权的实现,也不会使抵押权人的债权完全落空。反之,一旦抵押权优先于建设工程优先权,则可能使建设工程优先权债权完全落空。因而从权利保护的公平性出发,或许在破产程序中应当坚持建设工程优先权债权的清偿顺位优于抵押债权的原则。

(二)重整中建设工程优先权人保护

1. 权利保护的必要基础

目前房地产行业面临的困难是流动性欠缺,而不是资产不足。房地产资产价值高,体量庞大,变现周期长,才造成了整个行业的流动性不足。因而,对于经营困难的房地产企业而言,直接破产不仅不利于债务人本身,同时也对债权人的债权实现造成重大损害。从本案例可以看出,如果荧鸿地产公司直接进行破产清算,那么普通债权人的清偿率将是0。然而通过破产重整使普通债权人的清偿率提升至30%,对于5万元以下的债权甚至全额清偿,这极大地保障了广大普通债权人的合法权益。但需要注意的是,破产重整并非一定成功,其也存在不小的

---

① 一般而言,司法解释指国家最高司法机关在适用法律过程中对具体应用法律问题所作的解释,包括审判解释和检察解释两种。有观点认为法院处理破产案件,依然是法院在进行审判活动。因而最高人民法院《关于审理建设工程施工合同纠纷案件适用法律问题的解释(一)》可以直接适用于破产程序之中。但有观点认为,该司法解释基于《民法典》《中华人民共和国建筑法》《中华人民共和国招标投标法》《中华人民共和国民事诉讼法》作出,其中并未包含破产法,因此无法适用于破产程序中。

失败概率。重整的启动和执行的中止必然会波及所有利益相关方,尤其是当企业重整前景难以预测时,难免会产生信任危机,各方将会审慎评估重整程序对其利益的影响。[①] 破产重整得以进行的重要条件是享有优先权的债权人让渡部分自身实现债权的权利。例如在本案例中,重整计划草案的表决并未获得担保债权组债权人的同意。这是因为本案例中担保债权组的债权人多为金融机构,其并不愿意延长债权实现周期,因而本案例的破产重整得以施行,依靠的是法院的裁定。对于房地产破产企业而言,进行重整意味着继续经营,其中最为关键的是引入资金进行续建。一般而言,破产企业重整中新投入的资金总体风险可控。这是因为该部分资金会被纳入共益债务之中,在重整失败时优先获得清偿。可以看到的是,本案例在重整计划中也明确续建资金属于共益债务。然而,对于建设工程优先权而言,若重整失败则存在不同的情形。首先需要明确的是,债务人进行破产重整,将直接使建设工程优先权人的债权无法立即实现,今后能否实现也暂时无法判断。这与抵押权人不同,因为续建工作不会给抵押权人增加新的债权,而可能给建设工程优先权人增加新的债权。[②] 这可能对建设工程优先权人的债权实现造成额外困难,因而有必要在重整中采取有效措施保护建设工程优先权人的债权实现。

2. 权利保护的可行架构

从理论上进行分析,实现破产重整中的建设工程优先权十分复杂。从逻辑上分析,对于建设工程优先权人而言,破产重整中大致存在两种情况。第一,由建设工程优先权人进行破产重整中的续建工作;第二,招募新的施工人进行重整中的续建工作。这两种情况下,所体现的建设工程优先权保护问题存在一定的差异。在第一种情形下,由建设工程优先权人继续进行续建工作时,则存在以下理论问题需要探讨。第一,对建设工程优先权人重整前后的相关权利进行区分是否具有必要性,或许可以从权利的产生来看。建设工程优先权的产生方式有承包人与发包人协议将该工程折价以及请求人民法院将该工程依法拍卖两种。

---

① 参见乔博娟:《论破产重整中担保权暂停与恢复行使的适用规则》,载《法律适用》2020 年第 20 期。

② 虽然随着续建工作的进行,会使在建工程本身的价值增大,但是由于新的投资人的引入,债务人本身的债务也在不断增大。而建设工程优先权虽然优先于抵押权,但仍劣后于破产费用、共益债务等。续建工作可能增加在建工程本身价值的同时,也增大了共益债务。因而,会对建设工程优先权造成不利影响。

在债务人破产之前,承包人可以通过前述两种方式对建设工程优先权进行法律上的固定。然而在债务人被破产管理人接管进行重整后,即使续建工作已经正式开始,建设工程施工人也无法从法律上产生新的建设工程优先权。因此,有必要对建设工程优先权人续建前后的相关权利进行区分。第二,在明确需要进行区分的基础上,对破产重整时因续建而产生的债权的性质进行分析。对于其债权性质的定位,既需要基于《民法典》《企业破产法》这样的法律规定,也需要兼顾施工方因续建而产生的债权本身的特性。在第二种情形下,由于有新的施工人加入续建工作,此时利益冲突或许将更加复杂。首先,对于建设工程优先权人而言,其建设工程优先权本身只及于在建工程本身,而引入新的施工人续建之后,在建工程本身也在发生变化。其次,新引入的施工人与破产企业之间也会产生债权债务关系。[①] 最后,新引入的施工人与建设工程优先权人之间同样存在利益冲突,这主要表现在清偿顺位上。因此,在新引入施工人的情形下,不仅存在前一种情形下的债权定性问题,还存在新旧施工人之间利益冲突的问题。前述分析简要而言,在房地产企业破产重整中,一旦发生续建的情形,对建设工程优先权人的债权实现便会产生额外困难。然而就本案例而言,破产重整或许对全体债权人而言更为有利,因此法院才会以裁定方式批准进行破产重整。因而,有必要在维护全体债权人总体利益的情形下,给予建设工程优先权人适当的特殊保护。

3. 权利保护的具体路径

破产企业进入破产重整,对于建设工程优先权人这样有担保的债权人而言,其债权实现时间被延长,债务人继续经营也将会产生更多共益债务,从而影响其担保债权的实现。因而有必要在破产重整中,设置必要的程序,在保障破产重整顺利进行的前提下,保护建设工程优先权人的债权实现。具体而言,或许可以通过以下路径实现。

第一,严格限制法院裁定批准重整计划草案。根据现有《企业破产法》的规定,原则上重整计划草案得以通过,需要债权人的各表决组均表决通过。然而由于各组债权人之间的利益不同,为防止因部分债权人而导致整个重整计划草案

---

① 此时也会与第一种情形一样,存在债权性质如何认定的问题。债权如何定性,与破产中的清偿顺序息息相关。

无法通过,在制度设计上给予了法院裁定通过重整计划草案的权力。虽然《企业破产法》对此进行了看似严格的限制,但未能作出更加细节且具有操作性的制度安排。①《企业破产法》关于裁定通过重整计划草案的逻辑基础是,重整计划草案得以顺利执行。但在现实情况中,表决通过的重整计划并非一定能完成执行。然而,重整计划未能顺利实施,虽然对全体债权人均会造成不利后果,但债权受影响最大的是对债务人的特定财产享有担保权的债权人。因而应当严格限制法院裁定批准重整计划草案。

第二,丰富重整计划草案内容。在重整程序中重整计划居于核心地位,以重整计划的批准为节点,则可分为重整计划的制定、表决、通过阶段及重整计划的执行阶段。② 根据《企业破产法》第 81 条的规定,重整计划草案应当包含,债务人的经营方案、债权分类、债权调整方案、债权受偿方案、重整计划的执行期限、重整计划执行的监督期限、有利于债务人重整的其他方案等内容。据此可以看出,重整计划无法顺利执行的后续处理并非重整计划草案的必备内容。例如,本案例的重整计划中,明确写明了重整计划执行期限延长以及重整计划终止执行时,原有财产担保债权人解除的担保措施按照原顺序恢复的相关内容。但是并未包含重整计划无法执行时,建设工程优先权人的债权如何处置的内容。基于此,或许可以通过丰富重整计划草案内容的方式,对重整中建设工程优先权人的债权进行适当特殊保护。

---

① 重整计划草案的裁定通过要求具体可参见《企业破产法》第 87 条的规定。

② 参见崔明亮:《破产重整计划执行法律问题研究》,载《中国政法大学学报》2018 年第 2 期。

案例四　重庆华城希望房地产开发有限公司破产重整案*

重庆华城希望房地产开发有限公司(以下简称华城希望公司)破产重整案,涉及债权人多达1500余人,且结构复杂、利益冲突激烈,不仅包括融资、经营及职工债权人,还涉及购房人和拆迁户近千人,致使该案在当地具有较大的社会影响。本案破产管理人在重整过程中不仅及时组织华城希望公司复工续建,使其优质资产得以保留,促进了债务人资产增值、保值,还在短时间内理清债权债务关系,并积极推动了重整计划草案的表决与批准。本案是典型的房地产企业破产重整案例,其重整计划需要做到最大限度地保障购房人和拆迁户的权利,实现多方利益主体共赢,达到法律效果与社会效果的有机统一。本案的成功办理具有重要意义,为陷入困境但有可能再生的房地产企业提供了可以复制的范例和具体路径。除此之外,房地产企业破产中涉及购房人、拆迁户权益保护,揭示出破产解除权行使以及购房优先权认定等问题。例如,行使破产解除权要注意该权利的适用范围、适用原则;在购房户受偿顺序的判定中,要明确购房户优先权的行使依据与条件。

---

* 执笔人:李全振,重庆中豪律师事务所律师;方彦,西南政法大学民商法学院博士研究生。

一、案件基本情况

(一)债务人企业基本情况

华城希望公司由重庆华城天奕建筑设计有限公司(持股35%)和四川华西希望投资控股公司(持股65%)于2011年3月14日共同投资设立,注册地为重庆市江津区几江南干道18号,注册资本10,000万元,主营业务为房地产开发、投资、信息咨询服务等。2012年12月,重庆华城天奕建筑设计有限公司和四川华西希望投资控股公司将其所持全部股权转让给重庆老虎资产经营管理有限公司。自2014年起,华城希望公司陷入经营与财务危机,并于同年12月停工。后在当时政府的支持下部分项目工程恢复施工。但是,在2015年3月后,华城希望公司又因土地、预售商品房被查封冻结,施工单位停工等因素再次停工,在建工程虽部分主体完工但未达到竣工验收交付的条件,尚未形成有效资产。截至2016年4月末,华城希望公司账面资产总额约5.9亿元,其中流动资产约5.8亿元,固定及长期资产约670万元;负债总额约14.6亿元,已资不抵债,且缺乏流动资金,无法清偿到期债务。

(二)重整程序基本情况

1. 案件受理

2016年6月22日,华城希望公司以不能清偿到期债务但有重整基础为由,向重庆市第五中级人民法院申请破产重整。2016年7月11日,法院裁定受理华城希望公司的破产重整申请,并将该案交由重庆市江津区人民法院审理。2016年7月23日,法院裁定受理华城希望公司的破产重整申请。2016年8月29日,法院经公开竞选后,择优指定中豪律师事务所担任管理人。

2. 管理人开展工作

管理人积极进行破产重整准备工作,其一,组建管理人团队。管理人指派12名律师组成本案管理人工作团队,同时实行小组制,建立多个具体工作小组,专门负责特定事项。其二,制定规章制度。管理人依法制定职责细化分解制度、岗位管理制度、财务管理制度等规章制度,规范管理人工作。其三,开展审计评估工作。管理人通过公开竞选的方式选聘第三方审计评估机构对债务人进行专业审计、评估、工程预决算工作。其四，管理公司人员。管理人聘请留守人员 10 人，协助破产管理工作，并承担安保、后勤等工作。其五，核实经营管理情况。管理人与公司财务负责人、工程负责人等进行面谈，了解企业经营状况并全面准备接收相关资料。

在迅速完成准备工作后，管理人入驻华城希望公司，接管华城希望公司，具体内容包括：第一，接管印鉴及资料。管理人进场后依法对华城希望公司的印章、企业证照及其他资料等进行全面接管。第二，清理待履行合同。管理人依据《企业破产法》第 18 条及最高人民法院《关于审理商品房买卖合同纠纷案件适用法律若干问题的解释》之规定，基于对购房者、拆迁户生存权的保护，对债务人与购房者、拆迁户签订的商品房买卖合同、认购协议、拆迁安置还房合同及与政府签订一系列待履行合同，决定由合同相对方选择是否行使解除权。

为推进华城希望公司重整，增加破产资产价值，最大限度保障全体债权人利益，维护购房者生存权益，管理人将制定和实施复工方案作为最紧迫事宜。管理人根据上述资料与数据，就复工范围、复工投入和产出、项目规划建设、商品房市场价格变化等方面进行分析并制定了复工方案。复工方案包括项目概况、复工必要性、复工范围、复工期限、复工资金、复工价值等方面。

同时管理人也高效完成了债权审查工作。截至 2019 年 5 月 31 日，管理人共接受债权申报 155 笔，总金额约为 20 亿元。此外，管理人对购房者基本情况进行了登记，截至 2019 年 5 月 31 日，管理人共接受 511 户购房者登记，其中 71 户购房者申请退房并向管理人申报了债权；161 户购房者登记继续履行商品房买卖合同或者认购协议，并同意放弃逾期交房违约金，不参加债权人会议，同意按照重整计划确定的交房时间为准；279 户购房者选择继续履行商品房买卖合同或者认购协议，但不同意放弃逾期交房违约金，该部分购房者同时作为债权人参加债权人会议。管理人在较短时间内完成了 153 笔债权的审查，确认债权金额约 16 亿元。根据评估报告，华城希望公司全部资产在重整状态下评估总值约 17.6 亿元（含需要继续交付的已售房屋已收房款和拆迁安置还房的房产价值），在清算状态下评估总值 10.2 亿元，具体资产评估结果如表 1－1 所示：

表 1－1　资产评估数据

项目		评估价值/万元（假定重整状态下）	评估价值/万元（假定清算状态下）
流动资产	1. 货币资金	176,914.51	102,337.64
		0.28	0.28
	2. 其他应收账款	224.75	134.85
	3. 存货	176,689.48	102,202.51
非流动资产	1. 长期股权投资	176.00	123.20
		173.76	121.63
	2. 固定资产	2.24	1.57
评估总值		176,865.48	102,325.71

注：评估基准日：2019 年 4 月 30 日。

（三）重整计划草案基本内容

1. 出资人权益调整方案

根据审计报告，华城希望公司已资不抵债，所有者权益已经为负，故将出资人权益调整为零，由投资人附条件取得。同时为挽救公司，维护社会稳定，保护购房者及其他债权人利益，出资人应当和债权人共同努力，实现本案重整成功。

2. 债权分类调整方案

根据《企业破产法》规定及债权审查确认情况，重整计划草案分别设立担保债权组、税款债权组、职工债权组、购房者债权组、小额债权组和普通债权组。

3. 债权受偿方案

债权受偿方式有三种：其一，现金清偿。投资人提供现金，用于清偿破产费用和共益债务、税款债权、职工债权、小额债权，每户债权人均清偿现金 200,000 元。其二，房屋实物清偿。除现金清偿债权外，剩余未受偿的担保债权、普通债权采用房屋实物清偿方式。其三，债权转让后以房屋实物清偿。债权人可将债权转让给他人，受让人取得债权后依本重整计划规定以房屋实物清偿。

根据债权不同，具体受偿方案包括：其一，担保债权以现金方式清偿每户债权人 200,000 元，剩余担保债权以房屋实物清偿方式全额清偿，在重整计划执行期间，未受偿部分按银行同类同期贷款利率计算利息。其二，职工债权以现金方式全额清偿,且在重整计划执行期间不计利息。其三,税款债权以现金方式全额清偿,且在重整计划执行期间不计利息。其四,购房者债权。管理人为保护购房者利益,对破产受理前签订的住宅、商业商品房买卖合同及认购协议决定继续履行。在房屋验收交付后,继续履行合同的购房者应缴纳尾款。延期交房所产生的违约金不予清偿。若购房者不同意上述条件可请求解除合同并向管理人申报债权,管理人将依法认定其债权性质和金额。其五,小额债权以现金方式全额清偿,且在重整计划执行期间不计利息。其六,普通债权以现金方式清偿每户债权人200,000元,剩余债权以房屋实物清偿方式按照投资人招募程序中确定的清偿率清偿,且在重整计划执行期间不计利息。

4. 华城希望公司经营方案

华城希望公司及投资人应当按照投资人招募程序中确定的时间完成本项目建设和验收交付,并按照约定向购房者和拆迁户交付合格房屋、办理不动产登记证书,并承担开发建设单位应负担的产权办理等费用。投资人及华城希望公司在重整期间不仅需要组织资金用于偿债、支付破产费用及共益债务、延期利息等,而且需要组织资金支付后期所需的资金、税费等所有费用,确保企业正常经营,并按照本重整计划规定支付有财产担保债权利息。投资人进入后,派驻自己的经营管理、销售团队,负责企业运营和后期的销售业务,加快推进竣工交房进程;同时,优化公司治理结构,提高企业经营管理水平。

(四)重整计划表决与裁定批准情况

本案召开第二次债权人会议,对重整计划草案分别设立出资人组、担保债权组、税款债权组、职工债权组、购房人债权组、小额债权组及普通债权组进行表决。经表决,担保债权组、税款债权组、职工债权组、小额债权组、普通债权组和出资人组表决通过重整计划草案,购房人债权组未表决通过重整计划草案。管理人与购房人债权组沟通协商后进行第二次表决但仍未表决通过。管理人认为虽购房人债权组经两次表决未通过重整计划草案,但该方案具有可行性,保障了购房人债权人的利益,符合法定可批准的条件,故于2019年7月18日提请法院批准。法院根据《企业破产法》第87条及《破产审判会议纪要》第18条的规定,对本案重整计划草案及华城希望公司偿债能力进行分析。法院认为,一方面购房人有权选择继续履行或解除合同,可以充分保护其合法权益;另一方面购房人在重整状态下可得受偿金额高于在破产清算状态下的受偿金额，其利益并未受到损害。同时案涉工程复工、招募投资人等工作正在有序进行，经营方案具有可行性。若重整计划得以执行，将实现各方共赢，取得良好的法律效果和社会效果。据此，法院认为重整计划草案并未实质损害购房者利益，清偿方式符合法律规定，经营方案具有可行性，裁定批准重整计划草案，并终止重整程序。

（五）重整计划执行情况

1. 公平择优选定重整投资人，按照重整计划规定对债权全额清偿

依重整计划规定，重整投资人的招募参照资产拍卖模式，设定对普通债权的最低清偿率后，在法院裁定批准后6个月内依次降低条件公开招募。依据重整计划规定，管理人起草重整投资人招募公告、重整投资人评选办法并报债权人委员会审议通过后公开发布，在首次发布后便有两家投资人成功报名，最终由评审委员会按照最有利于债权人的清偿率、清偿时间等条件择优选定了投资人。

2. 按照重整计划规定实现出资人权益调整

在重整投资人按投资协议约定支付偿债资金及履约保证金后，管理人向其移交了华城希望公司的财产和营业事务，并在法院协助下，解除了华城希望公司股权冻结措施，完成了出资人变更登记，按重整计划实现了对出资人权益的调整。

3. 实现工程竣工验收和拆迁还房、已售商品房交付

华城希望公司按照重整计划规定，实现工程竣工验收。同时本项目涉及被征收人拆迁还房339套，其中住宅302套、商铺37套，截至目前，已完成绝大部分拆迁还房和已售商品房的交付工作。

4. 对破产费用和共益债务、职工债权、税款债权等进行有序清偿

华城希望公司按照重整计划规定，已清偿全部破产费用和共益债务、职工债权。截至2021年10月31日，在管理人监督下，华城希望公司已按照重整计划，通过现金清偿等方式，支付共益债务税金近400万元；完成清偿职工债权86万元、税款债权1777万元；清偿优先债权及普通债权136笔，累计现金清偿债务1769万元；同时支付有财产担保债权人利息3051万元，支付其他各项费用、共益债务等合计3513万元。

二、实务经验总结

(一)重点焦点问题分析

本案因案情重大、利益相关方众多、社会影响重大历时3年有余,并引起了社会各界的关注,管理人也在办理本案的过程中遇到各式各样的问题,涉及多个法律领域。具言之,本案在办理过程中主要遇到以下四个重点焦点问题。

1. 拆迁户及商品房购房者权益保障问题

本案涉及购房人及拆迁户近千人,在当地社会影响重大,矛盾突出。只有充分保障商品房购房人及拆迁户利益,才能有效化解社会风险,为投资人的引进及成功重整提供良好的环境基础。因此,在现有法律框架内平衡各方利害关系人利益的同时,保护购房人及拆迁户权益是管理人在办理本案过程中的重点考量问题。

这一问题如果仅靠管理人的力量,很难得到高效、快速解决。故在本案中,管理人与法院、当地政府建立了制度化、常态化的协调联动机制,统筹协调解决本案办理过程中的社会稳定、复工续建、职工保障、拆迁户和购房人权益保障、投资人引进等问题,为防范化解本案重大风险、保障全体债权人利益、促进本案重整成功创造了良好条件。具言之,管理人与法院、政府共同协调解决了子女入学、临时安置费支付等众多关系到购房人和拆迁户切身利益的问题,防范化解了本案重整期间的重大风险问题。在某种意义上,购房人和拆迁户由于生存利益受损,其利益关切程度更高,如何沟通、开展工作也一直是管理人重点关注的地方,通过与法院、政府协调涉及购房人和拆迁户切身利益相关问题,为本案重整成功提供了有利的内部环境。

2. 重整期间在建项目工程的复工续建问题

破产法的一大目的在于促进破产财产保值、增值,其对于实现债权人利益最大化有着直接作用。本案为房地产企业破产,涉及在建项目工程处置,如果让在建项目工程“烂尾”,不但会使破产财产流失,也会对债权人利益造成损害。在建项目工程尽快复工续建,不但有助于破产财产保值、增值,维护债权人权益,同时也能使广大购房人及拆迁户看到交房希望,从而稳定情绪。因此,本案的重点焦点问题之二为破产程序中在建项目工程的复工续建。包含如何确定复工方以及复工续建的具体组织,如何构建与实施科学、可行的复工续建方案等。

为增加华城希望公司的资产价值,维护债权人权益,同时也为解决广大购房人及拆迁户生存权益保障问题,管理人制定了科学、可行的复工续建方案,并于第一次债权人会议提出且获得了表决通过。在复工续建方案表决通过后,管理人又起草了复工施工方招募公告、管理代理方招募公告、评分细则、合同文本等,根据债权人会议授权,提交债权人委员会审议通过后,组织实施。在根据债权人委员会决议选定施工方和代理方并签订合同后,管理人代表华城希望公司严格执行合同约定,协调各方,有序组织对在建项目工程的复工续建。在缺乏资金、人员的情况下,完成了对在建项目住宅工程的建设,新竣工面积达 7.4 万平方米,增加资产价值超过 3 亿元。

3. 投资人引进及出资人权益调整问题

在本案中,债务人华城希望公司的资金链已经断裂,已经缺乏“造血”能力,在没有能力自行经营管理的前提下,只有引进新的投资人才能纾解企业困境。一方面,投资人的引进能够提供项目启动以及部分债权清偿资金;另一方面,投资人的引进也能为重整后的企业恢复信用、再次获得融资创造有利条件。同时,华城希望公司已经资不抵债,原出资人权益已经为零,应当对出资人权益进行调整,出资人权益应当附条件让渡给重整投资人。

按照常规的操作模式,先是投资人进入,后再参与重整计划草案制订并提交债权人会议表决,但这种模式存在两个缺陷:一是重整计划草案能否获得债权人会议表决通过与法院批准具有不确定性;二是债权人对选定的投资人是否能够保障债权人利益充满担忧。为解决此种重整投资人引进模式的困局,管理人在充分整合债权人、政府、投资人以及法院等各方意见的基础上,创造性地提出在重整计划中设定投资人引进的方式,即设定普通债权最低清偿率后,参照资产拍卖模式在重整计划执行过程中依次降低条件进行公开招募。依据该重整计划规定,管理人起草了重整投资人招募公告及重整投资人评选办法,报债权人委员会审议通过后公开发布,并在首次发布后便有两家重整投资人成功报名,最终由评审委员会按照最有利于债权人清偿率、清偿时间等条件择优选定了投资人。在重整投资人按投资协议约定支付偿债资金及履约保证金后,管理人向其移交了华城希望公司的财产和营业事务,并在人民法院的协助下解除了对华城希望公司股权的冻结,进行了股东变更登记,按重整计划实现了对出资人权益的调整。

4. 合理合法制订重整计划

本案之所以办理时间较长，主要原因在于涉及拆迁户、购房人、施工方、金融机构、供货商、税收以及职工等诸多利害关系人，各方利害关系人的权益都需要管理人平衡与协调。在此背景之下，管理人面临的最大难点焦点问题即为如何制定一个科学、严谨、具有可操作性、充分保障各方权益并广受认可的重整计划，这也是本案能否重整成功的关键所在。

管理人在制订重整计划草案过程中，在充分考虑华城希望公司资产状况、债权结构、重整投资人招募等案件各种具体情况的前提下，论证重整计划执行可行性。同时征求债权人、出资人以及法院等各方主体的意见，注重债权人利益的整体平衡，争取能够实现最大限度地利益共赢。最终，本案形成了逻辑严密、重点突出、层次清楚的重整计划草案，并获得了债权人的高度认可，在第二次债权人会议中获得了担保债权组、职工债权组、税款债权组、小额债权组、普通债权组和出资人组的表决通过，在法院裁定批准后执行顺利。为了促进重整成功，并且最大限度提高债权清偿率，特别是保障购房者和拆迁户利益，管理人积极向江津区人民政府争取对华城希望公司破产重整的政策支持。在重整期间，管理人向政府提交了多项专题报告以及各种测算，分析重整的必要性和重要性，预测破产清算可能会带来的不利后果，以此申请政府对华城希望公司破产重整的政策支持，并获得了江津区政府相关会议批准通过。管理人在负责华城希望公司营业事务期间，充分利用"府院联动"协调机制，妥善地处理了复工续建中的规划、施工、开发资质办理等难题，顺利推进工程建设，促进资产的保值、增值，为重整成功奠定基础。最终，在重整计划执行的过程中，实现了近千户将近 7 万平方米的拆迁还房和已售商品房交付；对职工债权、税款债权以及小额债权一次性现金偿付完毕，同时对有财产担保债权、普通债权在重整计划规定的期限内进行全额清偿。这不仅是对债权人利益的最大保护，并且在全国破产重整案件中也是相当罕见和成功的。

（二）办案心得感悟

本案管理人对华城希望公司的重整工作高度重视，在履职期间一直依据《企业破产法》及相关司法解释、律师执业规范与道德，兢兢业业、态度诚恳，勤勉尽责，公平公正、忠实地履行各项职责。同时在办理破产案件尤其是房地产开发企业破产案件过程中，更具有统筹协调的能力，不仅有宏观大局，也能够抓住案件细节，四两拨千斤。

对此类案件，管理人需要做好以下工作：首先，管理人需要对企业破产重整相关法律制度高度熟悉，深度理解重整程序实现企业新生以及保障债权人利益的目标，对案件以及债务人、债权人的背景、重要性等有深入的分析和把握。其次，管理人需要在案件办理过程中，能够规范地制作各类法律文书与方案、顺利筹备召开债权人会议、完成重整各项工作，保证重整程序的正常有序、高效快捷的推进。再次，管理人除具备娴熟的办案经验及技巧、精深的破产法专业知识外，还需要掌握涉及与破产相关的其他学科或专业知识，包括财务审计、资产评估、建筑、金融、税务等专业知识。最后，本案作为典型的房地产企业重整案件，涉及众多购房人、拆迁户、农民工等主体的利益，各种矛盾极易引发群访事件，管理人既要运用专业法律知识来应对破产程序中遇到的问题，同时还要具备强大的沟通谈判以及协调能力，从而有效地解释、沟通与劝导，化解矛盾纠纷；此外，还需要处理好与破产企业、政府、法院、投资方之间的关系。在本案中，管理人包括在重整期间的复工续建、向当地政府争取优惠政策支持、制作科学合理的重整方案、引入优质重组方等方面，最大限度地保障了全体债权人的利益，获得了江津区政府、债权人及相关各方的高度评价。

综上所述，本案标的重大、涉及人数众多、各方利益关系复杂、社会关注度高，律师团队在办理本案过程中防范化解重大风险，在管理期间促进企业资产保值、增值，在重整计划执行过程中公开、公平引进优质重组方，实现对所有债权全额清偿，对于破产管理人办理同类型业务具有相当大的指导借鉴作用。

三、理论问题探究

本案是典型的房地产企业破产案件，而房地产企业与一般企业相比最大的不同在于其破产与否、如何破产关涉到诸多购房人、拆迁户的合法权益。一方面在破产程序中，房地产企业与购房人、拆迁户之间的商品房买卖合同、认购协议以及拆迁安置还房合同等多为合同双方均未履行或未完全履行的待履行合同，管理人是否行使以及如何行使对待履行合同的解除权不仅是实践判断，同时也是重要的理论研究问题；另一方面，在破产清算程序中，购房人之债权是否享有优先受偿权，处于何种清偿顺序，同样值得考量。下文将就此两项问题展开讨论。

（一）破产解除权的前提、适用及类型化

如何正确处理待履行合同是破产理论与实践的重要问题，直接影响到合同相对人利益和破产财团价值，且关系到社会经济秩序稳定。《企业破产法》第18条赋予管理人待履行合同解除权，以平衡破产财团与各利益相关方利益。[①] 但与此同时，破产法未明确解除权的适用对象，即未对“待履行合同”内涵与外延进行界定；在适用原则及限制上，未考虑不同类型合同对破产财团及合同相对人的不同影响。这种概略的解除权不仅会损害合同相对人之权益，也不利于维护市场交易安全与稳定。因此有必要明确解除权的适用范围与行使原则，根据不同合同的特殊性进行类型化，以期公平保障债务人、合同相对人、债权人的合法权益，维护社会经济秩序。

1. 解除权的适用范围

要探寻解除权的行使原则与类型化，首先需要对解除权的适用范围予以明确。[②] 待履行合同一般是指契约双方的主要义务均未履行或未履行完毕的合同。若契约双方均未履行或未完全履行合同义务，且一方行为会给对方造成重大实质性损害，构成实质性违约，即为待履行合同。反之，若合同次要义务未被履行，则该违约行为不构成实质性违约，该合同也不属待履行合同。[③] 虽然这一定义已提供了较为完备的认定待履行合同的规则，但依旧无法解决所有问题。如在当事人未履行从给付义务且该义务具有相当重要性时，是否应当将该合同纳入“待履行合同”的涵摄范围并未明确。

---

① 参见《企业破产法》第18条规定：人民法院受理破产申请后，管理人对破产申请受理前成立而债务人和对方当事人均未履行完毕的合同有权决定解除或者继续履行，并通知对方当事人。管理人自破产申请受理之日起2个月内未通知对方当事人，或者自收到对方当事人催告之日起30日内未答复的，视为解除合同。管理人决定继续履行合同的，对方当事人应当履行；但是，对方当事人有权要求管理人提供担保。管理人不提供担保的，视为解除合同。

② 待履行合同源于美国1938年的《钱德勒法案》（Chandler Act），目前规定于美国1978年《破产法》（Bankruptcy Act）第365条中。参见［美］大卫・G. 爱波斯坦等：《美国破产法》，韩长印等译，中国政法大学出版社2003年版，第227页。

③ See Vern Countryman, *Executory Contracts in Bankruptcy*: *Part* Ⅰ, 57 Minn. Law Rev. 439, 460(1973).

我国《企业破产法》第 18 条中采用"债务人和对方当事人均未履行完毕的合同"这一表述，将待履行合同限定在均未履行完毕的双务合同内，明确解除权的适用范围，符合破产法价值取向及破产实践。但何谓"未履行完毕"，法律并未明示。在华城希望公司案中，管理人也未对待解除权的适用范围予以阐释，而是直接援引第 18 条之规定。此外如上文所述，双务合同存在主给付义务、从给付义务及消极保密义务等附随义务的诸多义务，并非每种义务的未履行都能提供足够理由使管理人行使解除权。故有必要仔细审视未履行合同义务之样态，将其作为管理人行使解除权的正当性与必要性的前提。或许应明确待履行合同之内涵，即若合同当事人均尚未履行或未完全履行合同义务，包括主义务与从义务，且该行为会对对方利益造成影响的，就应视其为待履行合同。

2. 解除权的适用原则

目前《企业破产法》第 18 条中对解除权未明文规定其原则与限制，如若管理人在任何情况下都可不考虑合同相对方利益而行使解除权，有可能造成债务人、债权人、相对人间利益失衡，所以应明确解除权的适用原则。①

破产解除权的设立初衷，就是赋予管理人衡量继续履行合同所得利益与解除合同所得利益之得失，从而决定是否继续履行合同之权利，而衡量得失以及是否行使解除权的首要标准，便是以破产财团价值利益最大化为导向，②旨在公平保护全体债权人的一般利益，而非个别债权人的利益。而破产解除权就是为了管理人解除那些会给或者将会给破产财团带来不利影响的合同，使得可供债权人分配的财产增加或者至少不减少，以最大限度地保护全体债权人的权益。③ 一般情况下，破产财团价值利益最大化原则以债务人净收益为衡量标准，可以有效防止破产财团价值的浪费，但也并非完美无缺。其一，债务人企业在陷于破产困境之后，其商业信誉等也会随之急剧下降，故其继续履行合同所获得的收益本就会低于正常经营状况下所能够获得的收益，故若以债务人净收益为标准，事实上大多数合同都难以达到。其二，债务人的机会成本也难以通过净收益的计算来

---

① 参见李永军:《论破产管理人合同解除权的限制》，载《中国政法大学学报》2012 年第 6 期。

② 破产财团价值利益最大化原则是指在破产程序下，无论是清算抑或重整，无论是管理人和债务人的处置、经营抑或管理行为，都需着眼于债权人之利益，以破产财团利益最大化为指引，旨在公平保护全体债权人而非个别债权人之利益。参见许德风:《破产法基本原则再认识》，载《法学》2009 年第 8 期。

③ 参见李永军:《论破产管理人合同解除权的限制》，载《中国政法大学学报》2012 年第 6 期。

衡量。其三,在管理人行使破产解除权之后,依然需要对相对人承担相应责任,其数额也往往难以被净收益的评估所涵盖。其四,破产财团利益最大化原则仅关注破产财团,即全体债权人之利益,而罔顾其他利害关系人以及社会公众之利益。这与《企业破产法》作为服务于市场经济、市场秩序的基本法之一的法律逻辑也不一致。由此可见,破产财团利益最大化原则并非十全十美,管理人在行使破产解除权时还需要考虑更多其他多方面的因素。

由于破产财团利益最大化原则存在缺陷,破产法又引入利益平衡原则作为补充。① 我国《企业破产法》虽未明文规定,但实践也有对该原则的适用。如在中信富通融资租赁有限公司与江苏隆亨纸业有限公司等融资租赁合同纠纷上诉案中,二审法院即在判决中提到,是否支持管理人行使破产解除权,除需要考量是否有利于破产财团价值最大化和恢复债务人偿债能力之外,还应该兼顾合同相对方之利益。在本案中,该合同的继续履行不会导致破产财团绝对价值的减少,并且有利于平衡合同相对人与债务人的其他债权人之间的利益。因此,对管理人行使破产解除权的主张不予支持。② 对此,我国也可以吸收实务经验,建立以利益平衡为原则的考察标准,调和合同相对人与其他债权人间的利益冲突,即若解除合同对相对人造成损害高于破产财团收益的增加,则不得行使解除权。若对相对人造成损害不显著高于或相当于破产财产增加的利益,则可以行使解除权。在本案中,管理人经过权衡发现解除商品房买卖合同、认购协议及拆迁安置还房合同对购房人、拆迁户造成的损害会显著高于破产财团收益的增加,故其未行使解除权,而是将选择权赋予购房人、拆迁户,遵循了利益平衡原则。

此外,各国破产法还以商业判断规则(Business Judgment Rule)为兜底性标准,赋予管理人极大自由,无论是否行使解除权,只要满足商业判断规则,法院一般都甚少干涉。③ 具言之,商业判断规则在破产解除权的行使中考量因素有:破

---

① 利益平衡原则是指当破产债务人的债权人与待履行合同相对方发生利益冲突时,需权衡各方利益,比较何方利益更值得保护,以此作为行使解除权的标准之一。在利益平衡原则适用中,美国又建立了"利益平衡测试"(Balancing test)作为考察标准。"利益平衡测试"是指若合同相对方因管理人行使破产解除权而遭受的损失显著超过了破产财团由此而获得的利益,管理人即不得行使解除权。参见许德风:《论破产中尚未履行完毕的合同》,载《法学家》2009 年第 6 期。

② 参见中信富通融资租赁有限公司与江苏隆亨纸业有限公司等融资租赁合同纠纷上诉案,天津市高级人民法院(2015)津高民二终字第 0070 号民事判决书。

③ See S. Samuel Arsht, *The Business Judgment Rule Revisited*, 8 Hofstra L. Rev. 93(1979).

产财团的成本与效益分析、行使破产解除权所导致的潜在风险、行使破产解除权后所导致的债权增加以及对其他普通债权人权益的稀释等。在华城希望公司案中，法院对于管理人在破产程序中的合同解除与继续履行、复工续建等一系列行为的认可，也是基于商业判断作出的。

3. 解除权的类型及限制

除对破产解除权行使的一般性原则予以规定之外，由于《民法典》中所规定的合同类别繁多，这也会使管理人对不同类型的合同行使破产解除权造成不同的法律后果，甚至导致不同的法律价值与目的之间发生冲突。因此，在破产解除权的行使中有必要对待履行合同进行类型化分析。

在破产实践中，尤其是以华城希望公司为代表的房地产企业破产案中，已办理预告登记的破产债权普遍存在。当债务人进入破产后，被预告登记之物会面临多路债权人的追讨，此时是否保护以及如何保护预告登记权利人的债权就成了亟待解决之问题。当预告登记的基础合同尚未履行完毕时，即债务人尚未转移标的物所有权或未设立抵押权，预告登记物权尚未实现，合同相对人的义务也未履行完毕时，根据《企业破产法》第 18 条第 1 款的规定，任由管理人行使解除权，则有可能对相对人权益造成损害。具言之，若管理人行使解除权，则合同相对人通过预告登记欲实现的物权变动将会落空，其债权也无法通过物权变动取得所有权或抵押权而别除于债务人财产。同时合同相对人经履行的部分对价及所遭受的损害也无法依据《企业破产法》第 42 条第 1 项规定作为共益债务清偿，只能依据《企业破产法》第 53 条向管理人申报破产债权，最终作为普通债权而难以得到清偿，①使预告登记权利人在破产中处于不利地位。② 基于利益平衡原则及“不同情况，不同对待”的公平正义原则，为防止预告登记立法目的及其权利人权益在破产中完全落空，应该限制解除权行使。《企业破产法》修订时可考虑在第 18 条中增加规定，管理人不得任意解除有预告登记的合同，同时赋予预告登记权利人选择权，决定选择继续履行抑或解除合同。在华城希望公司案中，管理人就将是否继续履行购房合同的选择权赋予购房人，最大限度地保护了购房人的合法权益。在这 511 户购房人中，共有 71 户购房人选择解除合同并向管理人

---

① 参见张艳：《预告登记的物权效力》，载《西南政法大学学报》2007 年第 6 期。

② 参见庄加园：《预告登记的破产保护效力》，载《南京大学学报（哲学·人文科学·社会科学）》2014 年第 6 期。

申报了债权，有440户购房人选择继续履行合同。

除此之外，某些合同并非仅仅事关合同当事人双方之权益，还具有很强的外部性，例如公共事业服务合同等。继续履行抑或解除此类合同，不仅属于管理人的商业安排，还蕴含了公众利益、社会公益等价值。目前我国相关法律法规中已经对待履行劳动合同与人寿保险合同等具有公益性质的合同中的管理人解除权予以限制。在本案中，华城希望公司与当地政府签订的《投资建设合同》虽然并非完全意义上的公益服务性质的合同，但其涉及的当地人民广场商业中心项目投资与建设，事关当地人民的衣食住行。同时，《投资建设合同》内所涉及当地政府给予的项目配套经费、行政性事业收费、商业部分税收以及土地出让价格等优惠政策，也关系到当地财政税收。如果当从事相关业务的企业存在破产情形，进入破产程序之后，其破产管理人为追求债权人最大利益而选择行使或者不行使解除权，则很有可能损害社会公众乃至国家的利益，严重者甚至会导致社会基本功能的瘫痪，居民吃穿用度均会受到影响。故此，对于此类涉及社会公益的合同，应该将破产解除权授予合同相对方，以最大限度地保障社会公众之利益。

（二）破产程序中的购房人优先权

1. 购房人优先权之存在依据

购房人优先权，是指房地产企业破产时购房人对企业特定财产享有优先于建设工程承包人、担保物权人及一般债权人获得受偿之权利。[①] 在本案中，其关涉的利益主体较多，债权种类较为复杂，这些债权性质不一，物权性债权和普通债权间相互交叉影响，不可避免地会发生冲突，因此，需要在这些债权中平衡协调相应权利主体间的利益，其中购房人这一主体的权益问题较为突出，其在破产程序中的受偿顺序应受到保护。在本案中，管理人坚持购房人优先地位，对重整程序的顺利进展具有决定性的作用，再加上由于购房人的债权法律地位的特殊性，因而需要着重保护。另外，现行法律法规政策对消费型购房人确立了对其优先保护的原则，故管理人认为，购房人应有权按照购房人权益保障方案获得相应保障。购房人的债权保护体现为其在破产程序中享有优先的受偿顺序，购房人的优先权并非凭空产生的，其背后具有一定的法律依据和法理依据。

---

① 参见阙梓冰：《购房人优先权的价值理念与解释路径》，载《法律适用》2020年第11期。

购房人优先权法律依据首先来源于最高人民法院《关于建设工程价款优先受偿权问题的批复》(以下简称《建设工程的批复》),《建设工程的批复》第 1 条、第 2 条指出,建设工程承包人优先受偿权不得对抗已经交付全部或大部分款项的商品房买受人,[①]这一规定肯定了购房人债权的优先地位。之所以如此规定,是考虑到建设工程承包人优先受偿权并非绝对的,因为在开发商尚未交房或虽交房但尚未办理产权过户的情形下,如果优先清偿建设工程价款,无异于用消费者的资金去清偿开发商的债务,等于将开发商的债务转嫁给广大消费者,严重违背特殊保护消费者的法律政策。[②] 本案中,法院及管理人就是根据《建设工程的批复》设计了保护购房人利益的方案。此外,关于购房人优先权问题还体现在《全国法院民商事审判工作会议纪要》(以下简称《民商事纪要》)第 126 条,与最高人民法院《关于人民法院办理执行异议和复议案件若干问题的规定》(以下简称《执行异议复议规定》)第 29 条,根据规定,商品房消费者的债权能够排除一般债权和设定了担保的金钱债权。[③] 目前,关于购房人优先受偿权的法理依据主要有"物权期待权理论"和"生存权理论"。"物权期待权"指的是权利人在将来有取得的可能性地对特定物所享有的支配权和排他性权利。[④] 在购房人和开发商签订购房合同后至办理房屋产权证的这段时间,购房人并没有真正取得房屋所有权,在这种情况下,购房人的权益得不到保障,因此提出物权期待权来保护购房人的合法权益。"生存权理论"即基于保护弱者生存权的价值理念。生存权是一种基本人权,指在一定社会关系中和历史条件下,人应当享有维持正常生活所必需的基本条件的权利。对人生存权的基本保护关乎社会稳定,尤其是弱者生存权的保护。房屋是人赖以生存的物质基础之一,其上蕴含着购房人一定的生存权,此外,它还与社会的稳定紧密相关。

2. 购房人享有优先权的条件

购房人优先权制度的设置是为了保护弱势购房人的生存权,并非单纯优待购房人的债权,在具体规则设计上还需要考量其他因素并设置一定的限制条件,

---

① 参见《建设工程的批复》第 1 条、第 2 条规定。

② 参见梁慧星:《合同法第二百八十六条的权利性质及其适用》,载《山西大学学报(哲学社会科学版)》2001 年第 3 期。

③ 参见《建设工程的批复》第 1 条、第 2 条,《执行异议复议规定》第 29 条规定。

④ 参见庄诗岳:《中国式不动产物权期待权的批判与反思》,载《河北法学》2021 年第 11 期。

否则会对其他债权人不公,脱离实质公平的价值理念。因此,在房地产企业破产中,购房人想要享有优先权,还需要满足一定的条件。其一,购房人应属于《建设工程的批复》中所规定的"购房消费者",这有别于《中华人民共和国消费者权益保护法》(以下简称《消费者权益保护法》)第2条中规定的消费者概念。[①] 其二,购房人需支付接近法定条件的房屋款项。《执行异议复议规定》把消费者的范围限定在购买商品房用于居住且买受人名下无其他用于居住的房屋,已支付的价款超过合同约定总价款的50%的情形。[②] 另外根据《建设工程的批复》第2条的规定,如购房人支付全部货款或部分款项后,那么才有可能优于承包人的工程价款受偿。[③] 其三,购房人主观为善意。这里也包含两种情形:一是上文提到的购房人支付的价款总数实际未达到法定50%的标准,但购房人并非恶意地不愿意支付剩余价款;二是形式上购房人达到了支付法定条件的款项要求,但是如果主观上存在恶意串通开发商以损害抵押权人利益的情况,鉴于其主观并非善意,其优先权的行使缺乏正当性,应该对其予以否认。其四,符合弱者生存保护权的要求,购房人所购商品房承载着购房人的生存利益。购房人的优先权的行使需要符合此种价值理念,也是房地产破产案件的标的物商品房上承载着购房人的"生存利益",具有保护的价值。

3. 购房人优先权保护规则的优化

房地产破产重整中购房人的权益保障意义重大,不仅关乎破产重整完成的质量,还与社会稳定紧密相关。本案中,华城希望公司破产重整中涉及拆迁户以及购房人近千人,当地影响力重大,矛盾突出,管理人认为充分保障拆迁户及商品房购房者利益,才能有效化解社会稳定风险、为投资人的引进及重整成功提供良好的环境基础,如何在现有法律框架内尽可能在平衡各方债权人利益的同时对购房者权益进行保护也是管理人在本案办理过程中重点思考的问题。从整个商品房买卖市场规律来看,当前购房人权益保障面临的问题主要有:一是购房人优先受偿权的法律定位不清晰,对于其优先权的主体以及客体没有统一明确的规定;二是现有的法律缺乏对支付少部分房款的购房人利益的保护,仅着重于对

---

① 参见《消费者权益保护法》第2条规定。

② 参见池伟宏:《房地产企业破产重整中的权利顺位再思考》,载《法律适用》2016年第3期。

③ 参见《建设工程的批复》第2条规定。

支付全部或者大部分房屋价款的购房人的权益进行保护。[1] 由此可见,或许可以从以下方面完善。

其一,明确购房者优先权内容。细化《企业破产法》中关于购房人适用优先权条件的规定,通过对享有优先权的权利主体和权利范围加以细化规定,为购房人享有优先权的合法性和合理性提供法律上的保障。[2]

其二,进一步明晰购房人消费者的概念及所购房屋用途。购房人优先制度是基于弱者生存权理论,生存利益的主体是自然人,其他主体如法人和其他社会组织不具有生存利益。因此,需明确购房人优先权的享有主体是自然人。

其三,明确购房者取回权、房款返还请求权认定标准。对于那些已经支付全部购房款项的购房人来说,即使没有进行房屋登记,但是基于房屋买卖是特定物的属性,所购房屋不属于破产财产,不作为破产财产参与分配,购房人有权依据取回权制度要求房地产开发企业办理产权登记。[3] 另外,由于购房人支付全部价款的行为被看作是已经履行完毕合同义务,此时的购房合同不属于待履行合同,管理人无权解除合同,也无权对抗购房者继续履行合同。

---

① 参见张鹏辉:《论房地产开发企业破产中购房者利益的正当保护——以浙江宁波为主要研究对象》,载《绍兴文理学院学报(人文社会科学)》2020 年第 6 期。

② 参见陆晓燕:《保障生存利益与维护交易安全的平衡——房地产开发企业破产中购房人权利之顺位研究》,载《法律适用》2016 年第 3 期。

③ 最高人民法院《关于审理企业破产案件若干问题的规定》第 71 条第 1 款第 5 项:特定物买卖中,尚未转移占有但相对人已完全支付对价的特定物也不属于破产财产。

案例五　重庆九七九置业有限公司破产重整案*

重庆九七九置业有限公司(以下简称九七九公司)因行业整体情况下滑,于2020年向法院申请破产重整。法院受理案件后,与管理人在较短时间内,通过加强与债权人沟通交流、引进优质投资人及经营团队、积极运用府院联动机制等多种手段并行的方式,最终使公司得以存续并逐步走向良性发展。九七九公司破产重整案中,牵涉大量自然人债务,维稳压力巨大。管理人在工作中充分发挥主观能动性,依托府院联动,确保重整进程顺利推进。从本案中可以看出,理论上重整计划草案表决规则存在优化的必要。具体而言,需要根据权利主体权益被调整程度适当扩展表决内容、细化表决主体,综合考量债权性质和权益差异来划分表决组、优化决议规则。此外,需要关注重整企业投资者的权益保护,考虑到其对重整程序的重要性,充分分析其在重整成功或失败后的风险,保障其知情权、公平竞争权、安全退出权等。

* 执笔人:陈国富,泰和泰律师事务所高级合伙人;陈锐皎,泰和泰律师事务所合伙人;钮贵玲,西南政法大学民商法学院博士研究生。

一、案件基本情况

(一)债务人的基本情况

1. 工商登记情况

工商档案记载显示:股东为龙某某认缴出资数百万元人民币,占34%的出资份额;尹某某认缴出资数百万元人民币,占23%的出资份额;李某某认缴出资上百万元人民币,占22%的出资份额;谷某某认缴出资上百万元人民币,占21%的出资份额。九七九公司共计由股东认缴出资数百万元,认缴出资比例为100%,认缴时间为2025年12月30日,截至人民法院裁定受理破产重整之日均未实缴出资。根据代持股协议,龙某某、尹某某、谷某某为秦某股权代持人,实际由秦某控制78%的股权,李某某持有22%的股权。

2. 债务人经营情况

截至重庆市第五中级人民法院裁定受理破产重整之日,九七九公司拥有数万平方米土地使用权,其中第一标段占地数万平方米,第二标段占地数万平方米,项目容积率4.5%,计容建筑规模数万平方米,总建筑规模约十万平方米,可建住宅用房数万平方米,可建商业用房数万平方米,地下超市数千平方米,地下车位数百个。项目共分二个标段建设,共6幢,其中第一标段3幢,可建住宅用房数万平方米、可建商业用房数千平方米、地下超市数千平方米、地下车位数十个;第二标段3幢,可建住宅用房数万平方米、可建商业用房数万平方米、地下超市数千平方米、地下车位数百个。当时具体的建设情况为:1号楼,建设面积数千平方米,主体及二次结构已完成,地面未施工,外墙装修正在施工;2号楼,建设面积数万平方米,主体及二次结构已完成,外墙保温完成80%;3号楼,建设面积数万平方米,主体及二次结构已完成;4号楼,建设面积数万平方米,主体结构已完成19层,其余未施工;5号楼,建设面积数万平方米,桩基础及筏板基础垫层已完成,其余未施工;6号楼,建设面积数万平方米,主体施工8层钢筋及模板工程已完成,砼未浇筑;地下车库,建筑面积数万平方米,1、2、3号楼地下室主体及二次结构已完成,4、6号楼地下室主体结构已完成。已预售商品房上百套,计数万平方米。

从九七九公司的房地产项目分析来看,本次破产重整,实际上是在当地政府已经对该房地产项目进行过行政清算之后，第二次依法对拥有该房地产项目的九七九公司进行的破产重整。与前次当地政府组织的行政清算不同的是，破产重整除了面临大量复杂的民间借贷个体债权人问题，而且还面临对上百户购房户的妥善处理问题，个体矛盾相当突出，维稳压力巨大。

3. 重整受理前债务人的资产负债情况

九七九公司重整前负债数亿元人民币，账面资产数亿元人民币，严重资不抵债，无流动资金经营，濒临宣告破产。

4. 债务人破产重整的主要原因

九七九公司因实际控制人没有清偿民间借贷个体债权人的债务，债权人提起诉讼，九七九公司作为保证人提供执行担保而涉诉。截至2020年3月，九七九公司提供保证担保涉及诉讼数十件，且绝大多数处于强制执行阶段，银行账户（含商品房预售资金）及未售房产被多家人民法院查封、冻结，最终导致开发的商品房无法销售，同时拖欠各种材料款，欠付大量职工工资及税金，施工单位也停止垫资修建，拖欠大量农民工工资，九七九公司亦无施工建设、购买原材料等所需的流动资金，因存在大量司法执行案件而无法自救生存，在建项目基本处于停工状态。

综上，九七九公司的主要资产相对单一（为在建房地产项目）、资产质量较好（地产项目临江）、政府扶持政策较多、职工相对较少，破产重整的条件较好，重整成功的希望很大。如能重整成功，将减少债权人及商品房购房户的损失，消除民间借贷引发社会不稳定的隐患，促进地方的社会稳定、经济发展及就业。

（二）案件受理情况

2020年3月12日，法院裁定受理九七九公司的破产重整申请。2020年5月11日，以法院9名评委打分竞争评选方式选任管理人，指定泰和泰（重庆）律师事务所、重庆康华会计师事务所有限责任公司联合担任九七九公司的管理人。

在受理破产重整申请时，法院已经了解到九七九公司涉及大量自然人债务，维稳压力很大。为此，法院根据本案的具体情况，首先做了对社会维稳至关重要的两项工作：

第一，法院首先指示管理人与江津区政府联系、备案维稳事宜。2020年5月27日，法院和当地政法委共同组织当地处置非法集资案件工作领导小组办公室、区信访办、德感街道(九七九公司所在街道)、九七九公司管理人、九七九公司股东及其原领导层等召开维稳会议,分析维稳风险源头和形式,布置维稳分工,要求管理人紧紧依靠地方政府部门、街道、九七九公司原经营领导层等共同做好维稳接待、解释、疏导等工作,绝不发生影响社会稳定的事件。

第二,针对九七九公司原经营管理团队对破产重整相对比较配合的实际情况,2020 年 6 月 17 日,法院根据管理人的申请,决定九七九公司在管理人监督下由原经营管理团队自行管理财产及营业事务,继续进行施工建设。

(三)接管债务人的财产和资料

第一,2020 年 5 月 12 日,管理人向法院报告了管理人团队成员及分组情况,其中由管理人组建了 6 个组,分别为,资产清管维稳组:马某兵、陈某富、刘某;债权审核组:方某云、孙某箐;经营事项管理组:郝某东、孔某花、余某;劳资事务管理组:马某兵、刘某、余某;财务审计组:万某进、罗某、孔某花;综合组:陈某富、刘某、孔某花。

第二,2020 年 5 月 21 日,管理人与九七九公司依法办理了财务资料、账户、货币资金、档案、现场财产、权利证书、合同等资料移交手续。同时,管理人依法申请办理了重庆市第一中级人民法院、重庆市合川区人民法院、重庆市北碚区人民法院、重庆市铜梁区人民法院对九七九公司查封财产、账户的解除查封、冻结。此举解决了九七九公司自营自管的流动资金问题,避免了该地产项目成为“烂尾楼”工程,也避免了购房户及债权人因项目停工及后续不稳定事件的发生。

(四)债务人的重整计划草案的主要内容及分析

2020 年 8 月 17 日,法院出具民事裁定书,裁定批准九七九公司重整计划通过,从案件受理至重整计划通过,仅历经 98 天。重整计划的主要内容如下。

1. 出资人股权变更方案

关于九七九公司的股权调整,重整计划生效后,由法院裁定将九七九公司的 100% 股权以零价格转让给重整投资人,由于原股东并无实际出资,故重整投资人承担股权转让后九七九公司全额认缴和实际出资义务。

2. 重整投资人主要投资内容

重整投资人向管理人缴纳破产重整保证金和施工工程进度款保证金,以保证履行重整方案和项目顺利竣工完成、交付商品房。重整投资人将施工进度款保证金全部转入管理人账户，由管理人和重整投资人共同监管，按双方审核后的施工进度月度报表，逐月支付给重整投资人确定的项目施工单位，作为该项目工程进度款。直至综合竣工验收合格时为止，该破产重整项目后续建设施工所需全部工程进度款、原材料、劳务费等均由重整投资人全权负责筹措和垫付。管理人有权监督重整投资人将九七九公司的全部应收账款、销售回款、货币资金、施工进度款保证金专款用于本破产重整项目施工建设及原材料开支。在九七九公司一期及二期(4、5、6 号楼)房屋综合竣工验收合格之前，重整投资人不得将九七九公司的前述资金挪作他用。

重整投资人重整经营方案要点。重整投资人自愿清偿九七九公司债权，由重整投资人和破产重整后的九七九公司与上百户购房户继续履行商品房买卖合同，并按照合同约定收取剩余房款。由重整投资人在完善一期工程水、电、气三通及完成后续工程施工后，将所售上百户房屋交付给购房户入住。在综合竣工验收合格、办妥房产证后，该项目一期房屋即可交付购房户。

重整投资人获得的对价。九七九公司股东将全部股权转让给重整投资人，并由重整投资人承担股权转让后认缴和实际出资义务。九七九公司现有全部实物资产、货币资产、应收账款仍属于破产重整后的九七九公司所有。对九七九公司重整计划草案裁定生效之前的债务，原九七九公司没有清偿或不足以清偿而减轻的，破产重整后的九七九公司不再承担清偿责任。

3. 债权人权益保障

裁定批准破产重整计划后，管理人将重整投资人已经支付的破产重整保证金划转给债权人，作为其支付对价的首付款。裁定批准该重整计划、移交施工现场之日起 30 日之内，重整投资人用第一标段未售的数万平方米住宅用房和未售的数千平方米商业用房资产移交给管理人，作为其第二期付款，用于偿还九七九公司的债务。裁定批准该重整计划、移交施工现场之日起 16 个月之内，重整投资人将该项目第二标段的数千平方米商业用房、上百个车位的资产移交给管理人，作为其第三期付款，用于偿还九七九公司的债务。重整投资人以上述第二、三期支付作价金额加上重整投资人已经支付的现金之和，不足投资协议约定支付金额的，由重整投资人用现金或开发住房补足，多退少补。针对重整投资人交付的现金和房产，由管理人重新制定分配方案，提交九七九公司债权人会议表决。分配方案报经法院裁定批准后由管理人执行。

4. 抵押权的解除

为了办理预售许可证及购房户的银行按揭贷款，经债权人会议表决并经法院裁定批准破产重整计划后，由九七九公司的原抵押权人解除对土地使用权的抵押登记；抵押权人逾期未办理解除的，则由法院出具解除抵押的通知。

5. 债权调整方案

若重整成功，则已经购房的上百户由重整投资人与商品房购房户继续履行房屋销售合同，消费性购房不再作为购房优先权偿还。在九七九公司与商品房购房户继续履行房屋销售合同、抵偿收回为实际控制人个人债务及重庆驰旭混凝土有限公司债务担保的款项后，普通债权总额调整。

6. 债权清偿方案（重整）

第一，破产费用、共益债务、职工债权及商品房购房户：债权清偿率100%。第二，税款债权：初审确认国家税务总局重庆市江津区税务局税款债权本金、滞纳金金额。其中本金确认为税款优先权，清偿率100%；滞纳金列入普通债权清偿。第三，建设工程价款优先债权：最终确定的工程款本金享有工程款优先权，清偿率100%；利息等确认为普通债权。第四，财产抵押担保的债权：审核确认债权人抵押限额的债权，清偿率100%；超过抵押限额的债权部分，确认为普通债权。第五，普通债权：普通债权清偿率69.7%。

7. 债权清偿方案（破产清算）

第一，破产费用、共益债务、职工债权：债权清偿率100%。第二，税款债权：初审确认国家税务总局重庆市江津区税务局税款债权本金、滞纳金金额。其中本金确认为税款优先权，清偿率100%；滞纳金列入普通债权清偿。第三，购房者优先债权：债权清偿率100%。第四，建设工程价款优先债权：最终确定的工程款本金享有工程款优先权，清偿率100%；利息等确认为普通债权。第五，财产抵押担保的债权：审核确认债权人抵押限额的债权，清偿率100%；超过抵押限额的债权部分，确认为普通债权。第六，普通债权：普通债权清偿率32.5%，包括应当作为普通债权的消费购房者。

8. 重整计划执行期间及执行完毕的标准

本重整计划执行期限为18个月，自法院裁定批准重整计划之日起计算。九七九公司按照重整计划确定的比例对全部债权人的债权提前或按时清偿，即视为重整计划执行完毕。

9. 重整计划采用何种重整模式的分析

管理人采用的是清算式重整模式，本案的九七九公司属于房地产开发公司，破产企业具有一定的价值，九七九公司具有可开发土地、优惠的政策、行业资源等，这些资源较为稀缺且具有收益性的价值会随着企业主体资格的消亡而消亡，且无法通过转让方式取得。

管理人对九七九公司财产进行清算式评估，得出普通债权的清偿率，在保留原法人资格的前提下制订重整计划。清算式重整模式下的清偿率远高于清算下的清偿率。

本案若采用传统的企业存续型重整，则债权人受偿比例将处于不确定的状态，还可能存在因重整投资人经营不善导致的再次破产的风险。若采用出售式重整，九七九公司的法人资格将不再存在，九七九公司原本拥有的优惠政策、行业资源将不复存在，且土地开发后续问题将变得复杂。虽然清算式重整模式并非传统的重整模式，但是该种重整模式，可以挽救危困的九七九公司，同时较好地平衡各方利害关系人的利益。司法实践中不乏清算式重整模式成功的案例，如广西灵川县金海房地产开发有限公司破产重整案、浙江振越集团有限公司破产重整案等。因此，在实践当中应结合破产企业的特点、破产原因、经济政策等因素，合理选择重整模式，甚至在必要时吸收采纳多种方式，以利于企业重整，兼顾各方当事人利益。

二、实务经验总结

（一）重点焦点问题分析

1. 重视社会稳定问题

管理人接受指定后，首先于 2020 年 5 月 26 日向法院、当地政法委员会（以下简称政法委）提交了维稳报告，管理人表态将尽快召开第一次债权人会议、引进战略投资人，在管理人管理期间协调住户稳定，做好解释工作。该项目在重整过渡过程中，面临两个社会稳定问题：第一，九七九公司已预售数百户住房，涉及数百人。由于九七九公司与购房户所签商品房合同约定一期预售商品房交房时间为 2020 年 8 月，按施工进度和重整状态，无法按期交房，这是重整中的不稳定因素;第二,九七九公司涉及自然人、公司债权人以及职工债权人,金额高达数亿元,由于债权人对九七九公司股东和原经营管理团队失去信任,将主张债权利益最大化和及时清偿,也是重整中的重要不稳定因素。

法院、政法委召集了当地公安、街道、住房和城乡建设委员会(以下简称住建委)等相关部门与管理人共同召开会议,为解决上述社会稳定问题,采用以下方案及措施。

第一,解决房地产在建项目必需的生产经营费用。九七九公司原法定代表人李某某、总经理秦某、财务总监谷某某以及4位股东,应当承担维稳的主要责任,主动派员给购房户及债权人做好解释沟通工作,沟通解释破产重整程序的法律规定。为稳定过渡之需,九七九公司计划提交2020年2月至5月21日之间,移交给管理人之前已经发生的生产经营费用;且计划提交2020年5月21日之后必需必要的生产经营费用支出标准。为解决社会稳定问题,解决购房户及债权人的担忧,管理人申请法院批准该生产经营费用申请。

第二,尽快由管理人公开招募投资人。建议九七九公司自愿撤回2020年5月25日之前已经提交的自行管理财产和自营方案,由管理人公开招募投资人,且将九七九公司提交的某投资人的自营方案一并纳入管理人比选,并适当征求主要债权人、九七九公司原法定代表人、原主要经营管理人员及股东意见,经管理人比选,优先选择最佳投资人及最佳投资方案后,设计、起草重整计划草案,经债权人会议表决通过,报经人民法院批准后执行。

为解决社会稳定问题及避免导致形成烂尾楼工程,影响当地的投资环境,管理人建议给予破产重整企业九七九公司土地增值税、增值税、企业所得税减免或当地财政收益一定比例的返还。同时,给予管理人招募投资人和制定设计重整投资方案的行动空间,以及批准重整投资方案的协调时间,力争实现各方利益最大化、损失最小化。

2. 讲究战略投资人的选择

从各国立法和实务情况来看,破产重整有三种模式:企业存续型重整、营业让与型重整、清算式重整。本案中管理人同样面临着重整模式的选择问题。通常情况下管理人选择战略投资人的方式为:管理人制订重整计划草案后,在债权人会议中予以投票,按照《企业破产法》第64条、第84条的相关规定确定重整计划草案"通过与否"。但本案中管理人认为公开招募战略投资人的两份方案都能全面切实地保护各方利益,均可作为重整计划草案的内容提交债权人会议,在“通过与否”的基础上以创新表决方式赋予债权人择优的权利。具体而言,就是由债权人投票表决选择战略投资人,确定并提交表决重整计划草案。

管理人在第一次债权人会议后再次公开招募投资人,由于有两家公司作为破产重整投资人同时提交了重整计划草案、缴纳了投资保证金、与管理人签订了投资协议,选择哪份重整计划草案成为问题。为保障债权人的知情和选择的权利,管理人决定将选择的权利交给全体债权人。为此,管理人依据《企业破产法》第 64 条以及第 84 条第 2 款规定:“出席会议的同一表决组的债权人过半数同意重整计划草案,并且其所代表的债权额占该组债权总额的三分之二以上的,即为该组通过重整计划草案。”在法院合议庭指导下,计划在债权人会议上进行三次表决:第一次表决,对重整计划草案的表决办法进行表决,表决办法由管理人起草,表决办法提前向债权人公告;第二次表决,根据表决办法,对选择哪一个重整计划草案(选择投资人)进行表决,两份重整计划草案提前向债权人公告;第三次表决,按《企业破产法》的规定对选择的重整计划草案通过与否进行表决。从司法实践来看,属于管理人协商谈判确定或公开招募后协商选择确定的范畴。由于参与本项目意向投资责任重大,管理人经过反复慎重研究,并报经法院合议庭批准,决定了本破产重整项目重整计划草案表决投票表决程序。

3. 关注破产重整中的税务问题

九七九公司获得土地使用权时,并未收到增值税专用发票,导致其既无法入账土地成本,也无法抵扣增值税,成为破产重整的一个税务难题。法院通过协调当地政法委,与当地政法委共同主持召开了由当地建设局、税务局、注册地税务局、管理人、重整投资人等参与的专题研究会,会上相关部门就办理施工许可证进场施工水、电、气、网络等“四通一平”事宜进行协调处理。税务部门针对九七九公司的税务问题,提出在国家法律法规没有明确对破产重整前和重整后分开进行税务核算、建账的情况下,无法同意破产重整企业以清偿债务作为成本并重新开始建账核算的要求,但针对九七九公司在破产重整前存在真实交易但缺乏增值税发票等具体事宜,根据九七九公司房地产项目的具体情况,建议由管理人提出方案进行申请。通过法院及当地税务部门协调解决。管理人协调政府、法院利用府院联动机制为重整投资人解决了税务问题。

（二）办案心得体会

九七九公司破产重整一案从 2020 年 3 月 12 日裁定受理破产重整申请，到 2020 年 8 月 17 日裁定终结重整程序，历时不足百天，没有出现一例上访、集访、聚集事件发生，成功地化解了当地维稳风险，并妥善处理了各方利益。对审理该案，管理人总结分析如下。

1. 依靠地方政府，做好维稳工作

法院裁定受理九七九公司破产重整申请时，便意识到案件的维稳压力很大，法院领导和合议庭对维稳工作高度重视。在选定管理人后，立即指示管理人向当地政法委、处置非法集资案件工作领导小组办公室等进行维稳工作汇报、备案。法院还与当地政法委共同组织当地维稳工作部门、九七九公司所在街道、管理人、九七九公司原经营领导层开会，具体落实维稳分工。在选择确定战略投资人期间，法院还决定九七九公司在管理人监督、配合下进行自营，施工现场不得停止施工，办公场地不得关门走人，并对债权人的种种疑问分工解答，由此稳定了债权人。正是在重整期间群策群力，给了九七九公司活的希望，给了债权人新的信心，才没有出现维稳事件。

2. 管理人依据职权处理债务人涉诉问题

九七九公司因实际控制人没有清偿民间借贷个体债权人的债务而涉诉寻求破产重整。截至 2020 年 3 月，九七九公司提供保证担保涉及诉讼数十件，且基本上处于强制执行阶段，银行账户及未售房产被多家人民法院查封、冻结，商品房预售资金都被法院冻结或划走，最终导致开发的商品房无法销售，拖欠各种材料款，欠付大量职工工资及税金，施工单位也停止垫资修建，拖欠大量农民工工资，企业无施工建设、购买原材料等所需的流动资金，因存在大量司法执行案件而无法自救生存，在建项目基本处于停工状态，涉及众多债权人及商品房购房户的切身利益。2020 年 6 月 5 日至 10 日，管理人查询了九七九公司不动产信息登记、抵押登记、股权登记等工商管理信息、人民银行征信情况。2020 年 6 月 7 日，管理人向九七九公司涉及诉讼、执行的各个区人民法院发出《告知函》，申请法院解除对九七九公司财产的查封，以及转划扣划的款项，将查封冻结的九七九公司银行存款扣划至管理人账户内，并解除了全部房地产的查封，解决了九七九公司生产经营所需流动资金问题，推动重整程序和项目施工的积极进行。

3. 重整计划草案通过率高、债权清偿率高

从2020年3月12日裁定受理破产重整申请,到2020年8月17日裁定终结重整程序,仅仅历时98天。2020年8月24日,管理人在全国企业破产重整案件信息网公告了法院裁定批准的重整计划草案。该重整计划草案,除职工债权组权利不受影响没参加表决外,出资人债权组100%表决通过,税款债权组表决通过率100%,优先债权组表决人数通过率达98.92%,普通债权组表决人数通过率达89.47%。重整时间短,工作效率高,表决通过率高,足以说明管理人履职的尽责、高效。

三、理论问题探究

本案的焦点体现在社会维稳、战略投资人选择、税务等方面,也涉及许多破产法理论问题的探讨,本文主要讨论两个:第一,重整计划草案表决规则的优化;第二,重整企业投资者权益保护。前者涉及草案表决内容扩展、表决主体细化、表决组划分、决议规则优化等问题;后者涉及投资者权益保护的重要性、投资者面临的风险以及投资者权益保障措施等。

(一)重整计划草案表决规则的优化

重整程序中一个至关重要的环节就是重整计划的制订,重整结果的成功与否与其紧密相关。此外,重整计划中涉及多方利益主体,其中包括债权人、出资人等利害关系人,如何平衡各方利益主体的权益,不仅影响重整的结果,还牵扯到社会稳定问题。本案中,九七九公司面临的社会维稳问题离不开重整计划草案相关内容的完善。重整计划草案的表决需要交由以上利益相关主体进行,因此,《企业破产法》对重整计划草案表决规则的优化也应当要围绕表决的主要内容、表决主体的确定、表决组的划分、决议规则等展开。

1. 适当扩展重整计划草案表决内容

我国《企业破产法》主要采取法定与任意式相结合的方法对重整计划内容进行规制。根据我国《企业破产法》第81条之规定,①重整计划草案的内容共有7

① 根据我国《企业破产法》第81条的规定,重整计划草案的内容包括:债务人的经营方案、债权分类、债权调整方案、债权受偿方案、重整计划的执行期限、重整计划执行的监督期限、有利于债务人重整的其他方案。

项,其中前6项系法定事项,后1项系任意性事项。强制性规定一般是针对重整程序中相关利害关系人的重大利益以及和重整程序结果有关的事项,如有关债权人利益实现的债权分类、债权调和受偿方案。譬如本案中,九七九公司的重整计划草案涉及9项内容,这些内容主要和债权人、债务人和出资人利益有关,如出资人股权变更方案、债权调整和清偿方案、抵押权解除等内容。但在实际的重整过程中,重整计划草案的表决事项远不止于此,还有一些与其他利益群体有关的事项也需要被纳入草案表决内容中,如有关职工利益的事项。另外,在本案中,九七九公司在破产重整过程中面临对181户购房户的妥善处理问题。在本案中购房户的权益保护问题较为突出,购房户利益的调整不仅影响重整程序进展,还与社会稳定紧密相关,这一群体的利益理应受到重视,有必要将购房户问题纳入九七九公司的重整计划草案中。企业在破产重整过程中应当根据企业情况,适当扩展重整计划草案表决内容。

2. 细化表决主体确定规则

我国《企业破产法》对重整计划草案表决主体的规制主要体现在第82条与第85条上。[①] 由此可见,债权人和其权益被调整的出资人是我国《企业破产法》上规定的重整计划的表决权主体。之所以在重整程序中增加出资人行使表决权,是因为重整最终的目的是挽救企业,一旦目的实现,出资人既是重整成功的贡献者同时也是受益者。反之,重整失败,出资人会相应地遭受损失。无论重整成功与否,出资人权益都将受到影响。因此,基于重整计划影响出资权益的考量,立法规定出资人可以表决重整计划草案,这样既可以防止出资人权益受到侵害,又能调动出资人参与债务人重整的积极性。但是并非所有的出资人都能成为草案的表决主体。只有其利益受到重整计划影响时,出资人才享有表决权。

① 《企业破产法》第82条:"下列各类债权的债权人参加讨论重整计划草案的债权人会议,依照下列债权分类,分组对重整计划草案进行表决:(一)对债务人的特定财产享有担保权的债权;(二)债务人所欠职工的工资和医疗、伤残补助、抚恤费用,所欠的应当划入职工个人账户的基本养老保险、基本医疗保险费用,以及法律、行政法规规定应当支付给职工的补偿金;(三)债务人所欠税款;(四)普通债权。人民法院在必要时可以决定在普通债权组中设小额债权组对重整计划草案进行表决。"

《企业破产法》第85条:"债务人的出资人代表可以列席讨论重整计划草案的债权人会议。重整计划草案涉及出资人权益调整事项的,应当设出资人组,对该事项进行表决。"

《企业破产法解释三》对其进行了规定,[①]如果出资人或者债权人的权益未受到重整计划草案调整或者影响,那么将不参与重整计划的表决,这样有利于防止出资人、债权人滥用表决权而影响整个重整计划的通过。本案中,九七九公司的草案内容表明在重整计划生效后,由法院裁定将九七九公司的100%股权以零价格转让给重整投资人,由此可见,公司股权调整较大,但由于原股东并无实际出资,因此原股东权益实际未受到调整。从权益被调整的角度来看,九七九公司的股东的权益未受到调整,因此未被纳入重整计划的表决主体范畴。

综上,从现行立法来看,重整计划草案表决主体是权益受到调整的出资人、债权人。但是在具体确认表决主体时,需要法院对其"权益被调整"进行审查,审查内容包括内容和形式两个层面,内容上主要侧重权益调整方案的合理、公平性,程序上主要侧重合法性。此外,重整计划草案中,股东权益通常也被调整,所以股东也应该被纳入享有表决权的主体中。在本案中,虽然九七九公司的股东权益未被调整,但是通常在企业破产重整中引入战略投资人的情况下,股东权益不可避免地会受到一定调整,这时如果不考虑股东权益,将股东排除在重整草案表决主体范畴外,无疑会对股东权益造成一定损害,同时也不利于重整程序的顺利进行。因此,在破产法修订中可考虑将股东设定为表决权的主体。

3. 完善表决组划分方式

破产重整计划草案的表决方式是分组表决制。对债权实行分类的首要目的是达到给予债权人公平和公正待遇的要求,对类似情形的债权同等处理,确保重整计划对某个特定所有债权人给予一系列同样的条件。[②] 按照不同性质的债权在破产重整程序中的不同的地位和清偿顺序划分表决组。例如在本案中,九七九公司根据《企业破产法》的规定,按照职工债权、税款债权、优先债权、普通债权、出资人债权等不同性质的债权类别,分成职工债权组、税款债权组、优先债权组、普通债权组、出资人组共五个组,表决重整计划草案。

目前表决组的划分需要进一步完善,主要表现为"强制性"分组模式有不合

---

① 《企业破产法解释三》(2020年修正)第11条第2款:"根据企业破产法第八十二条规定,对重整计划草案进行分组表决时,权益因重整计划草案受到调整或者影响的债权人或者股东,有权参加表决;权益未受到调整或者影响的债权人或者股东,参照企业破产法第八十三条的规定,不参加重整计划草案的表决。"

② 参见韩长印:《从分组到分段:重整程序中的小额债权清偿机制研究》,载《法学》2019年第12期。

理之处，其表决的理念是将同一权益下的债权人置于一个组，但是却忽略了个体的实质差异。比如在普通债权人组，并非每个债权人追求的利益都是一样的，有些人可能是为了获得更多的债权清偿，另一些人可能是为了获得一部分的股权，法律的强制性分组有可能并不能反映利益群体的个性，不利于反映其真实利益的诉求。① 如果不考虑个体追求的差异，要求普通债权人必须被分在一个表决组，那么，在必须平等对待同一表决组成员的要求下，很难分别满足这些债权人的需要，因而会造成重整计划通过的障碍。聚焦本案，在九七九公司的重整计划草案的表决组中，普通债权人组内包含大额经营性购房户，这些购房户最大可能的诉求是按期交房及承担违约责任，这与追求债权清偿的普通债权人的利益诉求又不同，如果强制性地将其分为一组，并不能充分反映他们的真实利益诉求，也不利于重整计划的顺利通过。因此，允许重整计划制定人根据自由意志任意性分组更具有灵活性，更能体现重整程序的公平理念，从而更有利于重整计划草案的表决通过。此外，在出资人组中，出资的股东是否可以组成一个特别表决组也是值得思考的问题。一方面，股东作为公司的所有权人，对公司的生死享有重大利益，重整措施运行均会给其利益造成重大影响，股东作为出资人又因为重整计划会使其权益受到调整，理应作为表决人参与重整计划的表决。另一方面，股东参加重整计划表决有可能会因为重整计划的优势而追加投资，这样公司重整成功的概率会更大。因此，或许有必要在表决组中设置一个股东组，并赋予其一定的宽松条件。

4. 优化决议规则

我国采取人数和数额相结合的“双重标准”的重整计划草案决议规则，根据我国《企业破产法》第 84 条之规定，出席会议的同一表决组的债权人过半数同意重整计划草案，并且其所代表债权额占该债权组债权总额 2/3 以上的，那么即为该组通过重整计划草案。其代表的理念是为了维护多数债权人的利益和大债权人的利益，并力求实现二者的平衡。在本案中，九七九公司采用的就是“双重标准”的决议规则，表决结果符合《企业破产法》第 84 条规定的超过一半的债权人同意，且其所代表的债权金额超过 2/3 的表决比例，②重整计划草案得以依法通

---

① 参见陶川：《试论重整计划表决中的意思自治及其限制》，载《襄樊学院学报》2010 年第 3 期。

② 根据《企业破产法》第 84 条的规定：各表决组同意的债权人数过半，其所代表的债权额超过 2/3 以上，即该重整计划草案获得通过。

过。双重标准的决议规则虽然能平衡大多数债权人的利益,但是在一定程度上忽略了个体的差异,表决组的分类是根据各组的权益差异为标准划分的,每个组的情况不一样,如果忽视这种差异,一味地要求他们按照同一个表决规则进行表决,无法实现实质正义。因而,需要对表决规则制度进行完善,对不同的表决组分别规制,如在小额债权人组中,鉴于债权人的数额较小,因而债权数额对表决的结果影响不大,所以按照单一的人数标准来表决,更符合效率原则又能达到预期的效果。

(二)重整企业投资者权益保护

1. 重整企业投资者权益保护的重要性

衡量一个企业的市场价值除了考虑其净资产和负债情况外,还需要考量企业自身的持续盈利能力以及市场资源的占有率。在市场环境中,有些企业虽然资不抵债,但并不意味着该企业失去了市场价值,特别是在重整情况下,一些企业即使资不抵债但是仍然具有盈利能力,就有被挽救的价值。例如在本案中,九七九公司虽然资不抵债,但是依然具有在资本市场融资的价值,为众多战略投资者所青睐。九七九公司在申请破产重整以来,共有3家单位向管理人提交了参与投资该破产重整项目的资料。所以,即使债务人已经具备破产原因,依然会有投资者愿意参与重整程序。投资者的参与对后续重整程序的进行具有重要作用,为了激发投资者参与重整程序的积极性,有必要重视并采取必要措施对其正当权益进行保护。虽然投资人在企业破产重整中的作用非常关键,但是其在法律层面的权益保护力度却非常薄弱,所以有必要加强破产重整中投资人的权益保障。

2. 重整企业投资者面临的风险

投资人之所以将资金投入重整企业中,是为了追求破产重整企业给其带来的价值。首先,投资人可以从债务人处获得直接的金钱利益,其次,可以使债务人的经营价值不断提升,进而间接给其创造更多的价值。投资者一般通过两种方式参与破产重整:一是股权性投资,即投资人通过向重整企业投资以获取股权;二是财务性投资,即投资人向重整企业提供资金以获取投资回报。在本案中,九七九公司的最终投资人采取的就是财务性投资方式。在重整期间投资人面临的风险主要有:一是隐性债务风险。如果重整企业存在隐性债务未申报,那么此种债务将会成为破产财产按照比例被债权人公平分配。此种隐性债务会对战略投资人的投资成本的计算和未来收益产生一定的影响。[①] 二是重整失败的风险。企业重整失败后，面临的是其进入破产清算程序，此时投资人作为企业新的股东，在破产清算环节能获得的投资清偿概率将微乎其微。[②] 在本案中，战略投资人在提交了投资协议后，同时也提交了《关于对重庆九七九置业有限公司破产重整投资协议的补充意见》，在补充意见中提出："管理人、人民法院应明确，若非投资人原因导致重整不成功，投资人投资的款项应作为九七九公司共益债安全退出；以及税收优惠问题、规费问题、优惠政策、工程质量等6个风险规避及转移条件等。"由此可见，九七九公司的投资人也是考虑到破产重整失败的可能会给自身带来一定的风险，因而在补充意见中特别提出重整失败后的弥补措施，以此来维护自身利益。

3. 重整企业投资者权益保障措施

投资人在破产重整中的作用至关重要，在投资人发挥积极作用下，重整程序的进展会更加顺利。本案中，九七九公司重整过程中的一个焦点问题就是战略投资人的选择，战略投资人选择是破产重整成功的关键因素之一，也是重整计划草案的重要组成部分，因此，本案中泰和泰（重庆）律师事务所、重庆康华会计师事务所有限责任公司非常重视战略投资人的选择，通过创新表决的方式由债权人投票表决选择战略投资人。投资人的权益保护能提高他们参与重整程序的积极性，进而得以提高重整的成功率。投资者的权益保护机制可体现如下。

第一，要保障投资人的知情权。破产重整中的知情权是指重整中的利害关系人对与重整有关的信息及时知晓的权利，知情权的保护依赖于破产重整中信息披露制度的完善。[③] 投资人作出投资决策是依据债务人或管理人信息披露的情况来决定的。本案中，在九七九公司的第一次债权人会议之前，管理人接管九七九公司后，在合议庭的指导下，管理人迅速开展财务审计、发布投资人招募公告、保障单个债权人知情权、制订重整计划草案，并实地查看九七九公司在建项

---

① 参见李家胜：《上市公司破产重整中出资人权益保护研究》，大连海事大学2020年硕士学位论文，第10页。

② 参见韩长印：《破产法视角下的商业银行债转股问题——兼与王欣新教授商榷》，载《法学》2017年第11期。

③ 参见徐阳光、韩玥：《破产重整程序中的信息披露》，载《人民司法》2019年第34期。

目,多次与政府相关部门、债权人、股东及意向投资人沟通交流。可见,在本案中,九七九公司和管理人在重整过程中始终秉持保障投资者知情权的理念。我国《企业破产法》还没有针对投资人设置相应的信息披露保护制度,仅对法院、债权人、管理人的信息知悉权进行了规定,相关规定主要体现在条文中的第 23 条①和第 127 条。② 因此,鉴于当前信息披露制度的不完善,投资人知情权保障的不充分,有必要优化破产法上的信息披露规则,构造更加科学、合理、系统的信息披露结构,尤其是要着重加强对投资人的知情权保障。在具体规则设计上涉及信息披露主体、内容、方式、责任承担等方面。

第二,保障投资者公平进入重整程序和竞争的权利。在企业破产重整中,和投资者公平竞争紧密相关是债务人或管理人对投资人的甄选方式。目前,公开招募是主要的遴选方式,一些资产丰厚、经营价值较强的企业进入破产重整程序后,存在多方重整投资人竞相入驻重整企业的情况,公开透明的招募制度是保障最优投资人得以参加重整程序的必要条件。③ 在本案中,九七九公司的管理人采取公开招募的方式选择投资者,管理人及时公开发布投资人招募公告、以竞争方式引进新的战略投资人。九七九公司的管理人坚持公开透明的招募制度,以竞争方式引进战略投资人,拒绝非公开和区别对待的方式,保障投资者公平进入重整程序和竞争的权利。

在本案中,管理人接管九七九公司之后,积极开展了资产、负债的清理工作,其中,对涉及重大疑难问题,积极主动向法院汇报,并经与会各方共同协商后,提出并执行了切实可行的处理方案。与此同时,在向法院报告了招募投资人报名及谈判情况后,提交了《关于确定九七九置业公司项目投资人的请示》,经法院批准确定投资人及投资协议后,起草了重整计划草案。管理人从招募投资人开始到确定投资人后都在法院的指导和监督下进行,保证了整个招募过程的公开公

---

① 《企业破产法》第 23 条规定:"管理人依照本法规定执行职务,向人民法院报告工作,并接受债权人会议和债权人委员会的监督。管理人应当列席债权人会议,向债权人会议报告职务执行情况,并回答询问。"

② 《企业破产法》第 127 条规定:"债务人违反本法规定,拒不向人民法院提交或者提交不真实的财产状况说明、债务清册、债权清册、有关财务会计报告以及职工工资的支付情况和社会保险费用的缴纳情况的,人民法院可以对直接责任人员依法处以罚款。债务人违反本法规定,拒不向管理人移交财产、印章和账簿、文书等资料的,或者伪造、销毁有关财产证据材料而使财产状况不明的,人民法院可以对直接责任人员依法处以罚款。"

③ 参见周长:《论破产重整中战略投资人的权益保护》,载《中国集体经济》2019 年第 26 期。

正,最大限度地平衡了债务人、债权人及其他利益相关方的利益。最后,引入监督机制,借助相关利益主体的力量对评审的过程和结果进行监督,保障整个评审过程的公开公正,进而保障投资者公平竞争的权利。

第三,安全退出重整程序的权利。不管重整的结果如何,如何保障投资者安全退出始终是各界关注的焦点。若重整成功,投资人通常采用的退出方式有回购、同业并购、股权上市,但不管采取何种退出方式,畅通的退出渠道是需要立法予以保障的。[①] 若重整失败,重整程序转入清算程序,此时投资者面临两个问题:其一,是否享有清算退出优先权;其二,这种优先权的效力是否及于原股东和普通债权人。关于优先权,通常认为股权性质的出资不能优先于普通债权人清偿。而债权性质的出资被纳入共益债务而优先受偿。本案中九七九公司在投资重整方案中明确,若非投资人违反投资协议及重整计划草案的原因导致重整失败,则投资人在破产重整投入资金可列入共益债务优先清偿。针对第二个问题,出资人若想拥有优先权可以通过在重整投资协议中设计优先股条款,明确约定在清算退出程序中出资人有优先于普通债权人的权利。因为在重整投资协议中设计优先股的条款,会影响原有股东权益,一旦设计不当,会造成新旧股东权益失衡。因此,在具体权益配置上需要遵循当事人的意思,同时不得违反《企业破产法》中有关清偿顺位的规定。

---

① 参见曹文兵:《上市公司重整中出资人权益调整的检视与完善——基于51家上市公司破产重整案件的实证分析》,载《法律适用》2018年第17期。

案例六　重庆华生园食品股份有限公司破产重整案*

重庆华生园食品股份有限公司(以下简称华生园公司)因资金链断裂,负债无法及时遏制并不断扩大,经营严重困难,被人民法院裁定进入破产重整程序。本案是重庆地区采用经纪人投资人模式而自行重整成功的第一案,因企业管理较为混乱又未能成功招募到重整投资人,如直接进行清算会极大地影响普通债权人和职工债权人的受偿率。故管理人在成功收回重要资产“金色蛋糕梦幻王国”景区后,参照《公司法》相关规定制订重整计划,聘请专业经营管理团队在重整计划执行期间分别管理公司的食品和文旅业务,通过经营收益来自行重整偿债。对全体债权不进行调整,清偿率达100%。本案涉及职业经理人在重整模式中的应用问题、特定条件下担保债权超越特定财产优先受偿的问题、破产重整对担保物权的保护和限制问题等。本案是引进职业经理人重整成功案例,也为无投资人的破产重整案件提供了新的解题思路。

---

* 执笔人:王偲琦,重庆合纵律师事务所律师。

一、案件基本情况

（一）债务人基本情况

华生园公司成立于1995年1月14日，注册地址为重庆市大渡口区凤翔路123号，法定代表人系刘某某，注册资本为7964万元。经营范围为生产、销售食品；为餐饮服务，系集团用餐配送单位；面食类制销小型餐馆；自有商铺租赁等。华生园公司作为西南地区享誉已久的食品企业，拥有现代食品加工业、百货商贸业、连锁饮食业、旅游服务业四大支柱产业，企业鼎盛时期在全国市场烘焙业的连锁店数量名列前茅，曾获"中国驰名品牌""中国烘焙食品糖制品行业百强企业"等荣誉，是"重庆老字号"企业，全国中小学质量教育实践基地、重庆市重要商品应急保供重点企业，其"华生园传统糕点制作技术"被评为重庆市非物质文化遗产。截至破产申请受理时，仍有在职员工约300人，直营、加盟等连锁门店180余家，企业生产加工线完备。

华生园公司在2015年、2016年进行多次增资扩股，涉及股东人数数十人，载明于股东名册但未进行工商变更登记，根据工商信息查询列明，华生园公司股东刘某某出资比例100%，出资金额7964万元。

（二）重整程序的基本情况

1. 案件审理情况

华生园公司因对外负债众多、涉执案件未解决，导致资金链断裂，负债无法及时遏制并不断扩大，经营严重困难。2020年7月8日，华生园公司以目前经营活动困难，不能清偿到期债务，但公司以具备重整价值和重整可行性为由向重庆市第五中级人民法院申请进行破产重整。

2020年10月9日，重庆市第五中级人民法院作出（2020）渝05破申338号民事裁定书，裁定受理华生园公司破产重整申请。2020年10月12日，重庆市第五中级人民法院作出（2020）渝05破272号决定书，指定重庆合纵律师事务所为华生园公司管理人。

2020年12月20日，华生园公司第一次债权人会议召开，表决并通过了除重整计划草案以外的全部法定议程事项。

2021年7月29日，在两次公开招募投资人均未收到报名的情况下，管理人制作了以招募经营管理团队为前提进行自行重整的重整计划草案。重整计划草案除担保债权组外均表决通过，经过管理人持续的沟通和努力，担保债权组最终表决通过重整计划草案。

2021年9月18日，重庆市第五中级人民法院裁定批准华生园公司的重整计划，华生园公司破产重整案开始执行。

2. 债务人资产及负债情况

根据第三方中介机构审计和评估结果，以2020年10月31日为审计基准日，经审计调整后华生园公司的资产总额约为1.25亿元，负债总额约为2.13亿元。资产评估价值（市场价值）总计约2.78亿元—2.86亿元。

华生园公司现有资产主要包括货币资金、应收账款、其他应收款、存货等流动资产，长期股权投资、土地、房屋、车辆、机器设备、无形资产等非流动资产，另有管理人进场后收回的“金色蛋糕梦幻王国”内各类城堡式建筑及地下负一层仓库；负债主要为金融机构借款、民间借贷、供应商货款、股权回购款以及职工工资、社保税金等。

截至2021年7月29日华生园公司第二次债权人会议，管理人共计收到债权申报300余笔，申报债权总金额约为2.58亿元。经管理人审核（含衍生诉讼）确认债权金额为约2.06亿元，另有职工债权600余万元。

根据偿债能力分析报告，以2020年10月31日作为分析基准日，以最低清算价值计算，华生园公司破产清算状态下对其特定财产享有担保权的债权、建设工程款优先债权、职工债权、税款社保债权将获得全额清偿，普通债权的清偿率约为66%。

3. 管理人履职情况

管理人接受指定后，立即开展了接管以及财产清查工作。管理人在调查企业资产及负债的同时，通过网络、报纸等多种渠道通知债权人申报债权，并在华生园公司设立办公点，接受债权人的询问和申报，开展职工债权核查工作，多次协助相关政府部门对企业职工、股东类债权人（股权回购款相关债权人）作相应解释工作，稳定债权人情绪。对于诉讼案件，管理人代表华生园公司出庭应诉，并根据掌握的具体案件信息，协调相关法院解除华生园公司的财产保全措施，中止对华生园公司财产的执行程序，避免企业资产流失。

为避免继续经营期间债务扩大,又为尽快掌握破产企业情况,管理人自进入华生园公司起就全面接管公司日常生产经营,逐笔审核印章使用及财务收支。糕点行业具有特殊性,季节性产品市场需求大、利润高,是经营范围内一个重要收入增加点。过往由于启动资金不足,该项业务没有进行,管理人根据华生园公司资金实际情况,决定恢复该项业务,自行完成原材料的采购、生产、销售。不仅实现了盈利,更维护延续了企业重要业务窗口。

2021 年 3 月 19 日,在经过调查确认"金色蛋糕梦幻王国"景区确属华生园公司资产后,管理人接管该资产,对景区工作人员进行统筹安排并规范管理,安装了自动收费系统,规范景区门票收费,收入均进入管理人账户。这一重要资产的收回是重整成功必不可少的因素,极大地提高了企业资产价值。

2021 年 7 月 29 日,华生园公司第二次债权人会议召开,由于没有意向投资人报名参加竞选,管理人从可行性角度出发,制订了自行经营偿债的重整计划草案,提交债权人会议表决。因第一次表决担保债权组未表决通过,管理人与多家担保债权人持续进行了长达一个半月的沟通磋商,最终在未修改重整计划草案的情况下取得了担保债权组的表决通过。

2021 年 9 月 18 日,重庆市第五中级人民法院裁定批准华生园公司重整计划,管理人着手进行经营团队的招募、交接等筹备工作,并在重整执行期间继续对华生园公司进行监管。

(三)重整思路及相关情况

1. 重整思路

华生园公司主要资产和业务分为食品和文旅两大块,食品生产作为华生园公司 20 多年来的积淀,拥有广泛的知名度和市场基础,是重整不可或缺的业务板块。但食品生产行业作为制造业,利润仍然有限,只依靠食品生产,债权清偿根本无法实现。而"金色蛋糕梦幻王国"作为国家级"AAA"级旅游风景区,在全国范围内都颇有名气,如果进行专业的打造和营销,就能带来相关收入的大幅提高,可成为清偿资金来源的重要支柱。

根据债权审查确认的情况,华生园公司重整计划草案表决将分为担保债权组、职工债权组、税款债权组和普通债权组。华生园公司的生产大楼进行了抵押,如对生产大楼进行资产处置则食品经营难以为继,故此,需要通过其他方式保证该部分担保债权人的清偿利益。[①] 同时,华生园公司普通债权人众多,由于增资入股及股权回购均未落实等问题,部分普通债权人对华生园公司法定代表人的抵触情绪非常严重。如需继续经营,职工情绪需要稳定,与税务机关的往来也会非常频繁。

通过分析华生园公司债权债务情况,管理人认为想要通过食品和文旅两大个板块继续经营的重整计划,争取担保债权组和普通债权组的同意是关键。

2. 重整计划内容

根据管理人提交的重整计划草案,在重整计划执行期间,将通过公开招募遴选食品和文旅经营管理团队经营获利清偿债权,法定代表人不参与经营。重整程序终结之后,华生园公司的法律主体依然存续,仍为独立存续的有限责任公司。全部债权金额不进行调整并全额进行清偿。

第一,区分公司资产,将与重整经营无关的非必要财产进行变价处置,保留与重整相关的财产,如生产大楼、"金色蛋糕梦幻王国"景区等。重整非必要资产变价后,优先清偿有财产担保的债权,包括担保物未进行变价的债权。

第二,对华生园公司特定财产享有优先受偿权的债权(与重整经营无关的非必要财产),按照特定财产快速变现价值进行受偿;债权金额超过特定财产快速变现价值的部分,根据《企业破产法》第 110 条规定转入普通债权清偿,[②]清偿方式为现金清偿,在重整计划执行期内分 7 年清偿完毕。

第三,对华生园公司其他财产(与重整相关的财产)享有优先受偿权的债权,以对应担保物快速变现价值金额为限,以现金方式获得全额清偿;债权金额超过前述限额的部分,根据《企业破产法》第 110 条规定转入普通债权清偿,清偿方式为现金清偿,在重整计划执行期内分 7 年清偿完毕。

第四,在重整计划裁定通过后、资产变价开始进行前,以对应担保物快速变现价值金额为限,暂未获得全额清偿的剩余金额按全国银行间同业拆借中心公

① 参见最高人民法院《破产审判会议纪要》第 18 条规定:"重整计划草案强制批准的条件。人民法院应当审慎适用企业破产法第八十七条第二款,不得滥用强制批准权。确需强制批准重整计划草案的,重整计划草案除应当符合企业破产法第八十七条第二款规定外,如债权人分多组的,还应当至少有一组已经通过重整计划草案,且各表决组中反对者能够获得的清偿利益不低于依照破产清算程序所能获得的利益。"

② 参见《企业破产法》第 110 条规定:"享有本法第一百零九条规定权利的债权人行使优先受偿权利未能完全受偿的,其未受偿的债权作为普通债权;放弃优先受偿权利的,其债权作为普通债权。"

布的1年期贷款市场报价利率(LPR)计算补偿。

第五,职工债权以现金方式全额清偿,在重整计划执行期第1年内清偿完毕。

第六,税款债权以现金方式全额清偿,在重整计划执行期第1年内清偿完毕。

第七,普通债权通过现金分配的方式全额清偿,在重整计划执行期内分7年清偿完毕。

3. 表决及磋商情况

经统计,第一次表决职工债权组、税款债权组和普通债权组均表决通过重整计划草案,但担保债权组表决结果未达到法定通过比例。未通过的主要原因在于该组中拥有一票否决权的担保债权人某银行债权人未进行表决,由于金融机构表决的复杂性,虽重整计划将该债权人的担保物列为变价处置范围,其仍未在表决期限内进行投票,根据表决规则,未投票视为反对。在后续沟通中,管理人积极与该银行进行磋商,将磋商结果汇报人民法院,寻求多种解决方法,并与该银行总行取得联系,最终争取到了担保债权组的表决通过。

二、实务经验总结

(一)重点焦点分析

1. 大型企业的接管和管理

华生园公司自1995年成立至今已有二十余年,作为一家鼎盛时期连锁门店遍布西南地区的食品企业,架构庞大,截至破产受理时仍有在职员工和临时工人逾300人,存在民营企业多见的财务混乱、人事冗杂等通病。由于过去华生园公司的大小事务均由法定代表人决策,然而企业内部又没有规范的执行和管理架构,又因为后期进行食品经营业务的内部承包,造成多块业务人员、财务互相交叉,个人各有负责部分不知全局,给管理人清理企业情况和管理企业带来了巨大的困难。

在企业接管上,管理人向华生园公司法定代表人及其他高管人员送达义务告知书,书面告知其配合移交财产和营业事务、不得隐匿毁损伪造资料、不得进行个别清偿、不得转移财产等法定义务以及相应的法律后果,以分组接管的方式开展接管工作，在接管了华生园公司印章、证照、人事资料、诉讼文书、合同资料、会计账簿资料、权利证书等基础资料后，分别前往不动产登记中心、税务局、市场监督管理局、人力社保局、车辆管理所等机构，对华生园公司名下房屋、车辆等资产情况，企业税款及社保费用、住房公积金的缴纳情况进行了查询和核实，全面摸底和排查华生园公司资产情况，并对比其主动移交的财产清单，针对漏项和与公司记载不同之处逐项清点查问，顺藤摸瓜排查前期接管遗漏之处，同时了解公司运营现状。针对华生园公司重要资产如办公大楼、生产大楼、“金色蛋糕梦幻王国”景区等，管理人逐户走访清查使用情况，清理资产的同时清查出大批与华生园公司无关的关联企业、个人无偿使用华生园公司房屋和租金外流、被擅用的情况，管理人针对这些乱象及时进行了遏制和规范。

因修建时无力支付工程款等原因，华生园公司将重要资产“金色蛋糕梦幻王国”景区的经营权让渡给部分施工单位一定年限，用经营收益抵偿欠款，华生园公司应当享有“金色蛋糕梦幻王国”景区的土地使用权以及构筑物的相关权利。但在管理人接管企业过程中，就“金色蛋糕梦幻王国”景区的相关权利归属与华生园公司发生分歧，致使管理人在清理公司财产，尤其是接管景区时，遇到诸如相关人员不配合、隐瞒或模糊收入、拒不移交工作清单记录等多种困难和阻碍。为收回华生园公司重要资产，管理人向相关人员说明配合接管和财产调查义务，同时向人民法院汇报相关情况，请求司法协助，和办案法官一起前往华生园公司，历时 11 小时，成功完成“金色蛋糕梦幻王国”景区接管工作。

在企业的管理上，过去华生园公司存在内部经营四分五裂，财务收支复杂，走账不规范等问题。管理人接管后，认为华生园公司自营自管不可行，遂要求公司员工凡涉及公司生产经营、人事调整、日常管理事务均需向管理人请示说明，涉及公司财产支出或可能造成公司财产减损的，必须事前向管理人报告，经同意后方能进行。同时要求现场负责人必须向管理人汇报工作。华生园公司所有收支均通过管理人账户进行，财务支出及用印均需要华生园公司及管理人相关工作人员签字确认，以确保经营管理规范。

由于法定代表人对企业管理影响颇深，致使管理人日常管理上虽事无巨细，但在具体实施时仍然不尽如人意、多有掣肘，时常有经办人员自作主张、不规范的行为发生。管理人决定不予留用法定代表人，大刀阔斧清理公司内务。此举既顺应了债权人的诉求，也为企业的正常运营排除了隐患，避免人为意志对破产程序的推进造成不利影响，将公司的运营扳回正轨。

2. 稳定问题突出，维稳压力大

华生园公司作为大渡口区及重庆市知名企业，在册职工 200 余人，欠薪及社保人数高达 400 余人。破产受理前，共计欠付职工薪资 600 余万元、社保费用 250 万余元，职工多次进行罢工、信访，如重整失败进入清算，华生园公司生产经营难以为继，会造成职工大量失业、因欠付社保无法入职新单位等严重的社会问题。此外，因上市失败后，对赌协议引发的股东股权回购纠纷涉及数十名自然人，其已经多次前往政府部门进行信访投诉。华生园公司进入破产程序时，就埋下了大量信访和维稳事件爆发的隐患。

针对职工债权人，保障薪资待遇是稳定的关键，要想重整成功，必须要保证原有职工的留存。管理人迅速调查华生园公司在职职工与离职职工欠薪、欠社保情况，涉及职工基本生活保障问题的，管理人在法律范围内对职工权益进行一定的保障，缓解矛盾和压力。为稳定职工情绪，保障公司正常生产，管理人根据公司实际财务状况，坚持发放破产受理后每月工资，同时公布管理人联系方式和驻华生园公司现场办公地址，加强与职工的联系与沟通，有效稳定了职工情绪，并将依法调查的职工债权在华生园公司公告栏粘贴公示，依法处理异议职工债权。管理人协助大渡口区相关政府部门对职工情绪予以疏导，第一时间作相应解释工作，缓解了潜在的信访压力。

针对股东类债权人（股权回购款相关债权人），该类债权人因前期经历，对于华生园公司内部经营及法定代表人极其不信任，情绪极大。管理人对他们的来访从不推脱，有问必答，对公司各方面情况、破产管理进程、重整思路甚至办案困难都如实相告，选取股东类债权人进入债权人委员会。每逢公司经营决策重大事项或破产管理重要进程，管理人均与该类债权人进行商议或通报，取得了股东类债权人的高度信任，也为后期重整计划争取普通债权人的同意打下良好基础。

3. 无投资人前提下重整计划的制订

2020 年 10 月 28 日，管理人一接管华生园公司，就发布投资人招募公告，面向社会公开招募投资人。招募期间，管理人与多家食品和文旅企业进行沟通，对投资事项进行初步交流。但经历前后两次招募，截至 2021 年 7 月 29 日华生园公司第二次债权人会议召开前夕，重整期限即将届满，管理人仍然没有收到任何机构或个人的报名材料。

考虑到华生园公司在重庆市乃至西南地区均享有较大知名度和影响力，具有一定的品牌价值，且拥有成熟的技术工人、标准化生产厂房和生产线、完整的采购及经销渠道，依托“华生园”品牌优势，在积极迎合烘焙业、文旅业发展趋势的基础下，具有重整挽救价值和重整的必要性。且华生园公司资产评估价值虽不低，但全部建立在预计的基础上，且“金色蛋糕梦幻王国”景区没有办理产权证，变现成功概率极低，倘若其余资产市场接受度低，那么就无法按照预期价值变现，债权人权益更加无法得到保证，并且华生园公司进行破产清算后，对资产整体处置还将进一步降低变现金额。因此虽无重整投资人，但管理人仍然通过对重整期间企业经营情况的调查统计，结合与意向经营团队洽谈模拟的可实现收入增长，从可行性角度出发，制订了自行经营偿债的重整计划。在不调整债权金额的前提下，对普通债权清偿都进行100%清偿。

（二）办案心得感悟

1. 大型制造企业需要管理人在重整期间进行全面管理

华生园公司这类大型民营企业，经营混乱、制度缺失、财务管理松散是通病，也是致使企业走上破产之路的根本原因。如何使债务人在破产重整期间经营不恶化、债务不增加甚至逐步恢复正轨、获得盈利是每个管理人都要面临的问题。这不仅是自行重整案件中的需求，也是投资人模式下的重整案件的需求，且公司的经营状况、接手难易程度也牵动着投资人对破产企业的考量。虽然《企业破产法》规定了债务人自营自管的情形，[①]但在越来越多的破产企业管理中，管理人不仅解决破产企业的法律问题，也要承担起企业管理的重任。

华生园公司进入破产程序时内部决策随意、管理混乱。公司无力对食品口岸和下属门店进行维护和管理，导致加盟店大量退租、撤场，市场丢失严重，公司没有多余资金投入设备改造、产品研发，产品品种单一、市场吸引力不足。为了保持公司的正常经营，以及回避大规模解除与员工劳动关系产生的薪资、社保、经济补偿等问题，华生园公司将食品方面多项业务进行内部承包，进一步加剧了财务上的混乱。诚然对华生园公司日常的管理事事亲为花费了管理人极大的精

① 参见《企业破产法》第73条第1款的规定：“在重整期间，经债务人申请，人民法院批准，债务人可以在管理人的监督下自行管理财产和营业事务。”

力，带来了巨大的工作量，几乎等同于正常经营情况下公司的董事会，但事实证明这是非常必要的。

在全面管理企业期间，正是由于每一个用印都经过管理人审核、每一笔收支都通过管理人账户，华生园公司四分五裂的业务板块逐渐归拢又重新安排下放。管理人领导华生园公司完成了 2021 年端午节和中秋节粽子、月饼等季节性产品的制作销售，收回“金色蛋糕梦幻王国”景区，人事和财务管理恢复规范，几个月内净利润高达数百万元，公司的运营呈现积极态势。该过程中，管理人建立了威信，掌握管理好了企业，完成招募食品和文旅经营团队后，管理人也能迅速引进经营团队，帮助其在企业内部站稳脚跟，顺利进行业务移交，节省经营团队和原有员工的磨合期，保证重整期间与执行期间的平稳过渡。

2. 积极沟通各类债权人，保证普通债权人的清偿利益

重整计划的通过，需要各类债权人的支持。保证与债权人，尤其是普通债权人和担保债权人的沟通联系，是重整成功的关键。制订重整计划草案时，对债权金额的调整和清偿也承载了管理人的诸多考量。

(1)普通债权人

由于职工债权和税款债权的受偿顺序靠前，重整案件中大多牺牲了普通债权人的受偿率，该问题也因此成为重整计划通过的主要障碍。在破产案件办理过程中，自然人在普通债权人群体中占比较大，由于对破产和法律问题的不了解，又因时常属于重整计划中被牺牲的部分，这类债权人往往情绪大、对管理人持不信任的态度，容易采取极端的方式处理问题，沟通起来时间和精力成本巨大。

华生园公司近 2.2 亿元债权中，普通债权金额占比超过 2/3，是重整清偿的主要问题所在。但正是由于管理人与普通债权人保持了良好的沟通和交流，管理人在未能寻找到投资人的前提下提出自行经营的重整思路时，也得到了绝大多数普通债权人的支持和体谅。

同时，在重整计划的制订中，管理人对普通债权没有进行任何调整，本金利息均全额清偿。这不仅建立在对经营收入测算后可实现的基础上，也是企业让利给普通债权人的体现。在自行经营获利偿债的前提下，如果调整债权金额、降低受偿比例也许可以缩短执行期，但最终获利的是更快收获重整成功的企业管理层。增加偿债金额，无非是延长了企业恢复正常的时间，但所有债权人都能在

可接受的时间内得到应有的清偿。

因此,在破产企业条件允许的情况下,保证普通债权人的清偿利益是争取普通债权人通过重整计划草案最有效的方式。

(2)担保债权人

担保债权人作为清偿利益较为有保障的群体,在重整程序中具有较强的主动性。某银行作为华生园公司最大的担保债权人,所占担保债权总额的比例超过1/2,对该组表决结果具有一票否决权,是管理人的重点攻克对象。在前期沟通过程中,由于贷款逾期的压力,该银行多次向管理人提出过处置担保物。

根据《企业破产法》第75条第1款之规定,“在重整期间,对债务人的特定财产享有的担保权暂停行使”,但管理人认为,该银行的担保物是一栋独立大厦,与华生园公司生产和办公地点相距甚远,用途也并非为食品销售和经营服务,仅作出租之用,属于重整的非必要资产,即使提前进行变价处置对重整的实现也影响不大。2020年12月18日,华生园公司第一次债权人会议上,管理人在考虑该银行的诉求的基础上,针对重整非必要资产做了财产变价方案的报告,并经债权人会议表决通过,并在会后不久就启动了该银行担保物的变价工作。

重整计划草案第一次表决担保债权组未表决通过,在管理人与该银行的沟通过程中获悉,该银行的倾向性意见为同意重整计划草案,但其表决需上报总行,总行风控部分认为其担保物足值,重整计划草案与其债权无关,故决定不进行表决。重整计划未损害担保债权人利益,但进入清算普通债权人清偿率将大受影响。管理人通过人民法院、政府部门多次与该银行沟通,在前期优良的沟通基础下,排除了担保债权人的顾虑,最终取得了担保债权组的表决通过。因此,保证管理人与债权人之间积极的沟通和联系,是本案重整计划草案通过的有效途径。

3. 积极与政府部门沟通配合,充分发掘企业潜力

因华生园公司实际生产经营和推进重整进程的需要,管理人在执行职务过程中,分别多次与重庆市大渡口区人民政府、大渡口区文化和旅游发展委员会、大渡口区税务局等相关部门沟通、协调、汇报相关事项。对于履职过程中涉及的重大重整法律事项如债权人会议的筹备、投资人的招募、重整计划草案的制定、重大资产处置等,除向人民法院沟通、汇报外,管理人也要积极、主动与相关政府沟通。

另外,如有需要管理人处理的行政或信访问题,管理人也会第一时间到达现场,会同相关部门妥善解决。在这种紧密联动配合下,重整期间管理人先后顺利处理了职工聚众索薪、职工社保补缴、“金色蛋糕梦幻王国”景区经营整改等事件。因“金色蛋糕梦幻王国”景区位于华生园公司办公地点旁,附近无公共交通经过,游客往来多有不便,是提高景区人流量和经营收入的一大障碍。在与地方部门的接洽中,也谈到过将轻轨站口设至景区附近的建设方案。在协调该银行对重整计划草案的表决时,大渡口区人民政府也提供了支持。

三、理论问题探究

在本案重整过程中,始终没有前来报名的意向投资人,华生园公司想要实现破产重整,只能依靠自行经营重整。华生园公司品牌有优势、技术成熟、生产线销售渠道完善,主要是经营管理问题突出,管理人在制订重整计划时跳出传统重整模式,参照《公司法》相关规定,类比“重钢”案中引入职业经理人的重整方式,聘请专业经营管理团队管理公司。同时在重整计划中载明,针对重整非必要性资产可进行变价处置,其本质也是清算式重整的应用。出于对担保债权人清偿利益的保护,在重整计划中对担保物未进行处置的担保债权人仍然保障其优先受偿的权利。在担保债权的处理上,管理人也不断致力于平衡各方主体利益。

(一)职业经理人在重整模式中的应用

1. 破产重整主要模式类型

现阶段,我国《企业破产法》及相关法律法规对破产重整程序中破产企业的重整模式没有进行明确的法律规定和要求。目前学者将企业重整的制度模式梳理为三种:存续式重整、出售式重整和清算式重整。

存续式重整是实践中最常见的一种重整模式,既保留破产企业的“壳”又保留其主要业务,通常体现为重组方保留破产企业的经营资产与业务,通过债务减免、延期清偿等方式调整企业债务,同时投入资金、调整经营方案、改善企业管理水平及财务状况,使之恢复经营进而获得持续盈利。存续式重整的标志性特点是使原企业的法人资格得以存续,在原企业的外壳之内进行重整,虽然企业的股东可能会发生变更。[①] 存续式重整是公司重整的标准模式,也被认为承载着重整制度立法的原有之意,即公司的"持续经营价值"大于"破产清算价值"。存续式重整的主要操作方式有:保持破产企业原有股权结构不变,仅调整企业经营方案;通过债转股清偿全部或部分负债,保留经营资金,维持企业经营;招募重整投资人,制定重整投资计划,投资人直接投入资金清偿债务,企业股权结构发生改变。重整成功后,原企业法人资格不消灭,继续经营。

出售式重整,指只保留破产企业的主要业务而并不保留企业的"壳",这种重整模式是对传统重整理论的一个突破,将企业仍有生存价值的业务整体出售,使破产企业优秀的业务经验在新壳之下得以存续,原企业最终被注销。此种模式将破产企业全部或部分具有活力的业务进行转让,使之在新的企业中得以继续经营,而将转让的所得或对价用来清偿债权人。其特点在于不保留原债务人企业的存续,在转让后将原债务人企业注销,是脱离了原破产企业之壳,将有重整价值的部分移植到另一个壳中继续经营的方式。

清算式重整与破产清算程序类似,以破产清算程序的普通债权清偿率为基础引进重整投资人,在重整计划制定时保证对债务人财产优于破产清算时的清算、变现、分配的清算计划,保留企业优质资源,保持原企业的法人资格存续。清算式重整也称"借壳上市",被当前上市公司的重整所普遍采纳,即投资人并不需要原上市公司的任何经营性资产,而只需要干净的"壳资源",然后再通过定向增发等方式注入自有优质资产和业务,实现"借壳上市"。在清算式重整的模式下,重整投资人比起破产企业的净资产价值,更看重其拥有的上市资格为公司所能带来的效用或价值,即另行可能存在的无形资产价值和虚拟价值。

2. 自行经营前提下引入职业经理人的正当性

华生园公司没有重整投资人,主要通过自身经营获利进行偿债,与传统重整模式中的存续式重整最为契合。公司维持原有股权结构且继续经营原有业务,通过自身持续经营获得营业利润偿还债务。但又对非必要资产进行处置,兼具清算式重整的特征,即将债务人之财产个别变价,以所得对价(清算价值)分配于诸债权人等。[②] 但公司治理是一个企业发展最核心、最根本、最重要的因素。管

---

① 参见王欣新:《重整制度理论与实务新论》,载《法律适用》2012年第11期。

② 参见许士宦:《债务清理法之基本构造》,台北,元照出版社2008年版,第115页。

理人在破产管理的过程中已验证和纠正了华生园公司原有管理体系和经营制度的混乱、失败，绝不能在重整执行期间将企业的经营管理交到原有管理层手中。因此，引入职业经理人是本案重整计划的要义和关键。

《公司法》第4条规定："公司股东依法享有资产收益、参与重大决策和选择管理者等权利。"这是在重整程序中引入职业经理人管理公司的理论基础。但在破产程序中，辨析该条中的权利是否仍属于公司股东是适用这一条的关键。有观点认为，当公司资不抵债时，所有者权益为零，股东虽然形式上仍然持有股权，但实际价值为零。① 也有观点认为，资不抵债这一理由并不足以否定公司重整程序下股东权益之存在。②

股东权利划分为自益权和共益权，③自益权即为股利分配请求权、剩余资产索取权等资产收益权，体现着公司作为投资工具给股东带来的直接经济收益；而共益权是股东参与公司经营决策，为自身利益兼为公司利益的权利，包括知情权、表决权、建议质询权、派生诉讼权等。股东权的本质是财产权，尽管股东权利类型各异，但均体现了股东权利包含的经济利益，即便是表决权等共益权，其虽没有直接体现自益权，但通过对公司经营管理活动的影响和控制，也间接体现了股东权利的财产价值。④ 因此，以公司是否资不抵债、丧失偿债能力来判断股东对公司的经济利益，进而界定股东权利行使界限的逻辑论证，具有正当性。⑤

当企业具备法定破产原因而进入破产程序时，即使是明显缺乏清偿能力的情况，大多数事实是企业资产的清算价值或实际变现结果依然低于负债金额，即所有者权益为零。少数因资产变现难度等原因进入破产程序、实际上资产的清算价值或实际变现结果仍将大于负债的企业，在破产法律规范的约束下，公司股东都主动或被动地让渡了股东权益至管理人和全体债权人，在清偿完毕破产债权之前，企业的市场价值仍属于全体债权人。综观《企业破产法》，重整程序中股东明显不再享有自益权，管理人代债权人管理破产企业，债权人会议对债务人的经营、财产管理享有表决权，股东原有的经营决策权理应归属于全体债权人。

---

① 参见张勇健、杜军：《破产重整程序中股权调减与股权负担协调问题刍议》，载《法律适用》2012年第11期。

② 参见唐旭超：《论上市公司重整中的股东权益》，载《政治与法律》2014年第6期。

③ 参见钱卫清：《公司诉讼——司法救济方式》，人民法院出版社2006年版，第49页。

④ 参见冯果：《公司法》，武汉大学出版社2017年版，第138页。

⑤ 参见杨鹿君、项红：《重整程序下的股东权利行使规则》，载《法律适用》2021年第8期。

在此基础上，管理人制作招募经营团队管理公司业务的重整计划草案，提交债权人会议表决，具有法律基础和正当性。在重庆钢铁等破产重整案中，已有过职业经理人的应用经验，但多是作为各类重整模式执行中的辅助，本案重整方案未采用典型重整模式，将引入职业经理人作为主要实施内容，具有一定的借鉴意义。

（二）重整中担保债权超越特定财产优先受偿分析

华生园公司重整计划中，出于重整继续经营的需要，保留了生产大楼等重整必要性资产，未纳入变价范围。重整非必要资产变价后，优先清偿有财产担保的债权，包括担保物未进行变价的债权。因生产大楼不论市场价值还是清算价值都明显大于对应担保债权金额，故该笔担保债权超越特定财产优先受偿的金额为全部债权金额。

1. 破产程序中担保债权的特征

破产程序中的担保债权主要是指担保物权，根据《企业破产法》第 109 条的规定担保债权是针对债务人设定担保之特定财产行使的权利，所谓特定财产是指经特定化、可以从债务人全部财产中明确区分出来的财产。物权法、担保法明确了担保权具有优先受偿性和排他性，延伸至破产法中，则体现为破产程序中的担保权人以破产程序开始前对债务人特定财产成立担保物权为基础。担保债权的优先受偿权是针对特定担保财产行使的，仅从一般理论上讲，其可以不受破产清算与和解程序的限制，优于其他债权人单独、及时受偿，以确保担保物权本身立法目的和制度价值得到实现。正如有学者指出，如果在债务人破产即丧失清偿能力最为严重时优先受偿权反而受到限制，则违背了立法之宗旨及当事人设立担保的本意。但在重整程序中，担保债权变现权利的行使受到一定限制，以免因担保物的变卖、执行而影响重整程序挽救企业功能之发挥，但对其实体担保权益即优先受偿权仍应当予以充分保护。①

2. 重整计划对担保债权的必要保障

《破产审判会议纪要》第 18 条规定："重整计划草案强制批准的条件。人民

---

① 参见王欣新：《论破产程序中担保债权的行使与保障》，载《中国政法大学学报》2017 年第 3 期。

法院应当审慎适用企业破产法第八十七条第二款,不得滥用强制批准权。确需强制批准重整计划草案的,重整计划草案除应当符合企业破产法第八十七条第二款规定外,如债权人分多组的,还应当至少有一组已经通过重整计划草案,且各表决组中反对者能够获得的清偿利益不低于依照破产清算程序所能获得的利益。"在重整程序中,即使限制担保债权人权利的行使,但重整计划仍需保障担保债权人的清偿利益不低于其在清算程序中所能获得的利益。由于在华生园公司破产重整案中,担保物未进行变价的担保债权之担保物清算价值明显足值,如担保物能进行变价,其在清算程序中所能获得的利益即为全额优先受偿。因此,保障该笔债权在担保物之外优先受偿仍具有法律上的正当性。

3. 实务中的注意事项

原则上,破产程序中担保债权的优先受偿需在特定财产变价所得范围内,如面临须超越特定财产优先受偿的情况,尤其是在重整计划对担保债权进行调整时,则需要根据市场价值和清算价值审慎判断担保债权对应担保物的变现价值是否能覆盖担保债权金额,判断实际变现价值确有困难时,也要通过合法的方式对优先金额进行确认。在重整非必要财产或处置其他变价财产后,超越特定财产优先受偿的担保债权也需排在对变价财产直接设定担保的担保物权之后。对于具体债权也应具体分析对应担保物的变现能力,通过其他方式实现优先受偿时,受偿比例和期限需要与对应担保物的变现价值和变现能力相匹配。

(三)破产重整中对担保债权的保护和限制问题

1. 重整程序对担保债权限制的法理基础

在重整程序中,对担保债权人的权利限制首先体现在《企业破产法》第 75 条第 1 款第 1 句的规定:"在重整期间,对债务人的特定财产享有的担保权暂停行使。"这种限制是出于困境企业重整成功的大局考虑,为了给企业重整创造良好的外部条件,避免因担保财产的执行而影响企业的挽救与生产经营。在重整程序中的担保物权暂停行使,"有助于企业的继续经营,使得债务人获得整顿业务的喘息空间,有时间制定和批准重整计划,并能采取其他措施","而且能为鼓励债务人发起重整程序提供重要的动力"。①

① 参见徐阳光:《破产法视野中的担保物权问题》,载《中国人民大学学报》2017 年第 2 期。

大多数情况下，担保物权的担保物包括但不限于厂房、机器设备等债务人为维持其经营所必要的财产，能否保留以上资产对债务人能否成功重整、能否在重整之后继续生存具有直接影响。如果不对担保债权人行使担保权加以限制，破产企业继续经营的基础条件都难以得到支持，企业复兴就会成为空中楼阁，不利于实现破产重整的目的，因此法律必须限制担保债权的行使，在重整程序中对担保债权进行特殊的辖制，为重整地推进提供物质保障。本案中，虽然中信银行重庆分行多次提出担保物处置的要求，管理人也基于其担保物为重整非必要性资产和担保物抵押超值，出于提前变价有利于缓解债权清偿压力的考虑进行了提前变价的安排，但假使其担保物为重整必要性资产，或提前变价有害于重整程序其他方案的顺利进行，担保物的恢复行使将会受到限制。

2. 重整程序中对担保债权的特别保护

企业进入破产程序后，担保债权人可以获得优先清偿。这也就意味着，作为理性经济人，担保债权人更倾向于通过担保物实现其担保债权，而并非通过同意债务人重整，因为对担保债权人来说，除非担保物严重不足值，重整成功时所获得的利益并不优于破产清算状态下能获得的利益。由于重整计划的执行一般有数年的期间，通常大于对担保物的处置过程，这实质上是债权实现的迟延，是对债权本身既得利益的折损，并且重整计划在长达数年的执行期间还充满变数和不确定因素——重整计划履行不能转为破产清算的案例并不少见，一旦这种情况发生，担保债权人可谓损失巨大。《企业破产法》对担保债权人的补偿体现在第87条第2款第1项，“未通过重整计划草案的表决组拒绝再次表决或者再次表决仍未通过重整计划草案，但重整计划草案符合下列条件的，债务人或者管理人可以申请人民法院批准重整计划草案：(一)按照重整计划草案，本法第八十二条第一款第一项所列债权就该特定财产将获得全额清偿，其因延期清偿所受的损失将得到公平补偿，并且其担保权未受到实质性损害，或者该表决组已经通过重整计划草案”，但这部分补偿相对债权本身的迟延实现来说吸引力有限。

在重整程序中，各方主体之间有共同利益的趋向，更有着激烈的冲突，这就要求破产法律在规定上对冲突的利益进行调整和平衡。为实现破产重整的目的，重整程序需要对担保债权的行使进行必要的限制。但在对担保债权的行使作出限制时，也应对应建立保护机制，以防担保债权人权益受损，与公平原则的精神相悖。

3.平衡担保物权的限制和保护

重整程序中,对担保债权应当予以保护,否则会影响市场经济的正常运行,有损民事法律体系的逻辑权威。从这一角度讲,在重整程序中应当尽量避免、减少对担保债权行使的限制。但是,为了实现债务人资产价值最大化以清偿破产债权、挽救具有重整希望和价值的破产企业这两个破产立法目标,又需要在重整程序中对担保债权的行使进行必要的限制。这就需要在限制和保护之间寻求公平、合理、社会损失最小的平衡。

华生园公司破产案中,管理人充分考虑担保债权人的请求,从第一次债权人会议起就着手安排重整非必要性财产的变价事宜,同时在重整计划设计中,对重整必要性财产对应的担保债权设定超越特定财产的优先性,即是对担保债权保护和限制间平衡的体现。

案例七　北汽银翔汽车有限公司、重庆北汽幻速汽车销售有限公司破产重整案*

北汽银翔汽车有限公司(以下简称北汽银翔公司)和重庆北汽幻速汽车销售有限公司(以下简称北汽幻速公司)因在产业转型升级过程遇到困难,生产经营陷入困境,对内拖欠职工医保、社保,对外负巨额到期债务无法清偿,涉及债权人数千人,债权金额一百多亿元,引起职工及来自全国各地的债权人多次前往重庆各部门信访,造成了极大的社会不稳定因素,两公司分别进入破产重整程序,重庆市第五中级人民法院受理后指定重庆丽达律师事务所与大信会计师事务所(特殊普通合伙)重庆分所联合担任管理人。后由于两公司存在人格高度混同,经管理人申请,法院裁定对两公司破产重整案采用实质合并破产方式审理。本案亮点为管理人全程用时 134 天,高效有序助力两公司破产重整成功。在这 134 天中,管理人争分夺秒,通过有效的分工与人员配置,攻克一个个难关。如今,两企业恢复正常生产,数千名职工的生存问题得以保障,债权人利益得到保护,社会稳定得到维护。本案涉及的理论问题主要包含破产程序中债转股清

---

* 执笔人:徐丽霞,重庆丽达律师事务所主任;彭蔚,重庆丽达律师事务所律师。

偿方式的问题研究和破产重整程序中债权人知情权的行使与保护问题。债转股清偿方式的适用应遵循自愿原则，主要适用于发展前景较好的企业、行业前列的关键性企业以及关系国家安全的战略性企业。在破产重整程序中保护债权人的知情权，不但有利于使其深度参与破产重整程序，进一步打消其顾虑，同时也可向债权人普及破产法律法规，有利于树立司法公信力。目前我国破产程序中，债权人知情权可以通过债务人、管理人主动披露以及债权人主动申请查阅三种形式来行使。管理人应当主动披露相关信息，且在此基础上兼顾对企业商业秘密的保护。

一、案件基本情况

（一）债务人基本情况

北汽银翔公司成立于2011年1月21日，注册资本为35,744万元，住所地为重庆市合川区土场镇前玉路211号，是由北京汽车集团与重庆工业企业重庆银翔实业集团合资组建的汽车整车企业，是北京汽车集团在重庆市合川区着力打造的北汽集团西南基地及对外出口平台。经营范围为多用途乘用车整车制造、汽车零部件及配件制造、自产汽车、内燃机及汽车配件销售、货物进出口、汽车生产技术开发、技术服务、技术咨询等。主要生产有北汽幻速系列（S6、H3、H2、S3、S2）、KENBO系列（M20、冷藏车、T205-D、盲窗车、205、206、厢货）等汽车产品。

北汽幻速公司成立于2013年11月18日，注册资本为10,000万元，住所地为重庆市合川区土场镇银翔新城银翔大道301号，是北汽银翔公司的全资子公司。经营范围为普通货运、销售北汽幻速品牌汽车、汽车装饰等。

（二）重整程序的基本情况

1.案件背景

中国汽车制造行业起步较晚，在过去的30年时间里，合资和进口轿车成为国内汽车市场的绝对主力，尤其是合资品牌，曾经一度无法撼动其霸主地位。但经过30余年的励精图治，国产汽车业开始进入一个新的时代。在此期间，国产汽车由原先重工业用车到家用车，由零配件代工到整车装配，再到发动机等实现国产都是一个个经典的跨越。汽车制造行业现已然成为国民经济重要支柱产业，对拉动我国经济的增长以及就业和财税收入等方面发挥着重要作用。

2018 年，因市场环境变化，中国汽车市场一改以往的上升态势，行业环境低迷，北汽银翔公司、北汽幻速公司在产业转型升级过程遇到困难，生产经营陷入困境，并于 2018 年 7 月全面停产，对内拖欠职工医保、社保，对外已负巨额到期债务无法清偿，涉及债权人数千人，引起职工及来自全国各地的债权人多次前往重庆各部门信访，造成了极大的社会不稳定因素。

2018 年，重庆市人民政府印发《关于加快汽车产业转型升级的指导意见》，力求以新能源和智能网联汽车为主线，推动重庆市汽车产业转型升级，巩固重庆市汽车产业在全国的领先地位。北汽银翔公司曾是重庆市知名汽车制造企业，故两公司的破产重整事关重庆市汽车产业转型升级，是重庆市汽车产业升级试点改革的重要样本，被重庆市和合川区两级人民政府高度重视，社会意义重大。

2020 年 9 月 10 日，重庆市第五中级人民法院分别受理北汽银翔公司和北汽幻速公司破产重整案，并于 2020 年 9 月 23 日指定重庆丽达律师事务所与大信会计师事务所（特殊普通合伙）重庆分所联合担任管理人，徐某某为负责人。因北汽银翔公司和北汽幻速公司存在人格高度混同情形，经管理人申请，2020 年 10 月 11 日人民法院裁定对两公司破产重整案采用实质合并破产方式进行审理。

2. 管理人履职情况

管理人在接受人民法院指定后迅速组织成立了由律师、会计师、财务人员组成的 80 余人的专业团队，建立了债权申报与审查组、审计评估跟踪组、重整计划草案沟通组、法律事务组、资产清理组、行政管理组、综合协调组，明确各小组负责人及工作职责。基于本案债权人人数众多的具体情况，管理人团队确保每天不低于 20 名专职人员在北汽银翔公司现场开展相关工作。

（1）与债务人进行交接

管理人于 2020 年 9 月 24 日进驻北汽银翔公司和北汽幻速公司后，依照《企业破产法》第 25 条之规定，当天全面接管了两公司的财产、印章和账簿、文书等资料，对公司未履行完毕的合同于入驻当日进行清理与审查。企业向管理人提供的未履行完毕的合同清单涉及合同千余份，包括设备采购、模具采购、工程合同等多类，涵盖企业生产经营、日常维护、后勤管理、对外宣传各个环节。对于前述合同，管理人分组清理后，经与北汽银翔公司和北汽幻速公司反复沟通，以尊重公司意见为基础，恢复企业正常经营为目标，最终确认继续履行合同的范围并报告人民法院。

(2)接收债权申报并审查债权

根据北汽银翔公司和北汽幻速公司提供的债权人清册，本案已知债权人约2000余人(未含职工债权)，第一次债权人会议定于2020年11月13日召开，管理人用时一个半月完成通知已知债权人申报债权、接收债权申报及债权审查工作。

在开展债权审查工作中，因北汽银翔公司和北汽幻速公司作为大型汽车制造商的特殊情况，管理人发现该案债权复杂，存在供应商债权人申报的模具摊销费用、开发费用、已送货未开票金额未在账面反映，票据债权数量多、金额大，背书人申报债权账面无记载，经销商债权人申报建店补贴、销售返利记载不全等情形。为确保债权审查工作能在第一次债权人会议召开前顺利完成，制作债权表提交债权人会议核查，管理人对各类型债权制定审查细则，经与人民法院讨论后认真开展审查工作，并逐笔与北汽银翔公司、北汽幻速公司、审计机构、评估机构多方核对，对核减债权与债权人沟通解释，告知债权调整原因、补充证据方式及救济途径。

(3)为公司继续营业，自行管理财产和营业事务展开相关工作

管理人在履职中经调查认为，北汽银翔公司继续营业将有利于广大债权人、职工和相关各方的利益，决定继续北汽银翔公司的营业，并向人民法院提交关于提请人民法院许可继续债务人营业的报告和关于债务人继续营业的分析报告。最终，人民法院作出复函，许可北汽银翔公司继续营业。

(4)查询债务人财产情况，申请解除保全措施

管理人完成与北汽银翔公司、北汽幻速公司的交接工作后，立即到两公司的银行账户开户行、车辆登记管理所、不动产登记中心等部门查询两公司的财产及查封、冻结情况，因北汽银翔公司和北汽幻速公司作为被执行人的执行案件较多，管理人向相关执行法院提交数百份申请中止执行并解除查封申请书，并积极与执行法院对接解除财产保全措施的落实情况。为后续公司继续营业，自行管理财产和营业事务奠定经营基础。

(5)申请两债务人实质合并重整

管理人接受指定后，迅速开展对两公司的资产、负债、经营情况、重整可行性等摸底工作。结合相关摸底情况，并根据审计机构出具的“北汽银翔汽车有限公司和重庆北汽幻速汽车销售有限公司关联关系专项审计报告”，管理人认为两公

司存在人格高度混同情形,从两公司的债权人可公平清偿、增大企业重整可能性等角度出发向法院提交“关于北汽银翔汽车有限公司、重庆北汽幻速汽车销售有限公司实质性合并认定条件的分析报告”,充分论证两企业符合实质合并的条件,并申请对两公司进行实质合并重整。

(6)代表债务人参加诉讼

自管理人接受指定之日起,管理人代表北汽银翔公司、北汽幻速公司参加诉讼案件百余件,其中债权确认纠纷数十件。

(7)组织及参加各类工作推进会

因本案被人民法院和政府高度重视,在本案重整期间,管理人共计参与两级人民政府与人民法院组织召开的各专项会议,以及与北汽银翔公司、北汽幻速公司、债权人、中介机构、投资人等的各种沟通会议几十余次。鉴于白天管理人需开展多项工作,前述会议多在晚上召开,为推进本案工作高效有序推进,在会议上,管理人均如实汇报本案工作开展情况以及重整工作推进的难点,提出解决方案;会议结束后,管理人立即向团队传达会议要求,并对应开展工作分工,迅速落实会议内容,解决本案疑难点。在人民法院和两级人民政府的大力支持下,两公司重整工作顺利推进。

(8)与多方沟通讨论,监督重整计划草案的制订

重整案件的关键在于债权人会议各表决组经表决通过重整计划草案,为此管理人在贯彻北汽银翔公司、北汽幻速公司财产价值最大化、依法保障债权人合法权益的原则下,兼顾考虑重整计划批准后,北汽银翔公司和北汽幻速公司的生产经营是否能够得到全面改观,债权人是否可实现受偿最大化等多方面影响,监督本案重整计划草案的制作。在此期间,管理人就重整计划草案及时与财产担保债权人、普通债权人等进行多轮沟通征询意见,每日汇总摸底情况及债权人疑问,及时上报、分析论证债权人意见,及时调整重整计划草案以满足债权人的诉求。

(9)筹备债权人会议,高票通过会议表决事项

本案于 2020 年 11 月 13 日召开第一次债权人会议,采用网络会议形式召开。通过参会全体债权人审议、表决,会议高票通过了财产管理方案、决定继续债务人营业报告、成立债权人委员会相关事项的议案,并选任了债权人委员会成员。

本案于 2021 年 2 月 3 日召开第二次债权人会议,采用网络会议形式召开。

管理人提前15日向债权人会议提交了重整计划草案，充分保障债权人的知情权。最终重整计划草案获得各债权组高票通过。

（10）工作成果

2021年3月1日，重庆市第五中级人民法院裁定批准重整计划，终止两公司重整程序。管理人全程用时134天，高效有序助力北汽银翔公司和北汽幻速公司破产重整成功。

根据重整计划，截至2021年11月1日，法院无异议裁定确定的所有职工债权已得到清偿，已对清偿方式进行选择的1500余家债权人按重整计划得到了首笔清偿款，其中有数百家小额债权人的债权已得到全额清偿。目前，两公司经营恢复正常，北汽银翔公司于2021年4月更名为北汽瑞翔汽车有限公司，并于2021年8月上市其首款新车瑞翔X5，数千名职工的生存问题得以保障，社会稳定得到了维护。

二、实务经验总结

（一）重点焦点分析

1. 申请两公司实质合并重整

本案中，两公司破产重整案是否进行实质合并审理影响着本案重整计划草案的对应制定。故管理人接受指定后，迅速开展对两公司的资产、负债、经营情况、重整可行性等的摸底工作。结合相关摸底情况，并根据审计机构出具的北汽银翔汽车有限公司和重庆北汽幻速汽车销售有限公司关联关系专项审计报告，管理人认为北汽银翔公司及北汽幻速公司存在人格高度混同情形。根据《破产审判会议纪要》第32条之规定，适用实质合并审理考虑的因素有关联企业成员之间存在法人人格高度混同、区分各关联企业成员财产的成本过高、严重损害债权人公平清偿利益。[①] 其中法人人格混同是实践中适用实质合并破产最为普遍

---

① 参见《破产审判会议纪要》第32条的规定："关联企业实质合并破产的审慎适用。人民法院在审理企业破产案件时，应当尊重企业法人人格的独立性，以对关联企业成员的破产原因进行单独判断并适用单个破产程序为基本原则。当关联企业成员之间存在法人人格高度混同、区分各关联企业成员财产的成本过高、严重损害债权人公平清偿利益时，可例外适用关联企业实质合并破产方式进行审理。"

的情形,本案中根据专项审计结果,管理人分别从财务混同、高管和经营人员混同、从属企业无自主决策权和管理自由、资产和负债混同等方面证明两公司法人人格高度混同,区分各关联企业成员财产的成本过高,从而损害债权人公平清偿利益。此外,管理人认为,重整之需要也是实质合并审理必须的考量因素,故管理人结合两公司的具体情况,从实质合并能提高本案重整效率,有利于重整计划草案的制定和执行论证本案实质合并的必要性。最终,人民法院裁定对北汽银翔公司破产重整案和北汽幻速公司破产重整案采用实质合并破产方式审理。

2. 监督重整计划草案的制定,征询债权人意见

本案的重难点集中在重整计划草案的制定以及其可行性。本案重整计划草案是由北汽银翔公司和北汽幻速公司制作,管理人进行监督。重整计划草案的制定需充分考虑各方诉求,在贯彻北汽银翔公司、北汽幻速公司财产价值最大化、依法保障债权人合法权益的原则下,还需兼顾考虑重整计划批准后,北汽银翔公司和北汽幻速公司的生产经营是否能够得到全面改观,债权人是否可实现受偿最大化,并分享北汽银翔公司和北汽幻速公司重整后的增量企业收益。为此,管理人开展以下工作。

(1)制定工作进度,督促相应重整计划草案支撑材料的出具

因北汽银翔公司与北汽幻速公司的经营范围是汽车制造与销售,根据其行业特殊性,管理人跟进技术研发及知识产权报告、汽车行业成本营收利润分析报告、北汽幻速作为销售公司的存在必要性报告、审计报告、评估报告等相关重整计划草案支撑报告的出具情况,审查数据内部的逻辑关系及一致性,及时沟通处理前述报告出具过程中存在的问题,推进相关报告按时高质量完成,并根据报告数据及披露信息监督重整计划草案的制作。

(2)与出资人、投资人进行沟通

管理人多次组织召开专题会议与出资人、投资人沟通权益调整方案,并就出资人、投资人提出的各项问题予以解释,对争议问题提出解决方案,增强投资人信心、推进本案投资方案尽快落实完善。

(3)论证重整方案,聘请中介机构出具可行性研究报告

本案中,重整战略投资人均为国有企业,根据《企业国有资产监督管理暂行条例》第 11 条关于国有企业对出资企业的保值增值责任等相关规定,投资人提出在注资债务人前企业资产负债率不能超过 100%,为满足这一条件,同时最大

限度地保护债权人的权益，管理人对多种重整方案进行了测算、论证。为确保最终的重整方案切实可行，本案专门聘请第三方机构出具北汽银翔汽车有限公司重组新公司项目可行性研究报告，以增强重整计划草案的可行性。

在重整计划草案作出后，还需要得到广大债权人的支持与认可，债权人会议能表决通过重整计划草案，两公司才算重整的阶段性成功，为此管理人具体开展以下工作：

①与债权人沟通重整计划草案

在此期间，管理人就重整计划草案及时与财产担保债权人、普通债权人等进行沟通征询意见。因本案债权清偿方式对普通债权人的债权仅按一定比例进行清偿，且普通债权人人数众多，遍布全国各地，为使重整计划草案能在普通债权人组表决通过，管理人联合两公司就重整计划草案与普通债权人进行了三轮沟通摸底，征询债权人意见，同时做好沟通解释工作，每日汇总摸底情况及债权人疑问，及时上报、分析论证债权人意见，及时调整重整计划草案以满足债权人的诉求。

②召开专题会，沟通、论证并修改完善重整计划草案

根据管理人收集的各债权人反馈意见，管理人与出资人、投资人、北汽银翔公司、北汽幻速公司、各中介机构等相关方，多次专题讨论重整计划草案有关的债权调整与清偿方案、出资人权益调整方案、两公司经营计划等重点内容，修改并完善重整计划草案，确保提交债权人会议表决的重整计划草案最优化并能顺利执行。

③为金融机构债权人行使表决权作好充分准备

因本案多数金融机构表决是否同意重整计划草案的权限均在总行，由于金融机构内审程序严格，本案金融机构的债权金额直接占据本案总债权金额的一半以上，为了保证金融机构债权人能够及时行使表决权，管理人督促相关中介机构及时出具北汽银翔系公司重整可行性分析报告、审计报告、评估报告等，就北汽银翔公司、北汽幻速公司实质合并后的统一处理原则、重整方案中债权分类、调整及清偿方案、两公司清算和重整状态下清偿比较、两公司经营方案、重整意义进行分析论证，并提供有关报告备查。同时，现场拜访金融机构对重整计划草案进行解释说明。就各金融机构总行审议过程中对本案重整提出的各项疑问，在收到问题后，管理人于24小时内书面函复，确保金融机构的审议程序正常进

行，能在重整计划草案正式表决时完成相关审议程序，进行表决。

④就定稿后的重整计划草案再次与全体债权人进行沟通

在重整计划草案定稿后，管理人再次就重整计划草案与全体债权人进行沟通，以期得到债权人对重整计划草案的支持与认可，并在债权人会议中及时积极地行使表决权，参与表决。

⑤保障债权人知情权

本案中，管理人还拟定债权人查阅申请书、保密承诺函，就北汽银翔系公司重整可行性分析报告、审计报告、评估报告等参与破产程序所必需的债务人财务和经营信息资料提供查阅，在收到债权人书面申请经审查无误后，立即提供所需查阅的资料。同时通过微信、电话方式做好沟通解释工作，及时回复债权人疑问，使债权人能充分了解本案重整计划草案，保障其知情权。

最终，本案重整计划草案得到各表决组高票表决通过。

（二）办案心得感悟

1. 管理人团队实施专业化分工

本案时间紧、任务重，管理人在接受人民法院指定后迅速对团队进行专业化分工，组织成立了债权申报与审查组、审计评估跟踪组、重整计划草案沟通组、法律事务组、资产清理组、行政管理组、综合协调组，明确各小组负责人及工作职责，实行各小组负责人负责制，从而确保各项工作同时高效有序开展。其中债权申报与审查组主要负责接收债权申报和债权审核，审计评估跟踪组主要负责对接审计报告、评估报告等的出具，重整计划草案沟通组主要负责监督本案重整计划草案的制作，与北汽银翔公司、北汽幻速公司、出资人、投资人等各方就重整计划草案进行沟通，法律事务组主要负责合同清理、出庭应诉等事宜，资产清理组主要负责查询、整理两公司的资产信息以及解除查封、冻结等事宜，行政管理组主要职能是为团队人员日常工作顺利开展提供相关后勤保障，综合协调组则是全程跟踪本案，协调各小组间的工作以及对于未分工事宜及时落实人员负责完成。

2. 安排专业团队现场值班

本案人民法院于 2020 年 9 月 23 日指定管理人，债权申报截止时间为 2020 年 10 月 31 日，第一次债权人会议召开时间为 2020 年 11 月 13 日。在此期间，按工作计划,管理人需完成与两公司进行交接、查明两公司资产、解除保全措施、接受债权申报、完成债权审查、督促出具审计报告、评估报告、监督制作重整计划草案、筹备第一次债权人会议等全部工作。为高效有序地完成各项工作,管理人自接受指定之日起,确保每天不低于20名专职人员在北汽银翔公司开展各项工作,加班加点按工作计划完成对应工作任务。

3.统一审核标准,高效完成债权审核

在为期38天的债权申报期中,管理人共计接到1800余位债权人申报的2000余笔债权。在债权审查工作中,管理人发现该案债权类型复杂,存在供应商债权人申报的模具摊销费用、开发费用、已送货未开票金额未在账面反映,票据债权数量多、金额大,背书人申报债权账面无记载,经销商债权人申报建店补贴、销售返利记载不全等情形。对于这些债权审核中的疑难问题,管理人在审核人员反馈相关问题后,及时安排专业团队对这些疑难问题进行理论与实践的研究,制定统一的审查细则。例如:对于未实现摊销的模具费,根据北汽银翔公司和各供应商签订的合同,因明确规定对应模具所有权归北汽银翔公司,对于购买或制作该模具产生的费用,北汽银翔公司无须单独支付对价,将货物价格分摊至约定的交付货物基准数量中并明确约定了货物单价中包含的模具摊销金额,故对于合同期满北汽银翔公司购买的货物数量未达到约定基准数的,对于未摊销模具部分按约定的金额和未摊销数量统一确认为破产债权。对于非持票人申报的票据债权,多个背书人申报且均未支付的,列为预计债权,暂不予确认,最终根据《中华人民共和国票据法》(以下简称为《票据法》)的规定对实际清偿债务的主体对应确认为债权。

4.保持与各方的充分沟通,使重整计划草案能兼顾各方利益,获得各方支持

在重整计划草案制作期间,管理人一直保持与出资人、投资人、各类债权人的充分沟通,并经过三轮集体讨论向全体债权人就重整计划草案征询意见,并及时与出资人、投资人、北汽银翔公司、北汽幻速公司就债权人反馈的意见进行讨论、论证、调整重整计划草案。同时及时向全体债权人就重整计划草案的每次调整进行解释。

为保护债权人的知情权,兼顾保护两公司的商业秘密,管理人拟定债权人查阅申请书、保密承诺函等文件,在收到债权人申请查阅重整可行性研究报告、评估报告、审计报告等文件的书面文件后,经审查符合查阅条件的,立即提供所需

查阅的资料。使债权人全程对北汽银翔公司、北汽幻速公司的重整进度保持跟进,让债权人在本案中感受到破产案件的公开、公正、透明,并对两公司的情况进行充分了解,在最终表决重整计划草案时,能够客观地行使自己的表决权。

5. 对于金融机构债权人,制定有效策略,确保其能行使表决权

因本案金融机构债权人的债权金额直接占据本案总债权金额的一半以上,考虑到本案多数金融机构表决是否同意重整计划草案的权限均在总行以及金融机构存在严格的内审程序,为保证金融机构债权人能够及时行使表决权,管理人对应制定有效策略,督促相关中介机构及时出具相应报告备查,安排债权审核人员一对一跟进金融机构债权人对本案重整计划草案的内审程序,就金融机构内审中对本案重整提出的各项疑问及时回复,对于金融机构提出需要书面回复的,管理人均24小时内书面函复,同时管理人还协同两公司现场拜访相关金融机构,对本案重整计划草案当面向其进行充分的解释。最终在本案重整计划草案表决时,各金融机构均行使了表决权。

6. 府院联动,及时向人民法院与政府就本案工作难点进行汇报

本案社会影响大,一直被重庆市和合川区两级人民政府高度重视,管理人在发现问题,难以推进本案时,均立即形成书面报告,将相关问题汇报人民法院与政府。在此期间,管理人参与了数十次人民法院和政府组织召开的专项会议,会同各方及时协调解决本案推进遭遇的种种困难,以推进本案顺利开展。本案北汽银翔公司、北汽幻速公司最终能重整成功,离不开人民法院和两级人民政府的大力支持。本案也是府院联动在破产程序中实践的典范,通过政府与法院之间的协作联动,发挥行政机关的组织优势和法院的专业优势,实现多元化解矛盾。

7. 对投资协议等重要法律文件严格把关,为破产重整打好法律基础

本案战略投资人均为国有企业,投资审批流程相对复杂,人民法院及管理人坚持各投资人未签署投资协议之前不对重整计划草案进行上会表决,并就投资协议的合法性进行严格把关,参与协议的磋商、提出修改意见,同时结合资产负债表、债权审核表、偿债现金流量表、重整与清算状态债权清偿对比表反复讨论、研究重整计划草案的合法性、可行性。本案中人民法院以及管理人对投资协议等重要法律文件的严格把关,为重整工作奠定了坚实的法律基础,维护了广大债权人的利益。

8. 坚持法律服务意识，承担社会责任

在本案最初，管理人就充分认识到本案对社会稳定的重大影响，故在案件的推动过程中，管理人始终坚持作为法律服务工作者应有的服务意识，牢记应承担的社会责任，实事求是，依法履职，以维护广大债权人的利益为基本原则，同时做好职工和债权人的安抚工作，向全体债权人充分解释破产重整程序，通过管理人工作的细节，让债权人看到、听到其在本案中工作开展的具体情况，重塑职工和广大债权人对企业的信心，感受到司法的公平、正义及温度。同时管理人向广大群众普及破产相关法律知识，通过使债权人全程公正、公开、透明地参与破产程序，弘扬法治精神，树立司法公信力。

三、理论问题探究

（一）破产程序中债转股清偿方式研究

本案重整计划草案对债权人的债权清偿方式为留债（按一定比例现金清偿）、债转股两种形式，由债权人在重整计划草案规定的期限内进行选择，按债权人最终选择的清偿方式清偿其债权。在破产重整中，债权人选择债转股清偿方式有利于降低企业杠杆率、帮助企业降本增效、推动企业股权多元化。因北汽银翔公司为非上市公司，故本文对债转股方式的相关探讨均建立在非上市公司的基础上。

1. 债转股的定义

债转股一词在我国最早可追溯的官方文件为国家经贸委、中国人民银行《关于实施债权转股权若干问题的意见》（国经贸产业〔1999〕727 号），当时为盘活商业银行的不良资产，加快不良资产的回收，提出以国有商业银行组建金融资产管理公司，以债权转股权的方式处置银行原有的不良信贷资产，促进亏损国有企业转亏为盈，加快建立现代企业制度。

在当时法律规定中，对债转股的定义在《公司债权转股权登记管理办法》（现已失效）第 2 条中规定为，“本办法所称债权转股权，是指债权人以其依法享有的对在中国境内设立的有限责任公司或者股份有限公司（以下统称公司）的债权，转为公司股权，增加公司注册资本的行为”。据此，债转股中的债权与股权应当是针对同一公司的债权与股权，债转股是一种增资行为。在理论上，破产重整中的债转股应属于狭义的债转股，即将特定债权人的债权置换成其股权，通过让渡一部分经营权，降低债务水平，释放抵押物。①

2. 债转股适用的破产企业类型

20 世纪末，我国在银行不良资产的处置过程中就大量采用债转股形式。但因当时的债权人多是商业银行，债务人为国有企业，实践中多形成债务人将债务转嫁给政府的资产管理公司，由政府接盘的后果，并未实现资源的优化配置。根据多年的实践经验，2016 年 9 月 22 日国务院发布《关于积极稳妥降低企业杠杆率的意见》（国发〔2016〕54 号）及其附件《关于市场化银行债权转股权的指导意见》，明确规定市场化债转股对象应当是发展前景较好的企业，是符合国家产业发展方向的企业，是技术先进、环保和安全生产达标的企业，是信用状况较好的企业，同时禁止对"僵尸企业"、有恶意逃废债行为的企业等作为市场化债转股对象。

（1）发展前景较好的企业可适用债转股

发展前景较好的企业多具有符合国家产业发展方向，紧随经济发展趋势，生产的产品有市场，具有先进技术、专利，环保和安全生产达标等特点。符合相应条件的企业即使暂时遇到困难，例如因行业周期性波动陷入困境，或因高负债而财务负担过重导致当下资金困难等，因其自身仍具有发展潜力、具有成长空间以及重整可能，且从长远来看其有偿债能力、有存续价值，可以让债权人看到希望。

（2）行业前列的关键性企业以及关系国家安全的战略性企业可适用债转股

对于高负债居于产能过剩行业前列的关键性企业，因此类企业本身积累有该行业的大量先进技术，在该行业有着重大影响力，正如"瘦死的骆驼比马大"，即使此类企业暂陷囹圄，其本身自有的实力与行业影响力都是其未来重振的巨大潜力，债转股方式相对于按比例现金清偿方式而言，对债权人来说可能会得到更高比例的清偿。

对于关系国家安全的战略性企业，因为此类企业对于国计民生有重大影响，关乎国家安全，虽暂时负高额债务，但因其有着国家人才、资源、技术等的储备与输入保障以及各种政策支持，恢复正常经营与生产指日可待，通过债转股形式债

① 参见赵幼力：《广义"债转股"和狭义"债转股"》，载财新网，https://opinion.caixin.com/2016-05-04/100939454.html。

权人的债权也是有望得到更多清偿的。

本案中，北汽银翔公司是因市场环境变化、行业环境低迷，在向新能源产业转型升级过程遇到困难而进入破产重整程序，其作为重庆重要的汽车制造商之一有着汽车制造的完整生产线、汽车零部件采购渠道等，这是其在行业领域中仍具有的优势资源。在当下新能源技术创新与颠覆性能源技术突破已经成为持续改变世界能源格局、开启全球各国碳中和行动的关键手段的大背景下，新能源汽车发展是符合时代趋势的，北汽银翔公司也正在积极探索传统能源及新能源车型的迭代发展和转型升级。同时在重庆市力求以新能源和智能网联汽车为主线，推动重庆汽车产业转型升级，巩固重庆汽车产业在全国领先地位“路线图”的落地的相关政策措施不断完善的具体背景下，北汽银翔公司有来自各投资人的资金支持、依靠北京汽车集团有限公司的技术平台以及自身开拓创新的实力积累，破产重整后的北汽银翔公司将以崭新的面貌与姿态参与新时代新能源汽车产业的竞争中，有着发展潜力。在重整计划草案中设置债转股清偿方式供债权人选择，有利于债权人通过多样的债权清偿方式提升债权清偿比例。

3. 债转股应该坚持自愿原则

2003 年 1 月 3 日发布的最高人民法院《关于审理与企业改制相关民事纠纷案件若干问题的规定》将债转股分为债权人和债务人自愿债转股和政策性债转股，规定债权人与债务人自愿达成的债权转股权协议是具有法律效力的。① 国务院《关于积极稳妥降低企业杠杆率的意见》（国发〔2016〕54 号）及其附件《关于市场化银行债权转股权的指导意见》规定应坚持市场化原则②、法治化原则进行债权转股权，降杠杆。市场化原则强调自主协商、平等自愿。王欣新教授也指出企业重整程序中的债转股由于其不是单纯的债务清偿行为，而是将转股人的债权以出资的方式转为了权利与义务性质完全不同的股权，所以必须贯彻自愿原则，

---

① 最高人民法院《关于审理与企业改制相关民事纠纷案件若干问题的规定》第 14 条规定：“债权人与债务人自愿达成债权转股权协议，且不违反法律和行政法规强制性规定的，人民法院在审理相关的民事纠纷案件中，应当确认债权转股权协议有效。政策性债权转股权，按照国务院有关部门的规定处理。”

② 国务院《关于积极稳妥降低企业杠杆率的意见》第 14 条规定：“以市场化法治化方式开展债转股。由银行、实施机构和企业依据国家政策导向自主协商确定转股对象、转股债权以及转股价格和条件，实施机构市场化筹集债转股所需资金，并多渠道、多方式实现股权市场化退出。”

不能适用债权人会议多数决的强迫原则。[①]

此外,将债权转化成已经经营异常、负债累累的企业的股权,在该企业经营状况长期仍无改善的情况下,对于选择债权转股权的债权人来说将面临无法通过股东对企业利润的分红使原债权得到清偿的重大风险,在破产企业最终重整失败转清算的情况下,因选择债转股产生债权已得清偿的法律后果,选择债转股的债权人往往血本无归,因此债转股清偿方式在破产重整程序中的适用,应当基于债权人的自愿。故本案中在债权清偿方式中设置债转股和留债清偿两种方式供债权人选择,为保障北汽银翔公司股权变更事宜能尽早落地完成,在重整计划草案中设置了债权人行使选择权的期限,即自重整计划获得人民法院裁定批准之日起 6 个月内,债权人逾期未作出选择的,视为债权人选择留债的现金清偿方案。此外为保障北汽银翔公司股权结构的稳定性,重整计划草案还规定补充申报的债权人视为选择留债的现金清偿方式,不通过债转股的方式予以清偿。

4. 选择债转股的法律效果

《企业破产法》第 93 条第 1 款规定:"债务人不能执行或者不执行重整计划的,人民法院经管理人或者利害关系人请求,应当裁定终止重整计划的执行,并宣告债务人破产。"该条第 2 款规定:"人民法院裁定终止重整计划执行的,债权人在重整计划中作出的债权调整的承诺失去效力。债权人因执行重整计划所受的清偿仍然有效,债权未受清偿的部分作为破产债权。"根据《企业破产法》第 93 条第 2 款的规定,在重整失败的情况下,对于未清偿完毕的部分应恢复原债权债务关系继续清偿,已偿还完毕的债权则仍然有效,原债权债务关系消灭。

债转股具有债务清偿和债权出资的双重属性,应当同时受破产法和公司法的调整。[②] 债转股中"债"的关系主要受破产法调整,而"股"的关系则主要受公司法调整。[③] 对于选择债转股清偿方式的债权人,其债权最终得到清偿的还需根据《公司法》的规定完成股东变更程序,债权人才能真正成为债务人的股东,行使股东的权利。故在债务人已对选择债转股的债权人对应完成相应股东变更程序后,选择债转股的债权人对于债务人的债权即发生清偿完毕的法律后果,债权人

① 参见王欣新:《企业重整中的商业银行债转股》,载《中国人民大学学报》2017 年第 2 期。

② 参见王欣新:《企业重整中的商业银行债转股》,载《中国人民大学学报》2017 年第 2 期。

③ 参见王欣新:《再论破产重整程序中的债转股问题——兼对韩长印教授文章的回应》,载《法学》2018 年第 12 期。

的身份变为债务人的股东,需按《公司法》规定行使股东的权利和义务。在重整失败的情况下,因其原债权已清偿完毕,清偿有效,不能再恢复原债权债务关系。此外,《公司法》第35条规定:"公司成立后,股东不得抽逃出资。"若在重整失败后同意选择债转股的债权人的债权恢复原债权债务关系,便意味着同意股东随意撤资,这违背了公司法三大原则之一的资本维持原则,同时也损害了各方对债转股这一债权清偿方式的信任,不利于债转股这一清偿方式在破产重整中的运用与发展。

(二)破产重整程序中债权人知情权行使与保护

进入破产程序的企业均已资不抵债,为非正常经营的企业,相较于破产清算程序中债权人在债务人财产变价后直接按法定顺序参与分配的快速高效,在破产重整程序中债权人通过同意重整计划草案同意债务人延期、分期、按比例清偿的清偿方案,往往是作了利益让步。重整计划草案需各表决组表决通过,才算迈出重整成功的第一步,进一步进入重整计划执行期间。因为债权人和债务人之间的信息不对称,债务人往往因其自身利益怠于披露信息,故在破产程序中债权人的主要信息还是来自管理人。

管理人在开展工作时需注意债权人知情权的保护,使债权人对债务人的生产经营、财产状况等影响其表决重整计划草案的情况予以知悉,让债权人通过实实在在的数据、方案增加对债务人重整的信心,债权人才能表决同意债务人重整计划草案,但在信息披露的同时,管理人也要注意债务人商业秘密的保护。

1. 债权人知情权保护的意义

知情权是指相关权利人享有的对关系其切身利益的信息有知晓的权利,而相关义务人有及时通知及披露的义务。① 在破产重整程序中,债权人对债务人的财产情况、生产经营情况、未来可能的经营收入等影响其债权清偿的信息有知晓的权利。

对于有财产担保债权人以及享有建设工程价款优先受偿权的债权人,因其对债务人的特定担保财产或者特定建设工程价款享有优先受偿权,即使是处于清算程序,其债权也能从担保物或特定建设工程的变价款中优先清偿,故仅从经

---

① 参见徐阳光、韩玥:《破产重整程序中的信息披露》,载《人民司法》2019年第34期。

济利益出发,该类债权人并不能从破产程序的集体清偿中获得更多的额外收益。“他们不会从降低无物权担保债权人的战略行为,增大债务财产的总量方面获得益处,而一旦和解和整顿失败则他们的损失可能更多。一是不能及时受偿而失去了机会成本,二是担保物本身可能因为各种因素遭受损失而贬值。”①在该类债权人并不能从破产重整程序中获得太多额外收益,反而面临相应重整失败可能损失更多的风险的情况下,此类债权人同意重整计划草案规定的清偿方案实际是个人利益为集体利益即全体债权人利益作出的让步。在管理人与该类债权人就重整计划草案征询意见时,该类债权人大多提出除了相较清算程序其债权清偿不受影响外还需有一定的额外收益,例如在重整计划执行期间计息。相较普通债权人在破产程序中参与度不高,怠于行使权利,该类债权人会严格核实重整计划草案中数据的来源,关注重整计划草案的可行性,若相关数据、报告无法向该类债权人证明重整计划草案的可行性,其在未来的额外收益能够得到保障,该类债权人往往不会同意重整计划草案。故对于该类债权人,管理人应积极主动根据债权人的疑问向债权人就相关信息予以披露,通过债权人知情权的保护,重新树立债权人对债务人的信心。

对于普通债权人而言,因在清算程序下的清偿率较低,有些甚至清偿为零,重整虽然会提高一定的清偿率,但因为偿还期限延长、分期、按比例清偿等,特别是在债务人企业已经停业多年,债权人多次维权无果的情况下,因为债权人对破产程序并不知悉,再加上重整计划执行不能转入破产清算的案例屡见不鲜,很多普通债权人对破产重整程序甚至有这是债务人自导自演的另一场游戏的误解。故保护其知情权,使其深度参与进破产重整程序可以打消其顾虑,同时向债权人普及破产法律法规,弘扬司法公平正义。

2. 破产程序中对债权人行使知情权的相关规定

目前我国破产实践中,债权人知情权的行使主要是通过债权人会议。债权人通过债权人会议行使知情权的具体方式有,通过债务人的有关人员列席债权人会议回答债权人的询问,②通过管理人列席债权人会议报告职务执行情况并回

---

① 郁光华:《法律与经济问题研究》,中国社会科学出版社1999年版,第47页。

② 参见《企业破产法》第15条的规定:“自人民法院受理破产申请的裁定送达债务人之日起至破产程序终结之日,债务人的有关人员承担下列义务……(三)列席债权人会议并如实回答债权人的询问……”

答询问,[①]通过债权人会议核查债权、监督管理人、行使表决权。[②] 另《企业破产法解释三》赋予了债权人查阅相关资料的权利,债权人有权查阅债权表、债权申报登记册及债权申报材料,[③]债务人财产状况报告、债权人会议决议、债权人委员会决议、管理人监督报告等参与破产程序所必需的债务人财务和经营信息资料债权人也有权查阅。[④] 最高人民法院印发《关于企业破产案件信息公开的规定(试行)》第4条[⑤]、第5条[⑥]规定,管理人依法公开的破产案件信息有债务人信息、招募重整投资人的公告、破产管理人工作节点信息、破产程序中破产管理人发布的其他公告、破产管理人制作的破产程序法律文书、人民法院裁定批准的重整计划、认可的破产财产分配方案、和解协议,其中债务人信息包括工商登记信息,最近一年的年度报告,最近一年的资产负债表,涉及的诉讼、仲裁案件等基本信息。可见目前我国破产程序中,债权人知情权可以通过债务人、管理人主动披露以及债权人主动申请查阅三种形式来行使。

因管理人是重整程序的重要参与方,在现行法律规定有限程序时间的规定

---

① 《企业破产法》第23条规定:"管理人依照本法规定执行职务,向人民法院报告工作,并接受债权人会议和债权人委员会的监督。管理人应当列席债权人会议,向债权人会议报告职务执行情况,并回答询问。"

② 《企业破产法》第61条第1款规定:"债权人会议行使下列职权:(一)核查债权;(二)申请人民法院更换管理人,审查管理人的费用和报酬;(三)监督管理人;(四)选任和更换债权人委员会成员;(五)决定继续或者停止债务人的营业;(六)通过重整计划;(七)通过和解协议;(八)通过债务人财产的管理方案;(九)通过破产财产的变价方案;(十)通过破产财产的分配方案;(十一)人民法院认为应当由债权人会议行使的其他职权。"

③ 《企业破产法解释三》第6条第3款规定:"债权表、债权申报登记册及债权申报材料在破产期间由管理人保管,债权人、债务人、债务人职工及其他利害关系人有权查阅。"

④ 《企业破产法解释三》第10条规定:"单个债权人有权查阅债务人财产状况报告、债权人会议决议、债权人委员会决议、管理人监督报告等参与破产程序所必需的债务人财务和经营信息资料。管理人无正当理由不予提供的,债权人可以请求人民法院作出决定;人民法院应当在五日内作出决定。上述信息资料涉及商业秘密的,债权人应当依法承担保密义务或者签署保密协议;涉及国家秘密的应当依照相关法律规定处理。"

⑤ 最高人民法院印发《关于企业破产案件信息公开的规定(试行)》第4条规定:"破产管理人依法公开破产案件的以下信息:(一)债务人信息;(二)征集、招募重整投资人的公告;(三)破产管理人工作节点信息;(四)破产程序中破产管理人发布的其他公告;(五)破产管理人制作的破产程序法律文书;(六)人民法院裁定批准的重整计划、认可的破产财产分配方案、和解协议。破产管理人认为应当公开的其他信息,经人民法院批准可以公开。"

⑥ 最高人民法院印发《关于企业破产案件信息公开的规定(试行)》第5条规定:"破产管理人应当通过破产重整案件信息网及时公开下列债务人信息:(一)工商登记信息;(二)最近一年的年度报告;(三)最近一年的资产负债表;(四)涉及的诉讼、仲裁案件的基本信息。"

内需完成接收债权申报与核查、摸清债务人财产及经营情况、代表债务人参加诉讼、招募投资人、出具审计报告、评估报告、监督或者制作重整计划草案以及处理其他破产程序相关事务，工作已经十分繁重，如若对债权人的信息披露要求都一一满足，会极大地加重管理人工作负担，不利于重整程序的顺利推进，故管理人在破产重整工作开展中应结合相关法律规定，主动披露法定公开事项，对于债权人的申请查阅事项予以审查，现行法律有规定的，可以提供查阅，实现保障债权人的知情权，加深其对债务人现状的了解，在充分知情的基础上行使表决权。

3. 注意债务人商业秘密的保护

《企业破产法解释三》第 10 条规定，债务人财产状况报告、债权人会议决议、债权人委员会决议、管理人监督报告等参与破产程序所必需的债务人财务和经营信息资料涉及商业秘密的，债权人应承担保密义务或者签署保密协议，涉及国家秘密的应依照相关法律规定处理。重庆破产法庭及重庆市破产管理人协会颁布的《破产案件管理人工作指引(试行)》第 12 条规定，管理人对于在履行职务中知悉的有关债务人、债权人和其他利害关系人的商业秘密、个人隐私以及其他不能对外披露的事项，应当严格保密。故管理人在保护债权人知情权披露信息时，对于涉及债务人商业秘密的信息应尤为慎重，重视债务人及其原股东等相关方的意见，审慎研究判断相关信息对外披露可能产生的消极后果，必要时向破产受理法院报告，以免因信息披露而对债务人或相关方造成不可挽回的损失，进一步损害全体债权人的利益。

案例八　重庆泰利尔压铸有限公司破产重整案*

重庆泰利尔压铸有限公司（以下简称泰利尔公司）因出现流动资金严重短缺、资源闲置、存货增多、无法变现等问题，申请破产重整。管理人在履职过程中，面临职工生活生产、市场竞争力降低、资产盘活价值受限、扶持政策中止等一系列问题。管理人结合债务人企业性质等实际情况，充分考虑债权人、职工、出资人等各利害关系人的权益，提出“出售式重整”的重整思路，最终重整成功。在重整计划草案表决前，管理人充分发挥主观能动性，与债权人、出资人及相关行政部门充分沟通协商。经债权人会议表决后，虽部分表决组未同意重整计划草案，但经管理人申请，法院裁定批准了重整计划草案。本案涉及法院裁定批准重整计划草案的程序要件与实体要件、重整计划批准后的救济机制及执行监督主体等问题。

一、案件基本情况

（一）债务人企业基本情况

泰利尔公司成立于2004年3月11日，现注册资本

---

* 执笔人：徐恒，上海中联（重庆）律师事务所合伙人；邹晓黎，上海中联（重庆）律师事务所高级合伙人；方彦，西南政法大学民商法学院博士研究生。

为400万元,公司经营范围为加工、销售摩托车、汽车配件等。随着全球经济下行与国内国际市场环境的萧条,整个金融市场都趋于收紧,泰利尔公司也遭遇抽贷、限贷等中小企业普遍存在的融资贵、融资难问题,致使公司流动资金严重短缺。同时,泰利尔公司还存在管理模式粗犷、人才体制欠缺、公司内部风险控制薄弱、财务工作不规范等问题。截至2016年12月31日,泰利尔公司负债率高达174%,形成流动资金严重短缺、资源闲置、存货增多、无法变现的局面,明显缺乏清偿能力。同时,泰利尔公司资产大部分处于抵押状态,且100多位在册职工中有30多名残疾人。

(二)重整程序基本情况

1. 案件受理情况

因经营陷入困境,无法清偿到期债务,泰利尔公司向重庆市北碚区人民法院申请破产重整。2017年2月23日,法院裁定受理破产重整申请。2017年5月17日,法院指定重庆索通律师事务所[现为上海中联(重庆)律师事务所]作为管理人,于2017年5月进场,启动泰利尔公司的破产重整工作。

2. 管理人执行职务的准备工作

管理人团队由8名固定成员组成,此外还根据工作性质及工作量的变化不定期增派人员。为确保重整程序的顺利推进,管理人对成员进行分组,不同的专门小组负责特定事项。同时,管理人进行实地调查,与企业原相关人员召开会议积极沟通,并根据各方提供的信息,调查与梳理企业历史情况。

3. 资产负债情况

根据审计、评估机构出具的报告显示,泰利尔公司账面资产主要由固定资产、无形资产、存货、货币资金、对外应收债权等构成。以2017年2月23日为审计基准日,泰利尔公司账面资产4000多万元,在资产现状续用假设前提下,评估值为1000多万元。同时,管理人依法开展债权人通知和接收债权申报工作,对申报债权进行审查。经第一次、第二次债权人会议核查,并由人民法院最终确认,泰利尔公司债权共计37笔,确认债权总额为3000多万元。

4. 管理人执行职务的履行阶段

管理人为履行职务,前往公安、银行办理了刻制印章、开立管理人账户等事宜,为规范泰利尔公司日常事务和款项支付奠定基础。管理人与泰利尔公司的法定代表人进行沟通，接管相关资料，送达相关文书，并告知其在破产期间的权利和义务。管理人接待了职工代表，回答了职工所担忧的问题。管理人在法院监督下确定了审计评估机构，安排审计、评估机构进场并对泰利尔公司启动审计评估工作。管理人随时关注对泰利尔公司应收款项的梳理，并对能够找到联系方式的应收款项向对方委托审计机构先进行函证。管理人根据法院提供的涉诉信息进行梳理，向相关法院寄送了中止民事诉讼与执行程序的函，积极联系沟通相关债权人进行债权申报。同时对可通知到的债权人逐一沟通，完成债权申报及第一次债权人会议的通知、公告送达工作。在申报债权公告发出后，管理人本着审慎、客观、公正的原则，对债权人提交的债权进行逐笔审查，形成初步审查意见。管理人向法院报告继续留用企业职工并提供需要继续留用的人员清单，以保障100多位职工后续的生产生活。

5. 接管泰利尔公司财产

截至破产受理日，泰利尔公司共持有现金万余元、银行账户14个、房屋14处、土地1处、运输工具4辆，账面原值共计20多万元。此外，管理人清点现存于泰利尔公司经营地点的生产设备、办公设备，按设备名称、数量、存放地点进行编号、登记和贴标，并与相关经办人办理移交手续。

6. 监管泰利尔公司营业事务

管理人结合实际情况，依据《企业破产法》第74条的规定，聘用债务人原经营管理人员，负责重整中的公司营业事务。依照泰利尔公司监管方案，管理人通过控制公司印鉴与财务支付工具，要求其每月报告经营情况，监管营业事务。泰利尔公司在重整期间一直处于经营中，并在法院和管理人指导下不断总结前期经营管理中的经验教训，在保持原有生产质量、管理体系和技术开发能力的同时加强售后服务工作，经营状况不断改善。

（三）重整思路、重整计划草案概要

管理人结合实际情况，充分考虑债权人、职工、股东等各方利益，辅助泰利尔公司制作重整计划草案并交第二次债权人会议审议表决。由于泰利尔公司重整条件之一为“继续享有行政主管部门优惠政策”，而该重整计划与此相关内容不完善，故未能通过。为推进泰利尔公司重整，管理人在法院指导下充分调动泰利尔公司积极性，再度积极与债权人及行政主管部门沟通和磋商，并针对泰利尔公

司面临的问题,协助泰利尔公司调整思路,提出以创新“出售式重整”的思路调整重整计划。

1. 重整计划草案的重整思路安排

泰利尔公司具备相应的生产经营条件,虽然由其自身继续经营偿债的方案在实施中面临挑战,但若直接转入清算,将不利于全体债权人、职工之权益。故此,管理人与泰利尔公司针对公司实际经营情况进行深入分析,与相关机关积极协调和沟通,调整重整思路如下:第一,泰利尔公司设立新的全资子公司;第二,泰利尔公司将土地、厂房、机器设备、原材料、半成品、部分应收款等资产与负债转入新公司;第三,将全体职工劳动关系转入新公司;第四,由新公司与客户、供应商等完善合同关系,继续合作;第五,新公司按照重整计划的内容,直接或以分配给泰利尔公司的利润偿还债务。

2. 新泰利尔公司①的经营计划

首先,在总结泰利尔公司经营经验的基础上,新泰利尔公司将尽可能降低成本,利用原有客户和资金,在员工、客户、债权人和相关职能部门的努力与支持下,保持正常生产秩序,尽快实现扭亏为盈。其次,新公司将加强新客户地开发力度,同时梳理现有客户,整理出其中可提升份额的客户,根据不同情况制定不同策略并实施,为扩大销售、追求市场更大份额创造有利条件,使公司盈利能力得到提升。最后,新公司将继续沿用原经营方式,共享人力资源、销售接单、采购渠道、生产管理、质量技术等资源,多方合作,互利共赢,使公司在经营规模、市场份额、管理手段、盈利能力等方面上一个大台阶,创造更大利润。

3. 重整计划草案概要

重整计划概要如下:其一,泰利尔公司法人主体资格存续,其与新泰利尔公司对债务承担连带责任,且新公司为税收债权承担连带保证责任。其二,泰利尔公司通过重整,将有效资产及对应负债剥离入新公司,由其继续生产经营,泰利尔公司股东在重整执行期间不得以任何理由与形式作利润分配。其三,破产费用、共益债务、税收债权不作调整,按照重整计划100%受偿。其四,普通债权有两种受偿方式,一是按照债转股方式受偿,二是现金清偿。自重整计划执行完毕时起,泰利尔公司不再承担清偿责任。其五,泰利尔公司股权结构调整后,其原

① 此处的新泰利尔公司即指由泰利尔公司设立的新的全资子公司。

股东持有约20%股权,债转股债权人持有约80%股权。

4. 重整计划草案中债权调整与清偿

第一,担保债权不作调整,其因延期清偿所受损失将得到公平补偿;担保债权在重整计划偿债期内以2.5%年利率计息,分5年逐步清偿;重整期间不计利息。第二,税收债权本金不作调整予以全额清偿,滞纳金的30%按普通债权予以清偿,70%由原股东和部分新股东承担。第三,普通债权有两种偿债方式,一是现金清偿,以债权金额的30%在5年内分期偿付;二是债转股方式清偿。第四,重整计划涉及泰利尔公司股权结构调整。调整后泰利尔公司原股东持有约20%股权,债转股债权人持有约80%股权。

(四)重整计划表决与裁定批准情况

1. 重整计划草案的表决情况

2018年11月23日,泰利尔公司第三次债权人会议对修改后的重整计划草案进行第二次表决。经与债权人沟通协商,表决情况如下:担保债权组债权金额共2000多万元,有表决权的债权人2位,均同意通过;普通债权组债权金额共900多万元,有表决权的债权人36位,同意通过的债权人30位,占到会人数83.34%,其代表的普通债权金额占普通债权总金额的98.58%;出资人组有表决权的股东2位,均同意通过;税款债权组中有表决权的债权人1位,不同意通过。

2. 重整计划草案的批准情况

管理人认为,虽税款债权组未同意重整计划草案,但其余债权组均高票通过,且草案也符合《企业破产法》第87条的规定,故向法院申请强制批准。法院基于对泰利尔公司实际经营情况、重整计划草案内容等因素的考量,裁定批准重整计划草案,并终止重整程序。强制批准理由包括:其一,泰利尔公司具有挽救希望和价值。经函询重庆市北碚区经济和信息化委员会,泰利尔公司从事的汽车零部件产业具有一定的市场前景,泰利尔公司还有再生机会。其二,经营方案具有可行性。重整计划设立的新泰利尔公司有成熟生产线、稳定客户群体、经验丰富的管理团队、稳定员工队伍,重整期间未停止生产经营,具有一定生产能力。同时,新公司在经营规模、市场份额、管理手段、盈利能力等方面得到优化,使得经营方案具有可行性。其三,税款债权将获得全额清偿。重整计划草案将税款债权分为两部分,即本金与滞纳金,本金作为优先受偿权分5年全额清偿,滞纳金按照普通债权标准清偿30%，剩下70%由原股东和部分新股东承担，在重整计划执行期限内全部清偿。其四，公平对待同一表决组成员。重整计划草案未发现区别对待同一表决组成员的现象，对其权益亦予以同等保护。至于原股东和部分新股东愿意对税款滞纳金70%部分承担偿还责任，并非运用泰利尔公司财产进行清偿，不损害债权人之权益。

二、实务经验总结

（一）重点焦点问题分析

泰利尔公司属于生产性企业，在破产重整案件办理期间，管理人面对诸多挑战，对内需要安抚职工、坚持审查，对外需要维系客户、坚持经营，同时招募洽谈合适的投资人等，都是在泰利尔公司破产重整案中所遇到的重点焦点问题。具言之，包括以下几个问题：

1. 职工问题突出

泰利尔公司的职工多达100余人，其中包括30多名残疾人，这些职工群体的情绪较为敏感。企业进入破产程序，面临重大转折，同样也会给职工带来重大影响，如若就此放弃泰利尔公司重整而使其进入清算，即意味着他们的失业，且并无安置资产，这可能引发群体性事件，产生更加严重的社会稳定问题。基于此，管理人致力于促成泰利尔公司重整成功。

2. 市场评价降低，企业竞争力受到影响

因泰利尔公司进入破产重整程序，导致其最主要的铝合金供应商因涉及资本市场的评价，而无法再与泰利尔公司维持铝合金的供应关系，这直接影响泰利尔公司的原材料来源。同时，泰利尔公司因系破产重整企业，在与上游企业的投标、竞争性业务谈判中处于劣势。但纵然泰利尔公司存在上述问题，同时设备、工艺能力与竞争力不强，仅仅从事小型压铸件的生产，但其市场容量广阔、企业生命力顽强、产品客户基本稳定，因此仍具有相当的发展前景与重整价值。

3. 资产盘活价值受限

泰利尔公司现有的有效资产基本上都已抵押，这也造成各组债权人之间利益冲突较大，担保债权人对泰利尔公司重整不抱有期望，导致债权人对重整计划能否顺利实施持观望甚至反对意见。

4. 扶持政策中止给企业重生带来重大影响

由于泰利尔公司在进入破产程序之前因涉及税收的违法行为,受到重庆市税务局稽查一局的行政处罚,致使本就经营困难的泰利尔公司面临 250 多万元的税金退还和 100 多万元的滞纳金需要缴纳。同时,因受到行政处罚的原因,导致泰利尔公司在税收上也无法享受福利企业免税的待遇,这对企业的资金运转造成较大影响,其持续经营能力也受到了各个债权人质疑。面对泰利尔公司的诸多问题,管理人与泰利尔公司、主要的原材料供应商、债权人以及相关税务机关进行了深入沟通,借鉴清算式重整概念,在“出售式重整”基础上创新本案的重整思路。所谓“出售式重整”是指债务人将具有前景与活力的经营业务全部或者部分出售让与他人,使其在新的商事主体中能够继续经营,并以转让所得的对价以及债务人未转让的遗留财产之清算所得清偿债权人的一种重整模式。由此可见,“出售式重整”的核心在于其主要经营业务之存续,而非债务人主体之保留。由于泰利尔公司的有效资产几乎全部抵押且价值并不高,不足以吸引投资人现金购买。因此,管理人在原“出售式重整”的基础上整合思考,创新了泰利尔公司的“出售式重整”模式。

在具体重整实践中,管理人通过以下路径以实现“出售式重整”:第一,新设泰利尔公司的全资子公司,并将泰利尔公司的生产性资产和与其匹配的债务下沉到新设子公司,通过子公司作为独立法人独立经营。一方面,新设子公司可以摆脱破产重整企业名称给生产经营带来的不利影响,以全新的法人实体参与市场竞争;另一方面,其也可以取得福利企业税收优惠实现企业持续经营。第二,梳理和安排泰利尔公司的原劳动关系,将全体职工的劳动关系转入新泰利尔公司,保持职工劳动关系的连续性。这不仅保障了企业的持续生产和职工利益,也满足了特殊重组的税务优惠政策。第三,新泰利尔公司与泰利尔公司一道对依据重整计划需要偿还的债务承担连带清偿责任,保证重整计划的顺利执行。同时,泰利尔公司的资产需要转让到新泰利尔公司。实施过程中,将转移到新泰利尔公司的原抵押资产继续抵押给债权人,以保障原抵押权人利益。第四,新泰利尔公司对担保债权人按照重整计划的内容实施按同比例还款的计划,同步取得债权人对资产限制的释放,并在 5 年偿债期限内保持与债权人的良好沟通。第五,管理人多重思考重整计划的实施,寻求战略投资人,并由战略投资人以法院裁定确认的普通债权金额的 30% 以现金形式一次性收购债权。收购完成后,对其他普通债权人通过债转股方式实现债权清偿。

在"出售式重整"之后，对于新泰利尔公司能否获得税收减免政策支持的问题，管理人经与税务机关讨论认为，根据财政部、国家税务总局发布的《关于促进残疾人就业增值税优惠政策的通知》、《税收减免管理办法》（2017 年 12 月 29 日废止）以及国家税务总局发布的《促进残疾人就业增值税优惠政策管理办法》之规定，新泰利尔公司符合获得残疾人福利企业增值税减免的条件，在重整成功的基础上，其需要按照税务机关提供的要求，向当地税务机关提出申请。同时，对于泰利尔公司资产转移到新泰利尔后是否会存在税务负担之问题，管理人经与税务机关进行充分沟通，对税收安排进行了初步论证，即资产转移的同时也发生了债务、职工的整体转移，符合特殊重组的税收优惠政策，故泰利尔公司因资产转移所产生的土地增值税、契税、增值税均可获得免除。除此之外，由于泰利尔公司长期亏损，其在所得税板块也可以得到免除。

泰利尔公司经营破产困境，与市场变化、公司原实际控制人经营管理能力的欠缺均有关系。在重整过程中，公司引入了有合作关系的债权人参与企业管理，公司经营已有起色。按初步拟订的普通债权债转股方案，公司股权将呈现分期的局面，原实际控制人持股将缩小到 30% 左右，而大额债权人通过转股的持股比例与之基本相同，此举将对原实际控制人的经营决策权形成制约作用，有助于公司建立与公司法相适应的法人治理结构，健全经营机制。

综上所述，通过进行"出售式重整"，设立新企业法人，不但享受到了税收减免政策，还引入了战略投资人和债转股融资。这些路径一方面保障企业"节流"，另一方面为企业实现"开源"，不仅有效化解了职工安置矛盾，还解决了普通债权人受偿率过低的问题，使其在公司持续经营中获得债权清偿。同时，这一重整方式妥善处理了与税务机关的关系，为公司持续经营创造了条件。

（二）办案心得感悟

从 2017 年 5 月至 2018 年 12 月，管理人高效地完成了接管泰利尔公司、调查泰利尔公司资产、监督泰利尔公司恢复生产运营、接受债权申报、完成债权谈判、组织召开三次债权人会议以及重整方案草拟、修改等一系列工作，平稳推进破产重整程序的进行。在上述工作的实践中，管理人认为有以下几方面工作需要着重关注。

1. 注意全面调查梳理财产现状，制定高效财产管理方案

首先，管理人需要对债务人企业的基本情况进行充分调查，对症下药。在本案履职过程中，管理人详细了解了泰利尔公司的经营情况、资产负债、原经营决策权行使方式等，尽可能全面掌握企业的相关资料，在经营、财务、资产方面与企业建立有效地衔接和联动机制，提前梳理经营过程中需要把控和安排的事项，以保障企业在重整程序中仍保持既有的生产活力，促使经营效益最大化。其次，管理人在对债务人清产核资也应该做到认真扎实，核查资产时要防止遗漏，尤其要重点审查企业是否具有账外资产，以确保模拟清偿率的准确，保护债权人和其他利害关系人的正当权益。最后，管理人应当及时启动对应收账款的管理，及时梳理债权形成资料，调查应收账款债务人的付款能力，结合审计核查情况制定相应处理方案。

2. 重视职工问题，有效拟定职工安置方案

在生产型企业进入破产程序中，职工问题是最大的问题之一。泰利尔公司在册职工共有100余位，其中30多名为残疾人。同时，泰利尔公司仍处于未经营的状态，丧失“自主造血”能力。基于此，管理人成立了专门小组，统一负责与各职工对接，第一时间与公司员工保持良好沟通并作好解释工作，安抚职工情绪，确保不发生群体性事件。管理人在取得并整理人事资料及薪酬标准后，在有利于各方利害关系人利益最大化的基础上，按部门、岗位明晰各职工具体安置方案，高效制定人员安置标准及实施期限。此外，对于存在特殊情况的职工，管理人在法律框架下，根据实际情况制定了较灵活的处理方案，以期达到法律效果和社会效果的统一。

3. 识别债务人重整价值，加强沟通协调推动破产重整实施

管理人经过调查后发现，泰利尔公司部分资产经营状况较好，具备较完备的经营网络、上下游产业链关系和运营团队，其陷入困境的主要原因是遭遇抽贷、限贷等中小企业融资贵、融资难的常见问题。同时，免税政策无法继续享有，进一步导致企业亏损加剧。基于此，管理人结合泰利尔公司具体情况，就其重整价值进行调查，确定其从事的汽车零部件产业具有一定的市场前景。同时，吸取第一次重整计划草案表决失败的经验，管理人、泰利尔公司与广大债权人开展沟通协商，及时调整重整思路，找到真正适合泰利尔公司的方案，并重新拟定重整计划草案，最终获得法院批准执行。

4. 侧重企业重整特殊要件，开展针对性工作

由于泰利尔公司进行重整的关键条件之一是继续享有行政主管部门优惠政策，故此，管理人便组织、指导泰利尔公司有针对性地与税务机关沟通，汇报泰利尔重整工作的相关计划和安排，并力争获取税务机关的支持。在第三次债权人会议上，税款债权人虽最终未能表决同意重整计划草案，但在法院、管理人、泰利尔公司与税务机关频繁的沟通讨论过程中，税务机关为管理人和泰利尔公司提供了大量有价值的建议和思路，为最终泰利尔公司重整计划草案的制作和实施奠定了理论和实践基础。

5. 注重在重整计划草案中平衡各方利害关系人权益

在本案重整的过程中，各方利害关系人冲突较大，且企业面临市场、资金和政府等多方面压力。在重重困难下，如何在重整计划草案中平衡各方利害关系人权益，让债权人对企业重整恢复信心并均能够通过重整计划草案实现权益，成为本案的核心要点。在按照常规思路制作重整方案未获得批准的情况下，管理人积极调研企业各项指标，思考新方案，创新新思维。在原“出售式重整”的基础上整合并思考，创新泰利尔公司模式的“出售式重整”，即考虑将其生产性资产和与其匹配的债务下沉到新设子公司。通过独立法人子公司的独立经营，一方面，可以摆脱破产重整企业名称给生产经营带来的不利影响，另一方面，也可以取得福利企业税收优惠，实现企业持续经营。在综合上述思路的基础上，管理人通过多轮沟通，与原股东、担保债权人、税务机关以及其他重要债权人等进行博弈，最终使重整方案获得法院批准。

三、理论问题探究

通过对基本情况的了解与实务经验的总结，不难发现本案是典型的强制批准案件。重整制度的功能与价值实现需以一定的强制性法律措施作为基础，而强制批准便是其中的代表性制度。在本案中，因存在内容不尽完善等问题，债权人会议经表决未能通过管理人首次制定的重整计划草案，之后管理人与债权人、税务部门及法院积极沟通磋商，制订了更完善、更具有可行性的重整计划草案，并在第三次债权人会议上获得绝大部分债权人表决通过，最终经法院强制批准，这表明了在重整程序中以信息披露为代表的程序性要件的重要性。同时，虽部

分普通债权人与税务部门未通过重整计划草案，但草案中对其权益的配置满足最大利益原则、绝对优先原则、可行性原则等一系列实体性要件，这也是法院强制批准重整计划的前提。下文将着重对本案所涉及的重整计划强制批准、执行与监督等问题予以讨论。

(一) 重整计划的强制批准

1. 强制批准的程序性要件

重整计划的强制批准作为一种强制性法律措施，其适用必须具有合理性与合法性，必须符合相应的程序性与实体性要件。[①] 其中，程序性要件是利害关系人实现其合法权益的基本前提，而保障程序利益的基本方式就是建立完善的信息披露制度。在召开债权人会议表决前先行举行听证会或进行开庭审理，给予所有尤其是持反对意见的利害关系人对重整计划草案所涉及的权益调整和商业判断充分发表意见的机会，同时聘请专家发表意见，这不仅可以弥补法院在经营经验与商业判断知识方面的不足，也是一种程序正义之体现。[②] 我国《企业破产法》尚未明确强制批准中的信息披露程序与协商程序，而是由各地法院自行制定相关规则。在泰利尔公司案中，管理人在重整计划草案制订中分别与担保债权人、税务债权人以及出资人进行了信息披露与协商，履行了相关职责。程序公正是结果公正的起点和保障，或许可以考虑以本案中管理人的实践经验为基础，在重整程序中构建一定的前置性程序，以提升强制批准案件的透明度和公信力。一方面，管理人在重整计划草案的制定过程中持续保持对债权人的信息披露与协商，进一步保障普通债权人的知情权、建议权和监督权；另一方面，管理人在信息披露与协商中，可以综合运用分别进行与统一协商两种方式，避免造成信息不对称的情形。

首先，应在破产程序中建立完善的信息披露机制，充分保证利害关系人的知情权。为此，最高人民法院发布的《关于企业破产案件信息公开的规定(试行)》要求，所有破产案件均应在全国企业破产重整案件信息网上公布其破产信息。同时，明确债务人与管理人信息披露的时间与范围，并将信息披露是否及时、完

① 参见王欣新：《重整制度理论与实务新论》，载《法律适用》2012年第11期。

② 参见辛欣：《我国破产重整中强制批准问题探究》，载《法律适用》2011年第5期。

整、全面、真实作为批准重整计划的衡量标准之一。[①] 只有当该重整计划进行了合格信息披露,法院才可批准该重整计划。其次,为确保法院全面、准确地了解重整计划相关情况及各利害关系人对重整计划的看法,还应建立健全相应的协商程序,并以此作为法院批准重整计划的衡量标准之一。具言之,协商程序应以听证会为基础,参与主体应包括管理人、债务人、债务人股东、债权人等利害关系人,此外还应包括相关专家及监管机构代表。利害关系人可以对重整计划发表肯定意见或否定意见,[②]如有相关证明资料也可以在听证会上出示。无利害关系的相关专家、监管机构等也可就重整计划的合理性与可行性发表意见。同时,建议法院也作为听证会的参与主体,因为在与会过程中法院可以倾听到利害关系人、相关专家、监管机构代表所提出的意见,一方面,有助于弥补法院在经营管理经验与商业判断知识方面的不足;另一方面,也可以作为日后审查重整计划草案合理性、合法性与可行性的支撑材料。若法院在对重整计划草案以及相关证明材料的审查过程中发现上述意见成立,则可以要求债务人或管理人对重整计划草案进行调整,以消除异议;若异议无法排除或异议排除后重整计划草案丧失其主要内容或其内容的主要部分,法院可以裁定债务人或管理人重新提交重整计划草案;若债务人或管理人无法在期限内提交新的重整计划草案,法院可以终止重整程序,宣告债务人破产。

2. 强制批准的实体性要件

正如管理人在办案心得中提到的,重整程序要兼顾社会效果与法律效果,保护社会整体利益,促进债务人复兴。强制批准制度是一把"双刃剑",若运用得当,便可以在不损害利害关系人权益的同时,促进债务人企业再生,稳定职工就业,促进当地经济繁荣与社会稳定;若运用不得当,可能会产生破产重整程序中各方利益严重失衡的后果,不利于利害关系人的权益保护。此时,债权人利益反而被置于次要位置,需要为上述主体权益作出让步,[③]但这种对债权人权益的限制需要控制在合理范围内,从而在债权人的保护与限制之间实现平衡。一般而

① 参见韩长印:《简论破产重整计划表决的信息披露机制——以美国法为借鉴》,载《人民司法》2015 年第 1 期。

② 参见杨松:《"僵尸企业"破产重整中银行债权实现的法律保障》,载《政法论丛》2017 年第 1 期。

③ 参见胡利玲:《破产重整制度之审思》,载《中国政法大学学报》2009 年第 4 期。

言,在重整计划强制批准中需要遵循最大利益原则、公平公正原则、绝对优先原则、无歧视原则、可行性原则以及最低限度接受等一系列实体标准。

最大利益原则是指每一反对重整计划的债权人都至少可获得在清算程序下应获得的权益,确保其权益不会在自身意愿未被尊重的情况下受到损害。根据我国《企业破产法》第 87 条第 2 款第 1、2、3 项的规定,若某表决组未通过重整计划,则要保障该组的法定既得清偿价值。同时但书中还规定了其他适用情形,即"或者该(相应)表决组已经通过重整计划草案"。有学者认为,此处的"或者"是指,即使某表决组在重整计划中所得利益低于清偿价值,但若该表决组已通过重整计划,那么就算存在部分持反对意见的利害关系人也在所不问。这样的解释显然是不恰当的,实质上损害了持反对意见的利害关系人之权益。[①] 其原因固然有解读者对破产理论认识的缺陷,但与该条款文字表述不清同样密不可分。同时,我国《企业破产法》也未赋予已通过重整计划的表决组中持反对意见的个别利害关系人其他必要保护措施,这也与最大利益原则相违背。不过在泰利尔公司案中,并未出现损害个别持反对意见利害关系人权益的情况,对于持反对意见的普通债权人与税收债权人,重整计划依然保证其重整所得高于清偿价值,满足最大利益原则的要求。事实上,强制批准制度本就是为了促进债务人企业再生、维护社会稳定、保障公共利益而对部分债权人权益的"善意侵犯"。尽管"侵犯"是善意的,债权人依旧是《企业破产法》的主要保护对象。因此,这种"侵犯"需经过合理、合法的程序,并应保持在一定限度内。对此,《破产审判会议纪要》第 18 条对最大利益原则予以了明确,强调各表决组中对重整计划持反对意见的利害关系人所得利益不得低于清算价值。[②] 或许《企业破产法》在日后修订中可以删除现行第 87 条第 2 款第 1、2、3 项中的"但书条款",严格贯彻最大利益原则,保护全体债权人的合法权益。

绝对优先原则的核心在于,在债权人尤其是普通债权人与债务人原股东、战略投资人之间分配重整利益。无论公司是正常经营还是濒临破产,公司股东都应在其出资范围内先行对债务承担有限责任,之后才可要求债权人自行承担公司不能清偿债务的损失。在重整程序中,如对重整计划持反对意见的普通债权

---

① 参见王欣新:《破产法》,中国人民大学出版社 2011 年版,第 275 页。

② 参见王欣新:《〈全国法院破产审判工作会议纪要〉要点解读》,载《法治研究》2019 年第 5 期。

人未获全额清偿，重整计划就必须保障在其完全受偿前，债务人不得向原股东或出资人分享利益，否则法院不得强制批准重整计划。[①] 我国《企业破产法》第87条第2款并未明确普通债权人和债务人原股东以及战略投资人间的清偿顺位问题。泰利尔公司案在重整计划中明确规定，债务人股东在重整执行期间不得以任何理由与形式作利润分配，遵循了绝对优先原则，但由于相关规制缺失，实践中可能会出现普通债权人与原股东、战略投资人间利益分配背离绝对优先原则的情形，将对债权人的合法权益造成严重损害。因此，我国《企业破产法》或许可以明确规定绝对优先原则，即仅当债权人得到完全清偿后，才能向出资人支付权益，从而充分保护债权人权益。

可行性原则在我国《企业破产法》第87条第2款第6项有所规定。同时《破产审判会议纪要》在第17条中也强调，人民法院在审查重整计划时除审查其合法性之外，还应审查是否具有可行性。[②] 但略微遗憾的是，上述规则中并未规定可行性审查的具体标准。我国或许可以建立一套明确的操作方案与标准，从以下几方面对可行性予以审查：其一，审查债务人资本结构是否健康。过高的资产负债率会显著降低重整成功的可能性，故如债务人资产负债率高于一定标准，则认为其不具有重整价值，重整计划不具有可行性。其二，审查债务人现金流是否充足。现金流是企业命脉所在，债务人进行重整、继续经营、改善资本结构及偿还债务等都依赖于现金流，如债务人无法保证现金流，那么其重整计划就不具有可行性。其三，审查债务人是否具有管理能力。债务人的管理能力直接决定了重整计划执行的优劣，更决定着债务人的前途命运，低下的管理水平不但无法帮助债务人起死回生，更有可能将债务人带入更糟糕的窘境，故此，如债务人不具备优秀的管理能力，则不认为其具有重整可行性。其四，审查债务人相关诉讼情况。诉讼风险不仅会影响债务人重整成功的可能性，也会对债务人资本结构、现金流等产生影响。如果债务人具有重大诉讼风险，则也不具有重整可行性。其五，反向审查。即如无法从上述角度确认重整计划是否具有可行性，法院可以从重整计划是否具有法律、经济与实践的明显不可行性进行“反向审查”，如不具有则认定该重整计划具有可行性。此外法院还可以借助相关专家学者的力量，判断重整计

---

① See Brian A. Blum, *Bankruptcy and debtor/creditor*, (*examples and explanations*), Fourth Edition, ASPEN Publishers, 2006, p.515.

② 参见《破产审判会议纪要》第17条之规定。

划是否具有可行性,[①]以弥补普通法官经营管理经验和商业判断知识的不足。[②]

(二)重整计划执行的救济与监督

1. 重整计划强制批准后的救济机制

重整与和解的区别之一是在重整中存在司法权力干预重整计划的情形。鉴于司法权在强制批准中对私权的干预,以及强制批准与重整中各利害关系人的权益密切相关,如裁定出现错误,相关主体可能将遭受巨大损失。故此破产法也应在重整程序中为利害关系人构建必要的事后救济机制,建立利害关系人的全力保障渠道,[③]以进一步实现利益平衡。[④] 我国《企业破产法》在第 87 条对强制批准的规定中,并未明确对重整计划持反对意见的相关表决组或者个别利害关系人是否可以提出复议,也未明确可否适用《企业破产法》第 66 条规定的复议程序进行救济。同时在我国破产司法实践中,法院对重整计划的批准一裁终局,未赋予持反对意见的利害关系人的救济与监督程序,导致法院的强制批准权缺乏有效的监督与制约,也使得债权人缺乏法定的救济途径,不利于债权人合法权益的维护,更有可能使得破产重整程序成为债务人企业"逃废债"的手段与途径。

为解决此类问题,可以在我国《企业破产法》中赋予利害关系人一定的救济权。譬如,利害关系人对强制批准裁定不服的,若在强制批准之后发现新证据,可能会对重整计划内容产生重大实质性影响,当事人可以在一定时间内向上一级法院申请复议。通过明确当事人救济的权利与途径,赋予当事人申请复议之权利,不仅可以最大限度地在维护公平正义和提高重整效率之间实现平衡,给债权人利益的保护提供更充分的程序保障,还有利于提升司法公信力,确保重整计划得以有效执行。

---

① 参见任秀芳:《危困企业法律风险的处置及对策——以推进破产重整制度实施为视角》,载《学术交流》2014 年第 1 期。

② 参见武卓:《我国重整计划强制批准制度的完善路径》,载《中国政法大学学报》2017 年第 3 期。

③ 参见杨松:《"僵尸企业"破产重整中银行债权实现的法律保障》,载《政法论丛》2017 年第 1 期。

④ 例如,《美国破产法》第 11 章中规定,若债权人对重整计划裁定有异议,认为其不符合法律规定或侵犯自身合法权益的,可以直接向破产法院提起诉讼;若不服破产法院裁定,还可向联邦地区法院提起上诉。参见[美]大卫 · G. 爱波斯坦:《美国破产法》,韩长印等译,中国政法大学出版社 2003 年版,第 859 ~ 883 页。

2. 重整计划执行中的监督主体

重整计划的监督是指由重整计划的监督主体，在重整计划被批准之后，对债务人是否公正、客观、有效地执行重整计划的情况进行监督，并将重整计划的具体执行情况定期向法院、债权人报告。对重整计划进行监督的主要目的是保证重整计划执行的效率与公正。根据我国现行《企业破产法》第 89 条、第 90 条及第 91 条的规定，重整计划由债务人负责执行，管理人负责监督，同时管理人还应该向法院提交监督报告，向主要债权人汇报，其他利害关系人也有权查阅监督报告。在本案重整计划中也规定，由管理人负责监督泰利尔公司执行重整计划。泰利尔公司应接受管理人监督，及时报告重整计划的执行情况、自身财务状况，以及重大经营决策、财产处置等事项。

根据《企业破产法》的规定，重整计划的制定主体既可以是债务人，也可以是管理人，但破产实务中，重整计划通常是在管理人的主持下制定的，例如本案。故此，由管理人对重整计划的执行进行监督可能有“自我监督”之嫌疑。由此可见，目前我国《企业破产法》对于重整计划执行监督的立法设计并不利于债权人、利害关系人权益的保护，也不利于对重整计划的执行实现真正有效的监督。因此，建议我国《企业破产法》作出相应修改。目前来看有两种方案可供选择，一是由法院担任重整计划执行监督人，直接对重整计划的执行进行监督；二是由法院选任具有专门学识和经验的专家、学者组成监督组，担任重整计划执行监督人。①

虽然目前我国法院已普遍具备处理企业重整的能力，其在重整案件中发挥的功能也是其他主体难以取代的，但是仍需注意的是，在目前总体“案多人少”的司法大环境下，法院法官也很难有时间与精力对重整计划的执行进行有效监督。由此看来，法院选任具有专门学识和经验的专家组成监督组，不但可以减轻法院的负担，还可以保障监督工作的公正性与有效开展，解决重整计划执行的监督问题。同时《企业破产法》还应该明确，如若专家监督组未履行自己的监督义务，造成债权人以及其他利害关系人的权益受到损害的，也需要承担相应的法律责任。

---

① 参见王欣新：《破产法》（第 3 版），中国人民大学出版社 2011 年版，第 281 页。

案例九　重庆海洲化学品有限公司破产重整案*

债务人重庆海洲化学品有限公司(以下简称海洲化学公司)系全国十七家掌握甲烷氯化物生产工艺的化工企业之一,也是重庆市长寿经济技术开发区乃至西部地区循环化工中的重要一环,但由于债务危机进入破产重整。管理人接受指定后,立即围绕海洲化学公司财产依法有序开展相关工作。在该案的审理中,法院和管理人从海洲化学公司实际情况出发,以市场化、法治化为原则,并依托紧密的府院联动,灵活高效地化解了企业债务危机,最终实现了海洲化学公司的涅槃重生。由于海洲化学公司所牵涉的法律关系庞杂,社会矛盾突出,在整个重整程序的推进和重整计划的执行中面临诸多问题,如出资人权益强制调整所面临的理论质疑和现实困境,需要通过细化公平公正标准、加强程序性保障、明确重整计划的普遍约束力予以回应;再如重整程序中债权的补充申报能够较好地平衡债权人保障与重整效率,但补充申报的最后期限与费用承担以及逾期未申报债权的法律后果等仍存在观点争议;又如对高级管理人员(以下简称高管)的认定应结合公司性质和营业范围、员工的职权职责

---

* 执笔人:代明明,重庆合纵律师事务所破产与清算中心部门负责人;胡月,西南政法大学民商法学院硕士研究生。

和工资待遇等因素综合考量,高管工资的清偿应因重整程序阶段的不同而有所差异等。

一、案件基本情况

(一)债务人基本情况

海洲化学公司系一家综合型化工企业,成立于2009年6月2日,注册资本为48,969,070元、主要产品为甲烷氯化物和四氯乙烯,经营范围包括20万吨/年甲烷氯化物项目、2万吨/年纤维素醚、货物进出口。海洲化学公司的股东及其持股比例为:文某某出资2660万元,占比约54.32%;李某某出资166.25万元,占比约3.4%;重庆某企业管理咨询有限公司出资166.25万元,占比约3.4%;重庆某创业投资中心(有限合伙)出资1318.125万元,占比约26.92%;重庆某风险投资有限公司出资556.832万元,占比约11.37%;李某某出资17.575万元,占比约0.36%;苟某某出资11.875万元,占比约0.24%。

海洲化学公司财务数据显示,截至2018年11月30日,海洲化学公司资产总计约3.25亿余元,负债总额为约3.69亿元,资产负债率约为113%。经会计师事务所资产审计调整后,以2018年11月30日为评估基准日,海洲化学公司账面资产总额约为3.5亿元,负债总额约为3.7亿元,所有者权益为负值,资产负债率为105.7%。另外,评估机构出具的评估报告显示,以2019年1月7日为评估基准日,海洲化学公司续用清算价值不足1.3亿元;快速变现清算价值不足6000万元。

2018年,债权人向重庆市长寿区人民法院提出对海洲化学的重整申请,法院经审查认为,海洲化学公司不能清偿到期债务且明显缺乏清偿能力,具备破产原因;但海洲化学公司自身生产经营条件完备、行业前景较好,具备重整价值和可能性。2018年11月21日,重庆市长寿区人民法院作出(2018)渝0115破申8号民事裁定书,裁定受理债权人对海洲化学公司的破产重整申请。

(二)管理人工作情况

2018年12月4日,重庆市长寿区人民法院指定重庆合纵律师事务所担任海洲化学公司管理人。管理人接受指定后,成立了专业化的管理人工作团队,迅速推进以下各项工作。

1. 债务人及其财产的管理

针对如何接管债务人海洲化学公司的财产、印章和账簿、文书等资料，管理人制定了重庆海洲化学品有限公司管理人接管工作方案（以下简称接管工作方案），第一时间向债务人送达重庆海洲化学品有限公司管理人关于要求债务人准备移交资料工作的通知以及重庆海洲化学品有限公司管理人资料接收清单，并与海洲化学公司的具体负责人就移交事宜进行充分沟通，告知其拒不向管理人移交财产、印章和账簿、文书等资料，或者伪造、销毁有关财产证据材料而使财产状况不明应承担的法律责任。管理人于 2018 年 12 月 14 日前往住所地开展接管工作。根据接管工作方案，管理人依法有序接管了海洲化学公司的印章、证照、人事资料、诉讼文书、会议资料、合同资料、会计账簿资料、权利证书等资料，并按照接收清单分类签收。对于不能带离现场的资料，管理人用封条予以封存；对于海洲化学公司的日常所需的资料，管理人清点后委托相关人员予以保管，并要求移交人签署依法移交的承诺书。同时，在接管过程中，管理人向海洲化学公司的各部门进行了询问和访谈，大致了解了海洲化学公司的基本的财务经营状况、诉讼执行情况以及债权债务情况等事项。

在接管海洲化学公司的财产后，管理人分别前往重庆市住房保障和房产管理局、车辆管理所、税务局、市场监督管理局、人力资源和社会保障局、住房公积金管理中心、各大银行查询海洲化学公司的相关资产情况和状态，完成对海洲化学公司的财产的清理与追收，并根据其财产实际状况开展管理工作。例如，管理人依照《企业破产法》第 28 条及相关司法解释，经请示重庆市长寿区人民法院后决定聘请审计、评估机构对海洲化学公司进行破产重整专项审计和评估。管理人向 31 家具有司法资质的中介机构发出邀标函，要求审计和评估机构进行联合投标。投标期限内管理人共收到 3 组中介机构联合投标。管理人将投标、评选情况汇总报告人民法院后确定最终入选机构。管理人全力配合审计、评估机构开展审计评估工作，如期完成相关工作任务。同时，为使广大债权人、职工和相关各方的利益最大化，保障海洲化学公司重整价值，管理人向法院申请许可海洲化学公司自行管理营业事务，并在向法院汇报后依法继续履行海洲化学公司和四川广通化工新材料有限公司签订的《甲烷氯化物及四氯乙烯来料加工合同》。

另外，为保证履行职务有章可循，保证重整工作有序开展，管理人制定了《重庆海洲化学品有限公司管理人重整期间监督管理办法》。该管理办法囊括了管理人工作机制、印章管理使用制度、财务收支制度、主体资料及文档保管制度、信息保密制度、人员考勤制度等。管理人根据日常监督工作需要,还制定了详细的《重庆海洲化学品有限公司管理人印章管理制度》、《重庆海洲化学品有限公司管理人财务管理制度》、《重庆海洲化学品有限公司安全生产管理制度》以及重庆海洲化学品有限公司管理人关于重整期间依法开展工作的通知,并将上述制度规范印发至海洲化学公司各部门,并召开部长级会议进行宣讲和解释,要求其严格贯彻执行。

2. 债权的申报、核查与确认

管理人接受指定后,分别在《重庆晚报》和《重庆商报》发布破产受理公告,在全国破产重整案件信息网上进行公示,向广大债权人通知债权申报期限及第一次债权人会议召开的时间与方式。与此同时,管理人在海洲化学公司厂区大门处公示《债权申报通知书》,并通过微信、邮箱、EMS 等方式向已知的可能债权人逐一送达了《债权申报通知书》、《债权申报须知》及全套债权申报资料,告知他们第一次债权人会议召开的时间与方式。管理人通过电话指导、微信指导以及现场指导等方式指导债权人申报债权,每天安排值班律师驻所接待债权人,接收债权申报资料。管理人根据指导情况和债务特点制定了《重庆海洲化学品有限公司债权审查标准》,并向法院报告备案。最后,管理人对申报的债权逐一进行审查,形成审查意见并制作了专门的《债权核查报告》向债权人会议报告。

在本案中,债权人申报登记的债权共 180 笔,管理人经审查,确认债权人 151 家,债权总额近 5 亿元。

3. 招募投资人

管理人于 2019 年 1 月 5 日通过全国企业破产重整案件信息网以及破产与重组研究中心公众号等媒体发布重庆海洲化学品有限公司破产重整案投资人招募公告,面向社会公开招募重整投资人。2019 年 2 月 21 日,管理人发布重庆海洲化学品有限公司破产重整案投资人招募补充公告。同时,管理人与部分有投资意向的债权人进行了适当沟通,就重整投资事宜及重整计划思路展开讨论,交换意见,最终成功招募重整投资人。

4. 探索建立府院联动机制

案件办理过程中,管理人与重庆市长寿区人民法院、长寿经济技术开发区管理委员会建立了紧密联动机制，长寿区人民政府甚至为该案建立了工作领导小组，小组成员为法院与税务、社保、安监、环保、公安、信访等政府各部门负责人。工作领导小组在重整期间组织召开各种专题会议三十余次，全方位高效率处理了海洲化学破产案面临的各种疑难问题。尤其是为了招募重整投资人，工作领导小组多次前往成都、泸洲等地和管理人一起开展招募工作。通过这种紧密的府院联动，重整期间先后顺利处理了农民工聚众索薪、职工社保补缴、企业高管调薪、关联公司罢工、企业停产职工全员休假、环保处罚免除、税务开票、费用紧缺、能源供应、投资人营商环境调查、债权人会议预案、股权变更等事宜。

(三)第一次债权人会议的召开

第一次债权人会议召开前，重庆市长寿区人民政府、长寿区经济技术开发区管理委员会、长寿区人民法院及管理人对第一次债权人会议期间维稳工作高度重视，制定了维稳工作预案，并召开多次专题会议。其中，长寿区政法委员会主持召开了多部门协同会议，就维稳工作作出具体部署；长寿区人民法院邀请重庆市第一中级人民法院法官亲临现场指导会议各项工作；管理人积极与债权人领导小组核心成员沟通，引导其向广大债权人倡议依法参会，理智投票。海洲化学破产重整案第一次债权人会议于 2019 年 2 月 22 日在长寿区人民法院召开，同时在全国破产重整案件信息网进行直播，会议由长寿区人民法院合议庭审判长主持。管理人在第一次债权人会议中作了执行职务的报告和提请债权人会议核查债权的报告，同时会议高票通过了重庆海洲化学品有限公司财产管理方案。重庆市长寿区人民法院在会上宣布了指定海洲化学公司债权人会议主席的决定。

(四)重整计划草案的表决与批准

2019 年 7 月 30 日，管理人依法向法院正式提交重庆海洲化学品有限公司重整计划草案。

1. 重整计划草案的概要

第一，海洲化学公司的法人主体资格将继续存续。

第二，重整投资人投资的资金，主要用于海洲化学公司日常生产经营流动资金所需、10 万吨甲烷氯化物项目技改以及其他破产费用和共益债务，以维持和提升整体资产价值，而不直接作为偿债资金。重整执行期间，海洲化学公司主营业务收入的利润、应计提的固定资产折旧与无形资产摊销等资金将作为还款资金来源,股东不得分红。

第三,破产费用、共益债务、职工债权、税金债权(包含社保费用)不作调整,以现金方式全额受偿。

第四,担保债权按对应担保物的评估续用清算价值予以折扣清偿,未清偿部分不再作清偿。担保物的评估续用清算价值不足值部分转为普通债权予以受偿。

第五,普通债权统一调整为按5%的比例进行清偿,未清偿部分自重整计划执行完毕时起,海洲化学公司不再承担清偿责任。

第六,本重整计划涉及海洲化学公司股权结构的调整,股权调整后,海洲化学公司原股东不再持有股权,重整投资人持有100%股权。

第七,本重整计划经长寿区人民法院依法裁定批准后,由海洲化学公司执行,管理人监督执行。

2. 表决规则

根据《企业破产法》第82条规定,设立担保债权组、职工债权组、税款债权组、普通债权组及出资人组,各债权人分组行使表决权。本次表决根据管理人初步审查确认的债权金额或人民法院裁定确认的债权金额确定各债权人之表决权数。同时,表决采取记名投票方式,通过网络会议现场表决和线下非现场表决相结合的方式进行,债权人两种表决方式结果不一致的,以非现场方式递交的表决票为准。各表决组均通过重整计划草案时,重整计划即为通过。由于债务人所处行业特殊政策原因,针对未通过重整计划草案的表决组不进行二次协商表决。

3. 表决结果

海洲化学公司线上和线下表决结果统计表决情况为:除出资人组外,其余各组均高票通过重庆海洲化学品有限公司重整计划草案,重庆海洲化学品有限公司重整计划草案未获得债权人会议表决通过。

4. 法院裁定

管理人认为,尽管出资人组未通过重庆海洲化学品有限公司重整计划草案,但是在清算状态下原出资人的股权最终也会清零,故该草案并未减轻或损害出资人利益。如果仅因为出资人组未通过草案而宣告债务人破产,不仅与破产重整程序困境拯救的价值理念相悖,也是对资源的极大浪费,更是对其余四组债权人利益的严重损害。此外,该草案完全符合《企业破产法》第87条第2款之规定,且具备可行性。故管理人根据《企业破产法》第 87 条第 3 款提请人民法院裁定批准重庆海洲化学品有限公司重整计划草案。2019 年 8 月 19 日,重庆市长寿区人民法院裁定批准重庆海洲化学品有限公司重整计划草案并终止重整程序。

二、实务经验总结

(一)重点焦点分析

1. 担保债权人的表决权数如何确认

对于担保债权人的表决权数,实务中通常有两种确认方式。第一种是按审查确认的担保债权额直接确认表决权数,第二种是按照该担保债权对应担保物实际评估价值确认表决权数。如果采用第一种方式,在担保物已经灭失或者担保债权的顺位较为靠后时,可能会出现担保债权表决权数虚高的情况,此时还按照其担保债权数额赋予这类担保债权人相应的表决权数,对其他担保债权人来说显然不公平。另外,在极端情况下也会造成担保债权人组的表决从本质上已经不是由担保债权人的主体来左右的情况。比如,对于债务人认缴但尚未完全出资的对外长期投资股权享有质权的质权人来说,虽然该股权的实际价值较少,但是质权人的质权金额往往较大,此时采取第一种方式赋予其表决权,等于变相赋予其在担保债权人组中的一票否决权。采用第二种方式对担保债权人的表决权数进行确认往往更符合实际情况,相较于第一种方式也更加公平合理。但此时,担保物的价值如何确定就十分关键,如何保证评估结果公平公正以及如何让担保债权人信服评估结果,评估结果以市场价值为准还是以快速变现价值为准,这些问题都是采用第二种方式所无法回避和亟待解决的。

2. 补充申报债权的最后期限如何确定

《企业破产法》第 92 条第 2 款规定,债权人未依照本法规定申报债权的,在重整计划执行期间不得行使权利……但这并不意味着,在重整计划执行前债权人可以随时申报债权。无期限的债权申报会严重拖延重整程序的进程,增加破产费用的支出,损害全体债权人及债务人的合法权益。实务中,多数管理人或法院都会明确补充申报债权的最后期限,一来可以明确债权人的权利义务,敦促其积极行使权利,二来可以减轻管理人的工作负担,让重整计划草案的制定和提交更加顺利。那么,重整程序中补充申报债权的最后期限如何确定?是公告的债权申报期届满之日，还是重整计划草案提交债权人会议表决之日，抑或人民法院裁定批准之日？为了避免重整计划草案在表决通过后又因个别债权的补充申报而作修改或调整，费时费力，本案破产管理人采取的做法是在债权申报通知和公告时明确告知逾期未申报的债权人应在重整计划草案提交债权人会议讨论前补充申报。同时，重整计划草案中明确规定，“经管理人通知申报未申报的债权视同放弃相关权利，自重整计划提交人民法院或债权人会议之日起管理人将不再接收；未接到债权申报通知的债权人可依据《企业破产法》第92条之规定行使权利”。

3. 重整程序中的股权质押如何及时解除

股权让渡是我国公司破产重整实践中运用最为广泛的一种出资人权益调整方式，但当让渡的股权存有质押登记时，及时、顺利地解除质押登记并办理股权变更手续，便成为重整计划顺利执行的关键所在。其实，为质权人提供担保的是出质股东，而不是公司。因此，在质押股权的部分或者全部让渡导致质押财产价值减少时，出质股东应以另行提供担保或者提前清偿的方式与质权人协议解除股权质押，质权人真正退出重整利害关系人群体，从而使重整计划所涉及的利益关系简化，确保重整计划的顺利执行。但同时，协议解除也存在极大的不确定性。例如，在出质股东无其他财产可另行提供担保或提前清偿的情况下，质权人与出质人很可能难以达成一致，或者出现因谈判时间过长而影响重整计划的执行效率等问题，由此债务人重整失败的风险大大增加。本案在重整计划执行时就面临此困境。虽然法院强制批准了海洲化学公司的重整计划草案，但因海洲化学公司原出资人股权存有质押登记，如果不先行解除，就无法履行重整计划，将股权变更至重整投资人名下。而根据审计报告，该股权价值为负数，故质权人的质权因无价值而事实上处于消灭状态。因此，重庆市长寿区人民法院向重庆市长寿区市场监督管理局出具协助执行通知书，函请该局协助执行重庆海洲化学品有限公司重整计划草案中的股权变更事宜。重庆市长寿区市场监督管理局对此予以大力支持，并充分尊重司法程序，简化相关流程，高效快捷办理了股权变更手续，从而为海洲化学公司重整助力，有效保障了全体债权人的利益。

（二）办案心得感悟

1. 管理人工作的注意事项

第一，“望闻问切”。管理人对破产企业，犹如医生对待病人，需要一丝不苟，关怀备至。而管理人要想深入了解破产企业,揭开那些不为人知的隐秘,驻场企业展开“望闻问切”显然是最有效的捷径。“望”,即在驻场期间,管理人可以在对债务人企业展开全方位的观察,大到生产车间、设备设施,小到食堂伙食、清洁卫生、职工表情等。通过观察,基本上可以大概了解企业文化,了解企业的经营面貌,对于企业所在领域、对应产品、组织架构做到心中有数。“闻”与“问”,是管理人获取讯息的主要通道。管理人在彻底熟悉债务人企业的情况之前,或者对某些事情感到疑惑时,需要大胆求证,多方询问,但同时需注意甄别信息的真伪。“切”,即通过驻场对企业有了充分了解后,管理人就需要对债务人进行“把脉”和“开方”,准确找到问题的症结所在,并运用管理权限解决问题。

第二,工作留痕。管理人在日常工作中,不仅需要勤勉尽责,还需要规范工作流程,做好工作记录。首先,管理人内部规章制度的建立必不可少,好的规章制度可以让管理工作有章可循,有条不紊。其次,做好每天的工作日志也很有必要,这不仅关系到对管理人工作的考核,还可能涉及应对各方的监督检查。最后,归档工作也是重中之重。法律文书、往来函件、财务凭证等材料都是至关重要的,管理人需要妥善管理和保存。

第三,重大事项报备。管理人虽然具有法律赋予的职权,在一线开展破产管理工作,但是对于一些重大事项,还是需要向法院或其他主管部门进行事前请示和事后报告。一方面是对监督机构表示尊重,互通信息。另一方面是寻求自我保护。毕竟,管理人对于所管理的事项只有法律限制下的管理权,并不是真正意义上的权利人。在本案办理过程中,管理人一进场就了解到企业可能的安全隐患,于是立即采取措施,给相关单位发函,同时抄送重庆市长寿区人民法院和政府主管部门。在得到重庆市长寿区人民法院和政府主管部门高度重视并妥善解决的同时,也规避了自身的法律风险。如果管理人没有及时报告,一旦海洲化学公司在其管理期间发生安全生产事故,后果将不堪设想。

2. 表决方式的灵活设置

针对重整计划草案的表决,管理人依据《企业破产法解释三》第 11 条第 1 款的相关规定,并结合本案实际情况,灵活采取网络会议、现场表决和线下非现场表决相结合的表决方式,效果显著,获得债权人广泛好评。

其中,由于会议时间为工作时间,几乎全部职工均因工作原因无法参加网络会议,故本案职工债权组仅采用线下表决方式参与表决。线下非现场表决提前进行,于会议当日同步统计结果。同时,为了提高表决效率,本案中职工债权组的表决采取委托职工代表代为行使表决权的形式,具体表现为全体职工债权人推选出10位职工代表,由各个职工向管理人出具授权委托书,特别授权某位职工代表代其行使对重整计划草案的表决权。当然,为了保障该组债权人公平、公正、公开地行使权利,管理人在召开职工债权组小组表决会时,承办法官、当地政府代表、债权人会议主席、职工工会主席等均列席会议,由债权人会议主席现场核验授权委托书并现场宣布表决结果,全程录音录像。基于此,既充分尊重职工债权人权利,又极大提高了表决效率,降低表决成本。

3. 债务人自营自管的创新探索

海洲化学公司是一家大型综合化工企业,系全国十七家掌握甲烷氯化物生产工艺的化工企业之一,其生产工艺技术含量高,危险系数高,管理人对其的生产经营管理有心无力。另一方面,海洲化学公司的管理人员和技术团队较为稳定,生产能力和销售资源并未丧失。本着有利于债权人、职工及对其他各方利益的考量,海洲化学公司向法院申请由其自行经营管理。但因为该案法定代表人自始至终均未出面主持工作,也未积极配合重整工作,怠于履行法定义务,将整体经营管理权交给企业,着实无法让人心安。因此,根据管理人的建议,人民法院灵活适用法律,裁定许可海洲化学公司自行管理营业事务,管理人管理海洲化学公司财产。这一举措充分利用了债务人和管理人各自的优势,巧妙解决了重整期间债务人的生产经营管理问题,也是对债务人自营自管进行的创新探索。与此同时,由于海洲化学公司流动资金枯竭,无法自行筹措生产运营所需资金,管理人向法院申请许可海洲化学公司以托管经营方式继续营业,不仅有效解决了重整期间职工就业问题,维持了化工装置的营运价值,还通过收取托管经营费,给重整提供了经费保障,从而为海洲化学公司重整赢得时间和机会。随着战略投资人的招募,管理人适时解除了托管经营,恢复海洲化学公司自主的生产经营。

4. 府院联动事半功倍

在办理该案过程中,法院和管理人积极探索建立府院联动机制,如前文所述。管理人与政府各部门、法院积极沟通,协调配合,使案件推进事半功倍。

三、理论问题探究

本案海洲化学公司在债权人、战略投资者、破产管理人和法院等各方的共同努力之下最终重整成功,实现了涅槃重生。但在整个重整程序的推进和重整计划的执行中,实际上面临着重重困难。本案除了实务操作的难点,也涉及较多破产法的理论问题。从本案主要涉及的争议焦点来看,首先,虽然法院强制批准了海洲化学公司的重整计划草案,但因重整计划拟让渡的股权存在质押负担,出资人与质权人又不愿配合债务人解除质押登记手续,从而严重阻碍了重整计划的顺利执行,由此引发了出资人权益强制调整的相关问题。其次,无期限的债权申报将严重影响重整程序的顺利推进,如何在债权申报中实现债权人保障和重整效率的平衡是值得重点探讨的问题。最后,海洲化学公司的 11 名高管人员曾提出要求将债务人欠付管理团队的年度考核工资一并纳入职工债权的书面异议,由此引发了高管的认定及其工资债权如何受偿的问题。

(一)完善出资人权益的强制调整制度

出资人权益调整,是指在破产重整程序中,对公司的现有股权结构如总股本、持股人、持股份额、持股比例进行相应调整,以用作债务清偿或引入重整资金,从而使公司获得重生,避免破产清算。① 由此可见,出资人权益的调整符合重整程序中各方主体异质化的利益需求,有助于实现资源的优化配置。出资人权益的调整可分为协商调整和强制调整两种方式,其中强制调整即出资人组未表决通过重整计划草案,法院经审查后予以强制批准,从而实现重整计划对出资人权益的强制调整。本案中,原有股东不愿意追加投资拯救债务人企业,然而从对海洲化学公司的模拟清算测评来看,普通债权、税金债权、职工债权、共益债务在清算程序中能够获得的清偿金额为零,甚至连破产费用可能都无法得到保障。为有效保持海洲化学公司的重整价值,保障全体债权人的清偿利益,本案的管理人在重整计划草案中对出资人权益进行了调整,通过股权让渡的方式引入外部

---

① 参见丁燕:《上市公司破产重整计划法律问题研究:理念、规则与实证》,法律出版社 2014 年版,第 75 页。

投资人。但经表决，出资人组并未通过重整计划草案，管理人遂向法院提出强制批准的申请。法院经审查认为该草案对出资人权益的调整公平、公正且未减损出资人利益，遂依法予以强制批准。

1. 出资人权益强制调整的理论基础

在公司正常经营时，股东依法享有公司的经营管理权和收益分配权。但在公司濒临破产时，股东的股权价值严重贬损甚至成为负值。与此同时，公司的剩余索取权与剩余控制权也从股东享有转移至债权人享有。一方面，对出资人权益进行调整不仅符合债权人优先保护的精神，也符合债权人利益最大化的具体目标，以间接提高债权清偿率。另一方面，对于公司陷入财务困境的情况，公司股东尤其是大股东往往负有不可推卸的经营管理失误等责任，其当然有义务配合公司重整，削减权益。① 此外，在重整程序中债权人通常以减免债务、变更清偿等形式，减轻债务人的偿债压力，为债务人重整做出巨大的牺牲。而权益未作调整的出资人却能够以零成本分享债务人重整成功的溢出效应，这对债权人来说显然是不公平的。② 因此，基于《企业破产法》"损失分担"的功能要求，有必要对出资人权益进行一定程度的调整，从而实现股东与债权人之间重整收益与风险负担的平衡。

2. 出资人权益强制调整的问题所在

通过法院强制批准重整计划草案的方式，实现对出资人权益的强制调整，有助于提高重整效率，促进困境企业重生，保护多数债权人利益。但此种方式却存在以下两个方面的问题：

第一，理论质疑。根据《企业破产法》对重整原因的规定，进入重整程序的债务人不一定都是资不抵债。③ 即使债务人已经资不抵债，其出资人享有的权益也并非一定虚化。原因在于企业的现实价值并不完全由资产与负债的比例决定，而是更多地取决于企业是否具有营利能力以及企业的综合资源在市场中的占

---

① 参见丁燕：《上市公司重整中股东权益调整的法律分析》，载《东方论坛》2014 年第 3 期。

② 参见陈景善、李魏：《上市公司破产重整中出资人权益调整机制之完善》，载《上海政法学院学报（法治论丛）》2021 年第 4 期。

③ 《企业破产法》第 2 条规定："企业法人不能清偿到期债务，并且资产不足以清偿全部债务或者明显缺乏清偿能力的，依照本法规定清理债务。企业法人有前款规定情形，或者有明显丧失清偿能力可能的，可以依照本法规定进行重整。"

比。[①] 同时,重整程序保留了公司,使其作为一个整体继续运转而盈利,股东对公司还享有预期价值。[②] 由此可见,在原有股东仍保有财产权益的情况下对其权益进行强制调整,应该以新老股东充分的知情协商、对公司价值的全面评估为基础,否则会对原有股东的财产权益造成侵害。此外,出资人权益包含对公司事务进行经营决策的身份权益。在出资人权益为负的情况下,出资人虽然丧失了从公司分取红利和股息的权利,但其通过在股东会上行使表决权进而对公司经营管理决策施加影响的权利并不当然丧失。[③] 因此,仅凭股权价值的丧失就要对股东身份权益进行调整,其合理性仍值得质疑。

第二,现实困境,即重整计划对出资人不具普遍的强制约束力,导致重整计划面临执行上的困境。虽然我国《企业破产法》规定重整计划可以对出资人权益进行调整,且出资人有权对该事项进行表决。但同时,立法也规定经法院批准的重整计划仅对全体债权人和债务人具有约束力,[④]出资人并未被归于其约束范围中。因此,如果缺乏出资人协商同意的要件,法院强制批准的重整计划显然无法有效约束债务人的出资人。例如,在重整程序中,重整计划若拟以让渡股权作为重整投资人投资款的对价,但如果出资人持有的股权被设定质押,出资人或质权人基于自身利益的考虑往往不愿配合债务人解除质押登记手续,从而会严重阻碍重整计划的顺利执行。本案海洲化学公司就曾面临股权质押解除的困境,为了避免破产清算,法院向市场监督管理局出具了协助执行通知书,函请该局协助执行重整计划中的股权变更事宜,从而有效保障了全体债权人的清偿利益。但本案法院出具协助执行通知书强制调整出资人权益的基础为所有质权人及出资人同时也是本案债权人受重整计划约束。如果没有这个基础,如前所述,一方面,《企业破产法》并没有明确赋予重整计划对出资人和质权人的法律约束力,重整计划将难以强制执行。另一方面,《企业破产法》明确规定了重整计划的执行

① 参见王欣新:《论新破产立法中债权人会议制度的设置思路》,载《法学家》2005 年第 2 期。

② 参见张钦昱:《论公平原则在重整计划强制批准中的适用》,载《法商研究》2018 年第 6 期。

③ 参见唐旭超:《论上市公司重整中的股东权益》,载《政治与法律》2014 年第 6 期。

④ 《企业破产法》第 85 条规定:"债务人的出资人代表可以列席讨论重整计划草案的债权人会议。重整计划草案涉及出资人权益调整事项的,应当设出资人组,对该事项进行表决。"第 92 条第 1 款规定:"经人民法院裁定批准的重整计划,对债务人和全体债权人均有约束力。"

主体和执行不能的后果，而没有留给法院协助执行的空间。[①] 换言之，当债务人执行不能时，法院应当依申请终止重整程序而转入清算程序。如果法院在没有合法依据的情况下积极依职权介入重整计划的执行，或许不符合其消极中立的定位与重整程序中利益平衡的要求。[②]

3. 出资人权益强制调整的完善建议

第一，细化公平、公正的标准。根据《企业破产法》规定，出资人权益的强制调整需要公平、公正。[③] 然而该公平、公正的标准过于原则和抽象，致使破产实践中的做法不一。因此，立法应对出资人权益调整的公平、公正标准予以细化和明确。需要注意的是，公平对待所有出资人并不是简单地按相同比例进行调整的问题，而是一个寻求真实的出资人权益按照相同的比例和条件予以调整的问题。[④] 换言之，对于不同性质、不同内容、不同持股数量的股东应当设计有差别的权益调整方案，并且权益调整的范围、方式、力度等都应当以公平、公正的标准加以审查。具体考量因素如相应股东在重整前对企业生产经营所做的贡献、对企业陷入破产状态是否存在过错或应当承担责任的大小、重整期间是否积极配合管理人开展工作、出资人权益调整对债务人状况改善的影响等。[⑤]

第二，加强程序性保障。出资人权益调整是出资人、重整投资人、债权人之间利益的平衡和博弈，不涉及国家公共利益。因此，在私权的处分和转让中应当充分尊重当事人的意思自治，不能在既没有约定也没有法律规定的情况下通过强制方式进行。[⑥] 换言之，立法应当赋予出资人法定、正式的渠道参与重整计划

---

① 《企业破产法》第89条规定："重整计划由债务人负责执行。人民法院裁定批准重整计划后，已接管财产和营业事务的管理人应当向债务人移交财产和营业事务。"第93条第1款规定："债务人不能执行或者不执行重整计划的，人民法院经管理人或者利害关系人请求，应当裁定终止重整计划的执行，并宣告债务人破产。"

② 参见齐明：《我国上市公司重整中出资人权益强制调整的误区与出路》，载《法学》2017年第7期。

③ 《企业破产法》第87条第2款第4项规定："重整计划草案对出资人权益的调整公平、公正，或者出资人组已经通过重整计划草案。"

④ 参见邹海林：《破产法——程序理论与制度结构解析》，中国社会科学出版社2016年版，第425页。

⑤ 参见陈景善、李魏：《上市公司破产重整中出资人权益调整机制之完善》，载《上海政法学院学报（法治论丛）》2021年第4期。

⑥ 参见齐明：《我国上市公司重整中出资人权益强制调整的误区与出路》，载《法学》2017年第7期。

的起草与制定中,使其能够充分表达自身的诉求。同时,需要充分保障股东的知情权和异议权。一方面,破产管理人应将与出资人权益调整密切相关的信息向股东披露,确保股东对出资人权益调整方案作出理性的判断。[①] 另一方面,在法院强制批准重整计划草案前,应允许股东对出资人权益调整的事项提出异议,法院则应当组织股东、债权人、重整投资人等利害关系人参与听证会,听取各方主体的意见,从而充分保障出资人的合法权益。

第三,明确重整计划对全体利害关系人的法律约束力。前文述及,由于法院强制批准的重整计划不能约束公司原有股东,因而无法产生强制调整其权益的法律效果,由此必然产生重整计划的执行难问题。事实上,重整计划是多方利益主体相互博弈、相互妥协从而达成一致的契约,规定重整计划对其所涉及的各方利害关系人均具有普遍约束力,符合法理。[②]

(二)重整程序中补充申报债权的限制及后果

破产法并不具有创设或消灭实体权利的功能,其只是为债权实现提供一种区别于个别执行的概括清偿程序。因此,债权申报作为民事债权转化为破产债权的程序性条件,[③]并不影响当事人所享有的实体权利,债权的申报期间也不应具有除斥期间的效果。但无期限地等待会影响重整程序的顺利推进,增加重整成本。对此,本案管理人在发布的债权申报通知和公告中对补充申报债权的最后期限作了规定,即债权人应在重整计划草案提交债权人会议讨论前补充申报。如此一来,既兼顾了对债权人债权的公平保障,又考虑到重整程序对效率的追求,使重整计划草案的制定和表决更加顺利。

1. 补充申报债权的期限与费用

《企业破产法》第56条规定了破产清算程序中补充申报债权的期限。[④] 在重

---

① 参见曹文兵:《上市公司重整中出资人权益调整的检视与完善——基于51家上市公司破产重整案件的实证分析》,载《法律适用》2018年第17期。

② 参见齐明:《我国上市公司重整中出资人权益强制调整的误区与出路》,载《法学》2017年第7期。

③ 参见付翠英:《论破产债权的申报、调查与确认》,载《政治与法律》2015年第2期。

④ 《企业破产法》第56条规定:"在人民法院确定的债权申报期限内,债权人未申报债权的,可以在破产财产最后分配前补充申报;但是,此前已进行的分配,不再对其补充分配。为审查和确认补充申报债权的费用,由补充申报人承担。债权人未依照本法规定申报债权的,不得依照本法规定的程序行使权利。"

整实务中,管理人或法院出于尽快稳定法律关系、节约重整成本的考虑,通常也会参照该条设定债权的补充申报期限。但对于该期限如何确定,学界仍存在争议。有学者认为,为了避免造成重整程序的浪费与不当延误,损害绝大多数债权人的利益和法律的尊严,债权的补充申报应当在重整计划草案提交债权人会议表决前完成。① 也有学者认为,未按期申报的债权应当在重整计划报送法院批准之前补充申报。② 另有学者认为,在重整计划执行阶段允许补充申报债权并不意味着一定要对重整计划进行修改,因此债权人可在重整计划执行完毕之前补充申报,但其权利行使将被暂时冻结,直至重整计划执行完毕后方可恢复。③ 基于成本与效益的考量,或许债权人应在重整计划草案提交债权人会议表决之前补充申报债权。若允许债权人在债权人会议表决通过重整计划草案后补充申报,意味着重整计划草案可能需要重新制定或修改,那么此前所有工作均作废。同时,重整案件中往往债权人人数众多,短时间内召集债权人重新讨论并表决重整计划草案不仅难度较大而且费时费力。④ 因此,相较而言,将补充申报的最后期限定在重整计划草案提交债权人会议表决之前,更能体现公平与效率的平衡。

对于审查和确认补充申报债权而产生的额外费用,《企业破产法》第 56 条同时规定由补充申报的债权人承担,以敦促其积极行使权利,减少破产费用的支出,提高重整程序的效率。然而该规定较为原则,实务中多数法院也并未制定相应的收费标准,因此破产管理人通常不会主动收取补充申报费用,这在无形中放纵了怠于申报债权的行为,损害了全体债权人的利益。其实,在上位法未作明确规定的情况下,人民法院或破产管理人可以对费用收取的有关问题进行细化,从而明确债权人补充申报债权的成本支出。例如,在《重庆破产法庭企业破产案件审理指南(试行)》中,费用标准可以综合审查确认难易程度、逾期时间、逾期申报对破产工作的影响等因素加以确定。⑤ 需要注意的是,虽然补充申报期间适用于

---

① 参见王欣新:《论破产程序中的债权申报》,载《人民法院报》2010 年 8 月 4 日,第 007 版。

② 参见郑志斌、张婷:《困境公司如何重整》,人民法院出版社 2007 年版,第 140 页。

③ 参见郗伟明:《论破产重整中未按期申报债权之处置》,载《法商研究》2012 年第 6 期。

④ 参见张善斌、翟宇翔:《破产重整程序中未按期申报债权处理方式的选择与构建》,载《河南财经政法大学学报》2020 年第 4 期。

⑤ 《重庆破产法庭企业破产案件审理指南(试行)》第 62 条第 1 款规定:"在人民法院确定的债权申报期限内,债权人未申报债权的,可以在破产财产最后分配前补充申报;但是,此前已进行的分配,不再对其补充分配。为审查和确认补充申报债权的费用,由补充申报人承担,费用标准可以综合审查确认难易程度、逾期时间、逾期申报对破产工作的影响等因素加以确定。"

全体债权人,但不区分缘由而一律由补充申报人承担费用的做法欠缺妥当。因此,承担补充申报费用的主体主要是故意不申报债权或只申报部分债权的债权人。对于因不可归责于自身过错造成逾期补充申报而产生的相关费用,则应由存在过错的破产管理人承担,或者作为破产费用由债务人财产清偿。

2. 逾期未申报债权的法律后果

根据《企业破产法》的规定,补充申报债权的期限经过后,仍未申报债权的债权人将丧失参与重整程序的程序性权利,但其在实体上仍享有债权,可以在重整计划执行完毕后请求债务人清偿。① 由此可见,我国立法倾向于不区分缘由而给予未申报债权人最大限度的保护。同时,由于重整成功后债务人的主体资格依然延续,债权人向债务人主张权利并不违背债的相对性原理。但从实践执行的情况来看,该规则或许与重整制度的拯救功能和概括清偿属性不相吻合。② 一方面,债务人执行重整计划完毕后,仍然要用其后续经营所得向未申报的债权作出额外的清偿,实际上是加重了债务人的负担,突然涌现的债务也可能使其陷入二次破产的困境。另一方面,客观上使得未申报债权与申报债权获得同等的清偿地位,不仅会对积极配合债权申报工作的债权人不公平,亦会对债权人产生不按期申报或不全额申报债权的负面激励,如部分债权人故意降低正常申报债权的数额,以提高重整计划中对普通破产债权的清偿比例,然后在重整计划执行完毕后,要求债务人按照这一较高比例对补充申报债权进行清偿,从而损害债务人利益。因此,或许可以这样理解,《企业破产法》第92条"可以按照重整计划规定的同类债权的清偿条件行使权利"中的"可以"一词表明其并非效力强制性规定,具有解释上的弹性,应对未按期申报的原因进行区分,从而赋予不同的法律效果。③ 凡是在破产案件受理时,人民法院或者管理人对已知债权人已经送达申报债权通知,债权人仍放弃权利,不在重整程序中申报或补充申报债权,在重整计划执行完毕后又要求清偿的,人民法院应不予支持。④

对于该问题,本案管理人则是在重整计划草案中作了明确规定:"经管理人

---

① 《企业破产法》第92条第2款规定:"债权人未依照本法规定申报债权的,在重整计划执行期间不得行使权利;在重整计划执行完毕后,可以按照重整计划规定的同类债权的清偿条件行使权利。"

② 参见韩长印、张旭东:《重整程序中未申报债权的清偿规则研究》,载《法律适用》2021年第9期。

③ 参见郗伟明:《论破产重整中未按期申报债权之处置》,载《法商研究》2012年第6期。

④ 参见王欣新:《论破产程序中的债权申报》,载《人民法院报》2010年8月4日,第007版。

通知申报未申报的债权视同放弃相关权利，自重整计划提交人民法院或债权人会议之日起管理人将不再接收；未接到债权申报通知的债权人可依据《企业破产法》第92条之规定行使权利。”《企业破产法》第92条明确赋予未申报债权人在重整计划执行完毕后请求清偿的权利，而重整计划草案却对该内容进行排除，似乎违反了法律规定应被视为无效。但从法律适用的角度来看，经过多数决通过的重整计划草案是债权人自治的体现，应优先于前述任意性规范予以适用。同时，考虑到重整计划独有的强制拟制同意和概括清偿的功能，将“未申报债权的债权人”解释进《破产法》第92条第1款中的“全体债权人”，亦符合《破产法》的初衷和目的。① 因此，重整计划中关于故意未按期申报债权后果的规定，经人民法院裁定批准后将产生法律上的约束力，包括未申报债权人在内的全体债权人都应当遵守。②

（三）高管范围及其工资清偿规则

在破产程序中，公司高管享有职工债权的优先清偿地位。所以如何认定破产企业的高管，将在一定程度上影响其他职工和普通债权人的清偿利益的实现。根据《公司法》第216条第1款第1项规定，公司高管是指公司的经理、副经理、财务负责人、上市公司董事会秘书和公司章程规定的其他人员。然而实务中对该条的理解却存在争议，如对《公司法》所规定的“经理”的具体内涵理解的争议。就公司法对权力制衡原则的贯彻而言，普通职能部门的经理若属于高管范畴，无疑会承担较严格的义务与责任，但其却不拥有与公司高管相匹配的对公司经营管理具有重要影响的权力或职权，可见这不符合权利与义务相统一的法理。在“黄某平、山东中闽房地产开发有限公司破产债权确认纠纷”案中，③二审法院认为黄某平系中闽房地产公司营销部门的部门经理，既不属于公司法规定的高管，也不属于公司章程规定的高管；同时，从有关证据来看，黄某平在公司经营中

---

① 参见韩长印、张旭东：《重整程序中未申报债权的清偿规则研究》，载《法律适用》2021年第9期。

② 该观点在司法实践中有所印证，参见“衢州乾达科技有限公司与浙江海蓝化工集团有限公司房屋租赁合同纠纷上诉案”，浙江省高级人民法院（2018）浙民终93号判决书。该案中，法院认为原告非因不知晓重整程序等客观原因不申报债权，而是怠于申报债权，可视为放弃了申报债权、表决重整计划草案等相应的权利。所以，重整计划中关于逾期申报债权人不得向重整后的企业主张权利的内容对原告具有约束力。

③ 参见山东省潍坊市中级人民法院民事判决书，（2021）鲁07民终1295号。

并不具有决策权,以上事实均能证明其身份不属于公司高管。因此,公司高管应当是能够通过一定程序对公司战略经营方向和计划做出决策,或者对公司的生产经营活动有重大影响力的人。根据公司的性质和营业范围,高管应当涵盖总经理、副总经理,以及不同行业的技术、业务、人力资源的主要负责人员。另外,在现实的公司经营中,掌握控制权的人不一定挂有高管头衔,挂有高管头衔的人也不一定就有实权。因此,破产管理人应当结合实际情况谨慎判断,如根据该员工的职权职责、工资待遇等因素综合认定该员工是否属于公司高管。在本案中,破产管理人根据对海洲化学公司的人力资源和普通员工的调查得知,凡是头衔上带有"总"字的在公司就属于享有实权的高管,于是据此锁定高管范围。

在不同情况下,高管的工资清偿规则存在一定差别。首先,根据《企业破产法》第 113 条第 3 款规定:"破产企业的董事、监事和高级管理人员的工资按照该企业职工的平均工资计算。"换言之,在破产受理前企业就已经处于欠薪的状态下,为了解决企业内部受偿比重畸形问题,防止因高管受偿额过大造成其他债权人权益的减损,高管的工资债权只能按照企业职工的平均工资计算,①而不再依据其任职期间个人理应所得工资待遇进行清偿。其次,在法院受理破产申请后,债务人因处于持续运营状态而支付的高管工资,应按照《企业破产法》第 42 条、第 43 条的规定作为共益债务随时清偿,②具体工资标准由破产管理人或债务人与高管重新协商确定。最后,若高管在债务人普遍拖欠职工工资情况下仍获取了工资性收入,破产管理人追回后,该部分工资性收入在企业职工平均工资范围内的,可以作为职工债权请求优先清偿,而高出企业职工平均工资的部分只能作

---

① 企业职工平均工资的计算基数可参考《中华人民共和国劳动法》《国家统计局关于工资总额组成的规定》等法律法规及相关司法解释关于工资组成的规定。

② 《企业破产法》第 42 条规定:"人民法院受理破产申请后发生的下列债务,为共益债务:(一)因管理人或者债务人请求对方当事人履行双方均未履行完毕的合同所产生的债务;(二)债务人财产受无因管理所产生的债务;(三)因债务人不当得利所产生的债务;(四)为债务人继续营业而应支付的劳动报酬和社会保险费用以及由此产生的其他债务;(五)管理人或者相关人员执行职务致人损害所产生的债务;(六)债务人财产致人损害所产生的债务。"第 43 条第 1 款规定:"破产费用和共益债务由债务人财产随时清偿。"

为普通破产债权清偿。[1] 需要注意的是,如果企业职工平均工资水平远高于社会平均工资水平,基于破产财产的有限性,若不对职工债权的最高额度进行限制,有可能使得普通债权人的清偿率极低。因此,从理论上来看,在对高管按照企业平均工资水平计算债权的同时,有必要对其工资债权的时间和清偿数额作一定的限制,从而寻求各方主体的利益平衡,以保障债权清偿的公平公正。

① 最高人民法院《关于适用〈中华人民共和国企业破产法〉若干问题的规定(二)》第24条规定:"债务人有企业破产法第二条第一款规定的情形时,债务人的董事、监事和高级管理人员利用职权获取的以下收入,人民法院应当认定为企业破产法第三十六条规定的非正常收入:(一)绩效奖金;(二)普遍拖欠职工工资情况下获取的工资性收入;(三)其他非正常收入。债务人的董事、监事和高级管理人员拒不向管理人返还上述债务人财产,管理人主张上述人员予以返还的,人民法院应予支持。债务人的董事、监事和高级管理人员因返还第一款第(一)项、第(三)项非正常收入形成的债权,可以作为普通破产债权清偿。因返还第一款第(二)项非正常收入形成的债权,依据企业破产法第一百一十三条第三款的规定,按照该企业职工平均工资计算的部分作为拖欠职工工资清偿;高出该企业职工平均工资计算的部分,可以作为普通破产债权清偿。"

第二编　和　解　编

案例一 重庆忠荻商业管理有限公司破产和解案*

债务人重庆忠荻商业管理有限公司(以下简称忠荻商业公司)因无法清偿到期债务且已经资不抵债被债权人申请进入破产清算程序。本案从立案到达成和解协议,用时14个月,而和解协议的履行仅用时36天,最大限度地提高了破产案件审判效率,降低了破产程序成本。市场化的化债方式、合理的履约保障是本案得以迅速解决债务、实现企业恢复运营的关键。在理论层面,本案的顺利审结与高效履行,充分彰显了破产和解制度的价值与优势。市场化的化债方式中常见的同债不同偿的设置,体现了破产制度注重效益的价值取向以及破产和解程序对意思自治的尊重。法院对和解协议草案表决程序的全体一致决限制,从程序正义角度进一步增强了同债不同偿的合法性与可行性。此外,本案中和解协议的迅速履行有赖于债务人的配合,确保债务人不损害债权人利益,需要完善和解协议履行监督机制,针对和解协议的达成与履行阶段设置不同的监督机制。譬如,设立专门监督人并构建监督人名册统一监督人职责。

---

* 执笔人:罗琳,大信会计师事务所(特殊普通合伙)重庆分所项目经理;杨博,大信会计师事务所(特殊普通合伙)重庆分所高级审计员;常烨,西南政法大学民商法学院博士研究生。

一、案件基本情况

(一)债务人基本情况

忠获商业公司于2013年8月26日成立,注册资本5000万元,法定代表人易某,经营范围为:商业管理;建筑相关业务。截至忠获商业公司被申请破产时,其名下的主要资产为价值约3000万元的商业用房,但该商业用房尚未办理产权转移过户手续,且已被重庆市渝中区人民法院、重庆市九龙坡区人民法院采取保全措施,即将面临司法拍卖。忠获商业公司的债权人数量众多,负债金额也较大,财务资料严重缺失,具体资产与负债情况亟待审计核查。此外,忠获商业公司还有部分合同尚未履行完毕。

(二)案件受理情况

2017年9月8日,重庆忠获一号股权投资中心(有限合伙)以忠获商业公司无法清偿到期债务且已经资不抵债为由,向法院申请对忠获商业公司进行破产清算。法院认为被申请人存在不能清偿到期债务的事实且资不抵债,具备破产原因,裁定受理申请人重庆忠获一号股权投资中心(有限合伙)对被申请人忠获商业公司的破产清算申请,并于2017年11月13日指定大信会计师事务所重庆分所担任忠获商业公司破产管理人。

管理人随即进驻忠获商业公司,全面接管其印鉴、银行账户、文书档案,对其财产进行调查清理。2017年12月22日,审计机构进驻忠获商业公司,开始清理财务资料。管理人对忠获商业公司未履行完毕的合同进行了清理,多次向忠获商业公司了解合同履行的具体情况,基于债务人财产价值最大化、兼顾社会公共利益等原则,管理人决定继续履行租赁项目招租代理合同与场地委托管理合同。

债权的申报与审查是破产程序中的核心环节,这一环节的工作质量直接决定了破产程序推进的效率。该案中,管理人采取多种途径通知债权人申报债权,对于审计机构清理的会计凭证,如发现账面记载的应付款单位在忠获商业公司提供的债权人名单中未记载的,管理人也通过电话、邮件、书面发函的方式告知这类债权人申报债权。最终有26位债权人的28笔债权申报,申报总金额为111,598,416.34元,均为普通债权。经管理人、忠获商业公司、审计人员三方的共同审查，确认债权总金额为99,274,305.56元。为了确保债权人会议的顺利召开，管理人在第一次债权人会议召开前，将审查结果、审减金额及原因告知全体债权人，在债权人会议上则以债权审查告知书的形式送达全体债权人，减少了不必要的异议。

在了解到债权人与忠获商业公司均有和解意向后，管理人及时就和解协议草案与双方沟通。2018年3月19日、22日，管理人先后两次向所有债权人公示和解协议草案。2018年3月27日，忠获商业公司第一次债权人会议顺利召开，债权人一致通过了《财产管理方案》。2018年4月1日，忠获商业公司以具备破产条件但破产清算不利于债权人清偿为由，向法院提出破产和解申请。法院经审查，于2018年5月23日裁定忠获商业公司和解。为了确保和解协议的可执行性，设置了第三方投资人受让股权转让款的履约保证金条款。同时，管理人与第三方投资人逐项落实投资款及保证金支付流程，争取股权质押权人的支持，避免质押无法解除而延误股权转让的进程。在落实了和解协议的可执行性后，2018年11月22日，忠获商业公司第二次债权人会议召开，参加会议的各债权组所有债权人全部赞成并表决通过了忠获商业公司破产和解协议草案。和解协议草案得到债权人会议通过后第二天，即2018年11月23日，法院裁定认可和解协议。

（三）和解协议执行情况

人民法院裁定认可和解协议后，管理人立即开展和解协议执行工作。管理人首先联系股权质押权人准备股权质押所需资料、将价值约3000万元的商业用房登记至忠获商业公司所需资料以及忠获商业公司原股东股权转让资料。前述三项资料准备完毕后，管理人协助各方前往不动产登记中心、两江新区政务服务大厅办理产权登记、股权质押解除以及股权转让事宜。在投资人投资款全部支付后，管理人立即联系债权人提供债权清偿确认书，按照清偿确认书提供的账户信息开展债权清偿工作，留存支付凭证，做好财务记录。最后，管理人向投资人办理交接工作，将管理人管理的债务人证照、财务资料等移交企业。在按照和解协议约定及法律规定履行完各项工作后，管理人撰写职务报告并向人民法院汇报执行情况。

2018年12月29日，法院认为忠获商业公司产权过户、股权变更及案款兑现等重要事项均已办理完毕，忠获商业公司已按照和解协议清偿了应当清偿的全部到期债务,和解协议已全部履行完毕,裁定终结忠获商业公司破产程序,忠获商业公司在投资人的管理下恢复正常经营。

二、实务经验总结

忠获商业公司从法院裁定和解到和解协议草案经债权人会议表决通过,仅用时6个月。在较短暂的时间中,管理人需完成投资协议签订、履约保证金支付、和解协议草案制定、债权人意见摸底、股权质押权人意见沟通、资产过户税费测算等各项工作,前述工作中不仅涉及法律问题,还涉及大量商业谈判、税务统筹、工商变更等各项工作,对府院联动机制、管理人主观能动性都有较高要求。

(一)重点焦点分析

1. 破产清算转为破产和解的可行性问题

实践中,债务人提出的清算转和解申请需由人民法院审查其申请的合法性和可行性,再作出是否受理的裁定。人民法院审查的关键因素主要是债权人对清算转和解的意见、是否已经制定可行的和解协议草案以及债权人对和解协议草案的意见。因此,债务人向人民法院提出清算转和解不仅仅是递交书面的申请文书,更重要的是在申请前完成了人民法院重点审查的前述工作。本案中,为了实现清算转和解程序的目标,使忠获商业公司在主体资格不灭失的情况下,通过与债权人达成债权清偿方案完成执行从而退出司法程序,恢复正常经营,管理人做了多方面的准备工作。

首先,管理人积极寻求债权人对破产和解程序的认可,为债权人支持和解工作奠定基础。忠获商业公司绝大部分债权人并非法律专业人员,不具备法律专业知识,对于破产程序、程序之间有何区别均缺乏认识。为了获得债权人对清算转和解的支持,管理人制作了破产三大流程比较图表,主动联系主要债权人召开会议,向债权人介绍破产和解程序较清算程序的优点、破产和解程序的操作流程等,使主要债权人对两个程序的区别以及后续工作步骤有了较清晰的认识与了解。

其次,管理人积极寻找投资人,落实偿债资金来源。在主要债权人表示支持清算转和解程序后,管理人开始协助忠获商业公司寻找战略投资人。在主要债权人推荐下,管理人了解到某房地产公司有意向收购债务人的商业用房。管理人与主要债权人、忠荻商业公司法定代表人前往该房地产公司,进行了多轮沟通接洽,最终说服该房地产公司通过受让忠荻商业公司股权的方式获得对前述资产的实际控制权。为了向法院证明该和解方案的可行性,管理人协同投资人向人民法院提供了投资人资金能力的证明,并成功说服投资人在债权人表决和解协议草案前提前支付履行保证金,并垫付资产登记至忠荻商业公司名下的各项税费。经过多轮协商谈判,忠荻商业公司原股东与某房地产公司成功签订协议,约定股权转让及投资款用于清偿忠荻商业公司债权等各项事宜,通过投资人与忠荻商业公司及原股东签订的协议、支付的履约保证金及垫付资产过户各项税费等证据,管理人向人民法院证明了忠荻商业公司已成功引入战略投资人,不需通过清算程序变现资产的方式清偿债权,已具备和解方案执行基础。

再次,管理人协助忠荻商业公司制定和解协议草案,并取得债权人支持。在完成忠荻商业公司、原股东与投资人协议签订工作后,管理人立即协助忠荻商业公司制定和解协议草案,该协议草案包括完善忠荻商业公司债务情况、资产情况等基本内容,重点阐述忠荻商业公司在破产清算和破产和解不同程序下耗费的时间成本、费用测算、每项流程的操作步骤、不同程序下债权清偿演算。为了使债权人有更为清楚的认识,管理人对在破产清算程序中,破产财产不同处置价格下的债权清偿率均进行了测算,以证明和解程序下的清偿率均高于破产清算程序下的清偿率。另外,管理人协助忠荻商业公司详细地制定了和解操作流程,明确每一步骤下的责任人及完成时间,确保方案的可执行性。另外,按照《企业破产法》规定制定破产费用、共益债务及破产债权清偿顺序。忠荻商业公司和解协议草案经过多次修改调整与完善,在人民法院审查与指导后,确定该方案具备合法性和可执行性。同时,管理人及时向人民法院汇报债权人对和解协议草案意见,保障人民法院了解债权人动态。

最后,管理人努力说服相关权利人配合推进和解程序。由于各方议定的和解模式为以向第三方投资人转让忠荻商业公司股权换取债务清偿款,和解后投资人将100%控股忠荻商业公司,投资人为了避免承担股东责任,要求在受让忠荻商业公司股权前,处置忠荻商业公司享有的某公司股权。但忠荻商业公司该笔对外股权投资在破产受理前已质押给债权人,若要处置该股权则需质押权人同意并配合办理解除手续。为了推进和解程序,人民法院、管理人及部分债权人多次与该质押权人沟通，最终获得其支持。

2. 和解方案的选择问题

在向法院申请和解前，需要开展和解协议草案制定工作。如何选择和解模式、投资人如何介入、如何通过和解协议草案约束各方权利义务，以实现债权清偿的和解目的是管理人需要着重考虑的问题。与重整程序相似，和解模式通常包括：以资产处置价款清偿负债、以股权转让价款清偿负债等。由于投资人的目的是获得忠获商业公司所有的商业用房，最初投资人希望通过直接支付该房产对价方式参与和解程序。但管理人考虑到，该处资产只是通过人民法院判决的方式确定忠获商业公司享有所有权，若通过出售资产方式，则忠获商业公司商业用房通过两次资产过户登记方可由投资人所有。在这个过程中，忠获商业公司将分别支付一次买方税费和卖方税费，该笔费用按照《企业破产法》规定属于破产费用，应当从财产处置款中优先清偿，即意味着债权受偿金额将缩减，不利于债权人受偿。

鉴于此，管理人提出股权收购方式，即忠获商业公司原股东转让其持有的公司全部股权给投资人，投资人成为忠获商业公司实际控制人，间接享有了该处房产。该种模式的优点是减少了一次资产过户的税费，但对于投资人而言，其承担了破产程序中未向管理人申报债权的隐形负债问题。为了消除投资人顾虑，管理人通过审计报告清理出账面记载应付款但未申报的债权，通过预留风险保证金、债权人豁免声明的方式解决该问题。经与投资人沟通，最终确定了按照"附条件股权转让"（承债式股权收购）的方案制定和解协议，即通过忠获商业公司全体股东转让全部股权，转让条件为投资人按照忠获商业公司资产评估价值支付对价款用于清偿忠获商业公司债务。相比于资产收购，此方案可以为投资人避免高额税费，也从侧面提高了债权清偿率。

3. 承债式股权收购模式下隐形负债问题

为减少资产过户登记产生的破产费用，提高债权清偿率，管理人向投资人提出了通过受让忠获商业公司股权从而间接享有其商业用房的和解模式。但投资人提出担忧：100%受让公司股权后，虽然对外而言忠获商业公司与股东之间是人格独立的，但若存在破产债权未通过破产程序申报受偿的问题，按照《企业破产法》的规定，补充申报的债权依旧可以向企业主张，要求按照和解协议同类债权清偿方案受偿。投资人受让公司全部股权后，发生前述情形的，实际是由投资人承担清偿义务。股权转让虽然提高了该案的清偿率,但也提高了投资人受让股权后的风险,该问题将直接影响第三方投资人的交易意愿。因此,如何降低隐形负债风险,提升第三方投资人对股权转让交易的信心,是需要重点关注的焦点问题。

为此,管理人提出如下解决方案。

管理人协同审计团队清理出账面所有应付款项,对比债权申报情况,清理出账面记载应付款但未向管理人申报的债权。管理人清理后发现,该种未申报的债权全部为忠获商业公司关联企业或忠获商业公司法定代表人实际控制的企业,其应付款项的形成多数为往来款。随后,管理人向忠获商业公司法定代表人易某沟通,征询其意见,询问其是否可以出具债务豁免声明。易某表示为了支持忠获商业公司破产和解,愿意放弃前述关联公司对忠获商业公司享有的债权。最终,经管理人清理,忠获商业公司账面记载应付款但未向管理人申报的债权人均向管理人出具放弃债权申报及受偿的书面说明,管理人同时向法院提交备案。

和解协议执行完毕之后产生的负债风险,是投资人最为关注的问题。为避免该风险,忠获商业公司约定两年的风险保证期,在两年之内补充申报的债权人可参与对上述风险保证金的分配;在风险保证期间届满后申报的债权人,由于经过诉讼时效,其债权不受法律保护,投资人也就拥有了抗辩的权利,自然也就化解了这类潜在风险。在前述两项措施下,投资人的风险得到了有效控制,投资人也因此接受了通过受让股权的方式参与和解程序的方案。这一方案有助于减少破产费用支出,提高债权清偿率。

4.资产过户中税费核算标准问题

忠获商业公司主要资产为商业用房,但在破产受理前由于忠获商业公司缺乏现金,未能办理产权转移过户手续。投资人表示即使通过受让股权的方式间接享有了该处资产的权利,仍旧需要办理登记手续,将资产登记至忠获商业公司名下。据管理人向税务机关了解,税务机关拟根据资产当前评估价值作为税收计算基础,但该种方式下,忠获商业公司需要缴纳较高昂的税款,而该笔费用按照《企业破产法》规定将作为破产费用,从投资人清偿款中优先支付。若按照该种计税标准,债权人受偿金额将进一步减少,债权清偿率降低。

为了减少忠获商业公司资产过户的税费压力,管理人与忠获商业公司的法定代表人多次前往税务机关沟通资产过户税费缴纳事宜,并及时向人民法院汇报。法院在知晓该情形后，立即通过书函与税务机关沟通，表示鉴于忠荻商业公司资产严重不足以清偿负债的情况，为维护债权人利益，提高债权清偿率，恳请税务机构在合法征税的前提下，考虑采用有利于推动破产和解进程的方式征收忠荻商业公司资产过户的税费。经过法院、管理人的努力，税务机关最终采取了重置成本的方式计算税款，从而进一步减少了破产费用支出，提高了债权清偿率。

5. 同类债权不同清偿率的合法性问题

说服债权人接受和解方案，不管对于债务人还是管理人来说都是一项重大的挑战。本案中更为困难的是，债务人制定的和解方案中对于同种类债权的清偿比例不一致。按《企业破产法》精神，企业由于资不抵债不能清偿到期债务的，通过破产程序是为了实现对债权人的公平清偿，同类债权不同清偿比例，或许存在突破《企业破产法》规定，损害债权人权益之嫌。

和解协议草案是债务人与债权人就债权清偿意思自治的结果，根据《企业破产法》第 97 条规定，和解协议草案由出席会议的有表决权的债权人过半数同意，并且其所代表的债权额占无财产担保债权总额的 2/3 以上，即视为债权人会议通过和解协议草案。忠荻商业公司和解协议草案提交人民法院审查时，人民法院提出，该和解协议草案对同类债权人采取了不同的清偿方式，不应当适用《企业破产法》关于和解协议草案规定的审议表决原则，否则存在利用多数人的同意侵害少数人权益的情形。因此，人民法院要求，若忠荻商业公司和解协议草案对同类债权人采取不同清偿率，则需所有债权人均同意该和解协议草案，方可视为债权人会议通过。忠荻商业公司债权人包括职工债权人 12 名和普通债权人 15 名，管理人与忠荻商业公司法定代表人通力协作，通过电话、当面拜访等方式与债权人沟通解释，对于银行金融机构债权人，协助其提供银行内审所需资料，推动内审程序进展；对于在和解协议草案中受偿比例较其他同类债权人低的债权人，做好解释工作。最终，全体债权人均同意该和解协议草案，达到了人民法院对和解协议草案合法性的认可。

6. 和解协议可执行性的保障问题

忠荻商业公司和解模式为股权转让，看似通过投资人受让股权，支付款项用于清偿债权即可解决所有问题。但在这之中，还涉及投资协议、与股权质押权人协商谈判、资产过户登记、原股东之一在国外如何转让其持有的股权、投资人履约保证金支付等各项问题。每个问题牵一发而动全身,任何环节不能落实,将导致连锁反应,最终可能致使和解协议不能执行。为了避免风险发生,管理人协助债权人在和解协议草案中明确各个环节的操作步骤,明确责任人与执行人,确定各个环节参与人均认可执行方式。例如忠获商业公司其中一个股东常年居住国外,为了配合办理股权转让事宜,管理人与其沟通,最终该名股东为支持和解工作,回国办理公证委托,合法授权他人为其持有的股权办理转让工作。股权质押权人为维护其利益,提出提前清偿其部分款项方同意协助办理股权质押解除事宜。为此,管理人向其他债权人征求意见,在获得其他债权人同意的基础上,在和解协议草案操作步骤中设定对股权质押权人解除股权质押的补偿措施。为保证和解协议草案的合法性和可执行性,管理人在和解协议草案中不仅明确了操作步骤,更是通过与各方沟通协商,确保方案的可执行性。

(二)办案心得体会

1. 管理人需具备法律、财务、税务等专业综合能力

以重庆地区为例,最早一批的管理人以律师事务所或者清算公司居多,清算公司中的执业人员也基本都是法律执业人员。这是因为,通常人们认为破产程序是在法律制度的规制下开展的,管理人的工作也是在《企业破产法》的规定和指引下开展的。但随着破产行业的发展壮大,无论是人民法院还是管理人也愈加意识到,管理人的工作不仅涉及法律专业,还涉及财务、税务、评估、企业经营管理等各个方面。具有行业专属性质的企业破产的,还需管理人具备该行业的专业知识,否则管理人在执行职务过程中,将因为专业能力欠缺而无法真正履行法律规定的各项职责。

2. 管理人在破产程序中的角色定位

管理人接受人民法院指定,根据《企业破产法》等相关法律规定履行管理人职责,同时接受全体债权人的监督。在执行工作中,管理人将与人民法院、债权人、债务人、意向投资人、审计评估机构等其他利益相关主体发生关系。在这林林总总的关系中,管理人应当注意角色定位,在依法履职的同时,协调各方关系,推动破产程序进程。换言之,管理人应当清醒意识到自身职责范围,在法律规定的权限下尽职履责。

3. 全局观的树立和细节的把控

管理人是推动破产程序进程的重要力量。这不仅需要管理人对个案破产程序有一个整体的把控、重大时间节点及其相应工作的统筹安排,例如案件整体时间、债权人会议召开的时间节点及重整方案、和解方案或者破产财产变价分配方案的制定思路等,还需要管理人对每一项工作深挖细节,仔细推敲每一个实施步骤各方参与力量、完成标准及完成时间。只有具备大局观和细节掌控能力,才能真正发挥管理人在破产程序中的主观能动性。

三、理论问题探究

(一)破产和解中同债不同偿的现实基础

1. 同债不同偿符合商法的效益取向

同债不同偿是本案中市场化的化债方案的重要组成,也是最值得探讨的理论问题,其看上去似乎有违"公平"理念,但却是市场化的化债逻辑之下的常见操作。破产制度本为实现公平处理债权债务而设置,而此处所言的"公平",并不必然否定"同债不同偿"的合法性。商事交易活动的本质是营利,因而不同于以公平为基本价值取向的民法,在商法领域,效益便成为最高的价值取向。[①] 作为现代商事制度中最为重要的创设之一,破产制度的构建自然也不例外,其以效益作为制度设计的根本目标。破产制度对于债权人而言,从"欠债还钱"的自然法逻辑来说,并不公平。但从市场主体退出机制的成本角度考虑,破产制度虽然使部分债务人无法得到足额清偿,却是一个真正实现优胜劣汰、讲求效率的机制,通过"挤出效应"挤出市场泡沫,使没有效率的资源、没有信用的市场主体被挤出。[②]

从历史的角度看,破产免责是破产制度从债权人债务追偿的救济手段向债权人与债务人互利法定和解制度的转变,破产和解制度的出现便是该观念转变

---

① 参见赵万一:《民法概要》,华中科技大学出版社2014年版,第109页。

② 参见李曙光:《破产法的宪法性及市场经济价值》,载《北京大学学报(哲学社会科学版)》2019年第1期。

之下的立法体现之一。[1] 为了体现破产程序对效益的价值追求,我国现行破产制度的设计在多方面发挥了破产和解制度的效益价值,例如未在和解条件方面设置过高的门槛。2006年颁布的《企业破产法》第98条规定,和解协议经债权人会议通过后,由人民法院裁定认可,即可终止和解程序,甚至取消了此前1986年制定的《中华人民共和国企业破产法(试行)》第18条第2款关于和解协议应当规定企业清偿债务期限的规定。因此,在商法,尤其是破产法的语境下,在破产和解程序中对同类债权以不同清偿率进行清偿,体现了破产制度对效益价值的追求,并非对公平原则的违反。商法注重效益的价值取向构成了"同债不同偿"的合法性基础。

2. 同债不同偿符合尊重债权人意思自治

债务人进入破产程序,成为破产债务人,源于其资产已不足清偿全部债务,由此引申出债权人债务清偿比例的问题。无担保的债权,在破产制度中位于同一清偿位阶,属于同质化债权。《企业破产法》的精神之一就在于无差别地保护所有无担保债权人,因此,《企业破产法》第46条第1款规定,未到期的债权,在破产申请受理时视为到期,赋予未到期的债权同样的执行力。但无差别并不意味着债权人所能够获得的债务清偿比例也必须无差别。在本案中,根据破产管理人的清理,忠获商业公司账面资产仅为6248.39万元,而负债则达到9533.18万元,如果对忠获商业公司进行破产清算,债权人清偿比例可能最高仅为21.3%。最终,忠获商业公司与债权人达成和解,各债权人获得了不同比例的清偿,即所谓的"同债不同偿",其清偿率可能相差数倍。但这一看似并不公平的和解方案,却获得了参加第二次债权人会议的各债权组全部债权人的表决通过,证明了"同债不同偿"的可行性。其根本原因在于,受"不同偿"之债权人对其权利的让渡是建立在意思自治基础上的理性抉择,这种让渡能够推进和解程序的进行,让债权人在效益的层面上获益或受有较小损失,故而进行让渡。

破产和解制度是指债务人与全体债权人在互谅互让的基础上,就债务人延期清偿债务、减少债权数额、进行整顿等事项达成谅解协议,以防止和避免债务

① 参见项焱、张雅雯:《从破产有罪到破产免责:以英国个人破产免责制度确立为视角》,载《法学评论》2020年第6期。

人宣告破产，使债务人恢复升级，并使债权人有可能挽回更多损失的破产制度。[①]从这一解释不难看出，破产和解制度的前提条件，就是债务人与债权人双方就债务的清偿有一个相互妥协的合意。鉴于破产和解程序的本质是诉讼和解的转化形态，破产和解程序是私法领域意思自治原则下的契约达成过程。[②] 因此只要债务人与全体债权人以意思自治为原则，对看似不公平的"同债不同偿"的方案予以通过，那就意味着"同债不同偿"是看似"吃亏"的债权人对自身利益的自愿让渡，也是看似"吃亏"的债权人综合考虑各方面因素之后所作出的理性决策。在当事人双方自由处分自身权益的过程中，债权人获得了公平的分配，同时债务人也摆脱了经济困难、避免破产，从而维护社会正常交易秩序，兼顾当事人个体利益与社会利益。[③] "同债同偿"在一般意义上，是公平原则的具体体现，也符合一般的常识认知，但在破产这一特殊程序中，如若考虑到债务人的利益、不同债权人的相关条件、整体的社会效益等因素，"同债同偿"可能至多只能做到形式上的公平，而"同债不同偿"可能反而是能够实现多方面考虑因素下的最优解，是实质公平、注重效益的价值伦理之下的理性之选。

破产和解程序这般对债权人意思自治的尊重，并非一蹴而就的。在我国市场经济改革尚不彻底的时期，债务人的破产程序往往有公权力参与。因此，有学者认为，破产和解制度改革的指导思想，就是尽可能减少公权力的干预，充分尊重债权人与债务人的意思自治。[④] 法院在和解程序中对意思自治的尊重包括实体和程序两方面，在实体上注重和解协议是否是当事人的真实意思表示，体现为在受理和解申请时考虑债权人与债务人是否都有和解的主动意愿，是否有较大可能达成和解协议。在程序上注重和解协议的通过是否经过法定程序作出，体现为在受理时考虑和解协议是否可能被债权人会议通过。尽管"同债不同偿"具有效益优先、意思自治的合法性基础，但确认和解协议是各方真实意思表示，不仅是"同债不同偿"程序合法的关键环节，也是和解协议顺利履行的重要保障。为了确认"同债不同偿"确属协议各方的真实意思表示，本案的受理法院对和解

---

① 参见贾林青、钟欣：《企业重整制度与破产和解制度比较研究》，载《法律适用》2005年第1期。

② 参见汤维建：《破产和解制度的改革与完善》，载《中国法学》1995年第2期。

③ 参见余艺：《论企业破产和解与重整制度》，载《商场现代化》2006年第36期。

④ 参见付翠英编著：《破产法比较研究》，中国人民公安大学出版社2004年版，第248页。

协议草案的表决程序做了特别要求,即以全体一致决取代多数决作为和解协议草案通过的条件,以全体一致同意作为"意思自治"的确认标准,避免表决权占比小的债权人利益被不平等地对待。

(二)破产和解的制度价值

1. 破产和解制度的效率优势

破产制度虽然有着促进新陈代谢的积极作用,但也存在阻断债务人复苏、迫使债务人财产被廉价分配、债权人利益无法最大限度地得到保障、加重社会负担等问题。[①] 由于传统的破产制度是以债权人为中心的强制清偿制度,或许存在侧重债权人利益,而有损债务人权益的嫌疑。破产和解制度就是为了克服和避免上述弊端而创设的一项程序制度,其基本目的在于避免通过宣告债务人破产并通过破产清算分配破产人的财产,[②]做法是通过在债务可能无法全部履行的时候,赋予债务人一定的缓冲期间,一方面,使存在挽救希望的企业避免破产宣告,稳定就业,减少社会负担,避免社会动荡;另一方面,也可以避免司法资源的浪费,提高债权债务处置的成本效益,[③]以谋求债权人与债务人的"双赢"。[④] 破产和解制度的出现被认为是对以清算为本位的传统破产制度的突破,缓解了传统破产法的僵硬性和片面性,标志着破产立法的救济重点由债权人利益向债务人利益的进一步倾斜。[⑤] 可以看出,破产和解制度兼具破产清算制度的清算功能与重整制度的预防破产功能,因而与破产重整制度、破产清算制度并列为企业破产法律制度中的三大支柱性制度。

在本案中,管理人在债权人、忠获商业公司均有和解意愿的背景下,积极与合议庭配合,采用市场化的方式推动企业与债务人进行和解,和解协议仅用了36天就履行完毕。这种效率,不仅是破产和解制度的价值所在,也是商事法律制度的一贯价值追求。如若是进入破产清算程序,忠获商业公司预估价值为3000万元的商业用房,不仅需要经过评估拍卖流程,增加债权人获得清偿的时间成本,

---

① 参见邹海林:《我国企业再生程序的制度分析和适用》,载《政法论坛》2007年第1期。

② 参见邹海林:《论我国破产程序中的和解制度及其革新》,载《法学研究》1994年第5期。

③ 参见王利明:《关于制定我国破产法的若干问题》,载《中国法学》2002年第5期。

④ 参见余艺:《论企业破产和解与重整制度》,载《商场现代化》2006年第36期。

⑤ 参见贾林青、钟欣:《企业重整制度与破产和解制度比较研究》,载《法律适用》2005年第1期。

而且还面临流拍风险。无论是从债权人的利益角度，还是从市场整体效益的角度，均不是最优选择。因此，破产和解制度，对于以了结债权债务关系为诉求的案件而言，具有不可替代的程序优势、时间成本优势，此外，破产和解制度对当事人，尤其是债权人意思自治也表现出极大程度的尊重。同时，作为破产制度中的重要组成，作为破产预防体系中的关键构造，破产和解制度，还具有难以量化的社会效益优势，有利于社会主义市场经济体制的完善与营商环境的优化。

2. 破产和解制度的现实完善

从全国企业破产重整案件信息网上公布的裁判文书可以发现，虽然破产和解是破产制度中的"三驾马车"之一，但其适用率却远远少于破产清算与破产重整，最高人民法院公布的全国法院破产典型案例中，也少有破产和解案件的踪迹。我国破产制度中引入破产和解制度时，就有不少意见认为，这一制度势必是实践中最少被选用的路径，甚至有意见认为，应当废除破产和解制度。采用破产和解制度近百年的德国和日本也开始放弃单行破产和解立法，转而以破产重整制度替代破产和解制度。① 破产和解制度的遇冷，一方面与这一制度的社会认知失之偏颇有关，另一方面也与这一制度的设计不尽完善有关。

一般认为，破产和解制度的制度优势在于时间成本相对较低。虽然我国目前的和解制度已经相较于1986年版的破产和解制度有了较大的进步，但仍然比较烦琐。根据2006年颁布的《企业破产法》，破产和解至少要经历债务人被申请破产、法院受理破产、债务人提出和解申请、多方制定和解协议、债权人会议表决通过和解协议、法院审查并裁定认可和解协议、公告等阶段。这一流程虽然相较于破产重整制度而言，在实践中已具有较明显的效率优势，但仍以年为单位计时，耗时依然较长。因此，或许可以引入破产简易程序，由独任审理制代替合议制，允许口头申请，将表决形式决定权交给债权人与债务人以简化表决程序，对各个程序的期限进行限时，以免在和解程序期间，由于债务人资产闲置造成浪费甚至价值折损。② 这有助于从程序上降低破产和解制度的时间成本。但破产和解制度的核心是和解协议的达成。要想凸显破产和解制度的制度优势，还有必

---

① 参见张钦昱：《破产和解之殇——兼论我国破产和解制度的完善》，载《华东政法大学学报》2014年第1期。

② 参见林双华：《论我国破产和解制度的现实意义及立法完善》，载《行政与法（吉林省行政学院学报）》2002年第4期。

要考虑从实质上提升和解达成的可能性。一旦和解协议未能通过债权人会议表决,会给各方带来诸多不利后果。或许可考虑推广预和解制度。预和解是指债权人对是否同意和解进行预先投票,投票结果仅作为决定后续程序的依据,避免因正式表决未通过而直接进入破产清算程序。[①] 预和解制度,是对破产重整程序中预重整制度的有益借鉴。在这一制度的具体实施形式的问题上,仍存在不少可供讨论的空间,但无论最终是以何种形式引入,其对破产和解程序效益的提升都是可以预见的。

(三)破产和解程序中的和解协议监督机制

1. 和解协议达成阶段的监督

破产和解制度的关键在于债权人基于意思自治对自身的债权作出让渡,对自身的利益作出妥协,因此,债权人在和解协议达成过程中,基于意思自治作出理性决策,至关重要。根据《企业破产法》第 99 条的规定,如果和解协议草案未能获得债权人会议的通过,则债务人只能被法院宣告破产,此时债权人所可能获得的清偿必然会有所降低。同时,我国的破产和解程序除民事自愿和解外,还存在强制和解,债权人会议实行"少数服从多数"的原则。因此,在实践中,很可能出现债权人明知自身利益受损却不得不通过和解协议或反对无效的情况。

我国现行破产和解制度中并未在和解协议达成阶段形成体系化的监督机制,仅赋予了债权人会议、债权人委员会以监督权。为有效保障中小债权人的利益,避免债权比例占多数的债权人利用表决权优势损害中小债权人利益强行通过和解协议,或许可由债权人代表、律师、注册会计师、审计师以及其他相关专业人员组成的常设监督机构,作为由法院指定和任命的组织,专门负责对和解程序的监督。[②] 但由此一来,破产和解程序的成本优势便会大大降低。

因此,从最经济,同时也是最契合破产和解程序设计目的的角度考虑,强化法院对和解协议通过过程的审查监督,可能是最为现实的选择。这样的设计固然会增加法院具体承办人员的工作量,但根据我国现行破产制度,审查和解协议通过程序的合法性和内容效力等工作,本身就由法院负责,由法院承办人员承担

① 参见张善斌、翟宇翔:《破产和解制度的完善》,载《河南财经政法大学学报》2019 年第 5 期。

② 参见贾林青、钟欣:《企业重整制度与破产和解制度比较研究》,载《法律适用》2005 年第 1 期。

监督职责能够优化与后续工作的衔接，帮助其完成后续的相关审查，反而有利于提高案件受理效率。同时，由法院承办人肩负监督职责，也能够更好地促使破产管理人在和解协议的达成过程中，保持中立性，切实履行法定职责。

2. 和解协议执行阶段的监督

和解协议的执行由债务人负责，理论上无可避免地向不法债务人企业提供了转移、隐匿、私分财产、对个别债权人提前清偿等可乘之机。[①] 例如，在本案中，管理人说服了债权人解除了债务人忠获商业公司的对外股权投资，以便实现股权转让交易，以交易款清偿债权人，但解除质押后，债务人忠获商业公司的对外股权投资因为没有权利限制也就有了转移给和解协议约定之外的对象的可能。本案中，债务人忠获商业公司如若不按和解协议执行，私自将所涉对外股权投资转让给其他善意第三人并迅速完成股权转让变更登记，不仅将造成质权人的损失，也将造成本案全体债权人所能获得的清偿金额减损，甚至影响和解协议的继续履行。因此，有学者建议，设立由股东、债权人代表、律师、注册会计师、审计师以及其他相关专业人员组成的监督机构，作为由法院指定和任命的组织，专门负责对债务人的经营活动进行监督。同时还可赋予监督机构债务人特定经营活动的决策权，必要时可凭监督机构的否决权阻止债务人的特定经营行为，以防范债务人转移财产的风险。[②] 在国外，为平衡和保护债权人的利益，预防债务人的违法行为，提高债务人的执行能力，提高破产和解制度的效率，破产和解程序中的监督机制已相当成熟。国外立法在破产和解程序中的监督机制设置，主要分为由法院直接监督的法院监督模式、由可能并不具有监督所需的专业能力的债权人委员会进行监督的债权人委员会监督模式和选任具有专业能力的监督人进行监督的专门监督人模式。[③]

比较契合我国司法实践的模式，可能是在法院指导下的专门监督人模式。在我国司法资源不甚充裕的背景下，让法院承担和解协议执行阶段的监督职责不具有现实的可操作性。债权人委员会监督模式下，从事监督工作的债权人如

① 参见邹杨、丁玉海：《破产和解制度的反思：价值、规范与实践的统一》，载《海南大学学报（人文社会科学版）》2013 年第 6 期。

② 参见汤维建：《破产和解制度的改革与完善》，载《中国法学》1995 年第 2 期。

③ 参见何冠楠：《论我国破产和解的监督机制》，载《山西煤炭管理干部学院学报》2011 年第 3 期。

若并不具备法律、财务、税务等方面的专业背景，也很难有效履行监督职责，致使监督机制形同虚设甚至影响破产和解程序的效率。专门监督人模式在专业性方面毋庸置疑，但完全市场化的专门监督人聘请机制，缺乏服务费率等方面的统一指导，可能会增加破产和解的成本，就整体效益而言，可能并不经济。具有破产管理人资质的机构，同时也具有监督破产和解程序的专业能力，因此，受理法院在所编制的管理人名册中选择破产管理人时，完全可以从中选择破产和解程序监督人，并统一制定服务费率指导标准，完善监督人的监督履职追责机制。

案例二　重庆欧特模具科技有限公司破产和解案[*]

重庆欧特模具科技有限公司（以下简称欧特公司）无法清偿到期债务，申请执行人申请启动“执转破”程序，重庆破产法庭审查后受理了破产清算申请并及时指定重庆海力律师事务所担任管理人。经法院、管理人等多方共同努力，在最大限度保障债权人利益的前提下，积极促成了破产和解，充分体现了破产程序效率高、纠纷处理灵活度高、债权清偿比例高等特点，积累了有益的办案经验，取得了良好的法律效果和社会效果。本案具有较高的理论探讨价值，结合企业破产法修订关于“执转破”程序启动制度完善的现实背景，积极探索“审转破”程序衔接制度，以当事人申请为原则、法院依职权启动为例外。同时，参考破产案件“回收率”指标，灵活适用法律程序，激发管理人履职能动性，降低破产成本，提升破产清偿比例，减轻当事人诉累，推动经济资源优化与营商环境优化。

---

* 执笔人：戴小燕，重庆海力律师事务所专职律师；武晋，西南政法大学民商法学院讲师。

一、案件基本情况

(一)债务人基本情况

1. 工商登记情况

欧特公司成立于2017年10月30日，企业类型为有限责任公司，住所地为重庆市铜梁区东城街道办事处龙飞路7号，法定代表人为沈某某。公司经营范围是研发、生产、加工、销售：塑胶模具、五金模具、汽车零配件、电脑配件、监控设备、五金冲压制品、塑胶产品、精密模具组件、电子连接器；产品注塑(须经审批的经营项目，取得审批后方可从事经营)。

2. 注册资本和股权结构

欧特公司注册资本人民币1000万元，股东及股权结构如表2-1所示：

表2-1　欧特公司股东及股权结构

股东名称	认缴出资/万元	出资方式	股权占比/%
丁某	300	货币(人民币)	30
李某某	350	货币(人民币)	35
沈某某	350	货币(人民币)	35
合计	1000	—	100

经管理人初步调查，欧特公司股东尚未履行全部出资义务。

3. 债务人经营情况

人民法院裁定受理申请人对欧特公司的破产清算申请时，欧特公司处于停业状态，无在职职工，无社保欠费情况，无欠税情况。

4. 债务人财产情况

截至欧特公司第一次债权人会议召开时，根据管理人调查，公司资产包括银行存款、办公设备、应收账款、生产设备，无车辆、不动产、土地使用权、知识产权以及对外股权投资等资产。因办公设备价值较低、应收账款催收存在较大不确定性，欧特公司主要资产为相关生产设备，账面价值100余万元。

5. 债务人负债情况

欧特公司负债总额约200余万元，涉及普通债权人25户、职工债权人19户。

(二)案件审理情况

欧特公司无法清偿到期债务,其作为被执行人涉及执行案件19起,申请执行人的债权无法得到有效实现。2020年4月7日,经李某申请,重庆市铜梁区人民法院以欧特公司不能清偿到期债务,并且明显缺乏清偿能力为由,决定将被执行人为欧特公司的(2019)渝0151执3458号执行案件移送重庆破产法庭进行破产清算审查。

法院立案后,于2020年5月14日进行了听证,申请人李某、被申请人欧特公司的委托诉讼代理人到庭参加听证。听证中,被申请人表示无法清偿到期债务,且明显缺乏清偿能力,同意破产清算。2020年5月27日,法院裁定受理申请人李某对欧特公司的破产清算申请,并于2020年6月13日作出(2020)渝05破68号决定书,指定重庆海力律师事务所担任管理人。

在破产法庭的指导下,管理人依法履行职责,包括接管欧特公司、处理诉讼执行纠纷、清理资产负债、核定债权、全面催收应收账款、协调欧特公司与全体债权人进行和解事宜、协助申请破产清算转和解等工作。2020年8月8日,欧特公司向法院提交和解申请及和解协议草案,法院审查后于2020年8月12日作出(2020)渝05破68号民事裁定书,裁定同意欧特公司进入破产和解程序。2020年8月14日,和解协议草案经债权人会议表决高票通过。2020年8月20日,法院裁定认可和解协议并终止和解程序。

(三)和解协议执行情况

2020年10月26日,管理人拟定《重庆欧特模具科技有限公司和解分配实施细则》并依法公示。公示期满,管理人于2020年10月29日至30日完成全部和解资金分配,和解协议全部执行完毕。

本案各项程序时间节点均严格控制在和解协议约定范围内,最终和解成功,取得了良好的法律效果及社会效果:职工债权得到100%清偿,普通债权清偿率高达54.37%,从案件受理、破产清算转入破产和解至和解程序终止,用时仅78天,破产成本仅占可供分配财产总额的4.4%。

二、实务经验总结

(一)重点焦点分析

1. 严格追究股东责任,寻求和解机遇

欧特公司的股东具有破产和解意愿,但部分股东尚未履行出资义务,不仅客观上造成欧特公司资产价值最大化的实现难度较大,同时也容易导致债权人对于欧特公司不信任的主观印象。债权人对破产和解程序以及破产和解协议的接受度具有不确定性,故债权人与欧特公司成功进行破产和解的难度较大。

管理人严格追究未履行出资义务的股东责任,通过持续发函、电话联系等方式,要求欧特公司股东实缴出资。在持续沟通过程中,管理人了解到股东具有破产和解意向,并愿意承担部分还款义务。此外,管理人及时与股东进行灵活谈判,尽可能在股东可接受范围内保障欧特公司资产价值最大化,寻求促成债权人和欧特公司和解的机会。管理人对欧特公司核心资产提出切实可行、科学合理的变价方案:为避免欧特公司主要资产变价困难或变价金额极低,管理人积极提出生产设备公开拍卖方案,限定拍卖次数、起拍价格并说服股东承诺以一定底价兜底购买,一方面保障程序公开透明,另一方面提高资产处置效率,保障债权清偿比例。

2. 积极协调各方利益,化解债务人遗留纠纷

欧特公司负债纠纷类型相对复杂,若无法妥善处理而全部通过诉讼方式解决,一方面将极大增加破产成本(诉讼费),直接导致债权人可供受偿财产减少;另一方面也会使破产程序的持续时间冗长,降低破产效率,平添纠纷风险,不利于债权人与欧特公司的权益保障。

主要表现为:第一,欧特公司的主要资产(生产设备)存放于专门租赁的厂房并由厂房出租方实际控制,因欠付大金额租金,欧特公司和厂房出租方的矛盾较为突出,故欧特公司的主要资产在短时间内无法由管理人接收;第二,作为欧特公司的主要资产,其中部分生产设备涉及所有权保留合同,由于欧特公司仍欠付设备尾款,相关生产设备的出卖方意图通过诉讼方式主张所有权;第三,欧特公司的股东尚未履行出资义务,若直接通过诉讼方式追究相应股东责任,不仅直接增加诉讼费用支出,而且基于现实情况,也难以对出资落实情况予以有效保证。

对此,管理人充分发挥履职能动性,妥善化解纠纷。因欠付大额租金,厂房出租人最初对欧特公司及其股东敌意较强,亦不了解破产程序及管理人工作,一直拒绝交付欧特公司的设备资产。管理人通过数次拜访厂房出租人的实际控制人,耐心进行解释沟通,普及破产程序、法律法规以及管理人工作知识,最终取得厂房出租人理解,厂房出租人遂与管理人协商签订破产期间的临时租赁协议并愿意配合管理人对生产设备进行妥善处置。为妥善处理生产设备所有权保留纠纷,管理人与欧特公司股东进行多次沟通,陈述利害,股东愿意出资解决生产设备所有权保留纠纷,但仍对剩余价款金额存有疑虑。管理人主动联系生产设备出卖方,积极释明所有权纠纷对其不利之处、解释破产程序及其可能的清偿比例,为剩余价款争取折扣空间。最终,生产设备出卖人、欧特公司股东一致同意签订设备购销补充协议,明确设备尾款按 47.36% 的比例进行支付、股东自愿承担、所有权归欧特公司所有。

3. 保障债务人资产价值最大化,提升债权清偿比例

欧特公司资产包括银行存款、办公设备、应收账款、生产设备,无土地使用权、不动产、车辆、知识产权以及对外股权投资等。因银行存款数额仅 1.6 万余元,办公设备价值较低、应收账款催收存在较大不确定性,欧特公司主要资产为一批生产设备,包括精雕机、火花机、壁床等共计 12 项机器设备。但相关设备长期搁置,折旧率相对较高,且适用相关设备的行业景气度较差,导致欧特公司主要资产变价困难、变价金额可能极低,直接影响债权人清偿率。管理人注重平衡破产程序中各方利益,立足于欧特公司股东和解意愿,积极与债权人进行有益沟通,既表达欧特公司股东意愿,又充分保障债权人合法权益,采用多种方式,尽可能提升债权清偿比例,从而取得欧特公司股东认可和债权人信任。通过管理人与股东多次谈判,释明利弊,促使股东自愿出资作为和解资产,用于清偿债权。为保障可执行性并取得债权人信任,在和解协议草案提交债权人会议表决前,管理人严格督促股东落实承诺出资金额的 30%,并对尾款支付期限进行了明确约定。在欧特公司主要资产变价过程中,充分维护债权人利益,由债权人会议表决确定起拍价格,以合法程序节省破产成本,进一步增加可供清偿的欧特公司财产。管理人对自身权益进行灵活处置,其报酬和执行职务费用不在生产设备变价款、和解资金中进行支付,而是由管理人与欧特公司股东另行协商,进一步降低破产成本。

(二)办案心得感悟

破产和解与破产清算、破产重整的重大区别在于破产和解更注重债权人和债务人的意思自治。和解协议草案制定过程中,管理人应当充分重视债权人和债务人对于和解条件的建议,做好沟通协调工作。通过整合各方当事人进行沟通谈判的焦点问题,从而形成具有较高表决通过率和执行可行性的和解协议草案。

企业进入破产程序,通常有其复杂背景以及难以解决的矛盾纠纷,管理人接管后对破产企业遗留的纠纷问题,在符合法律规定的前提下,可利用管理人中立身份的优势,充分发挥履职能动性,积极尝试采用灵活谈判等多种方式解决相关问题。

破产和解程序中,和解协议草案表决通过仅仅是管理人工作的初步成果,后续监督和解协议的执行才是管理人工作的重点以及债权人关心的焦点。因此,人民法院裁定认可和解协议、终结和解程序后,管理人亦应依法履职,严格监督债务人履行义务,保障和解协议得以高效、切实执行,实现破产案件法律效果与社会效果的统一。

三、理论问题探究

本案系重庆破产法庭成立后审结的首例破产和解案,特点突出:其一,灵活适用法律程序,突破债务清偿困境。“执转破”程序高效启动,破产和解程序高效推进,充分尊重债务人意愿并最大限度保障债权人利益,管理人在破产法院研判指导下依法履行职责,切实保障和解协议执行落实,实现良好法律效果。其二,多层面控制破产成本,全方位提升债权清偿率。管理人充分发挥履职能动性,通过精准沟通、有效协调,直击破产和解焦点难点问题,严格控制破产成本,以此为基础快速推进破产程序,实现成本控制与效率提升的良性循环,实现良好社会效果。鉴于此,针对本案特点,相关理论问题将重点选取“执转破”程序启动制度完善以及破产案件“回收率”指标优化进行探讨。

(一)“执转破”程序启动制度完善

根据最高人民法院《关于适用〈中华人民共和国民事诉讼法〉的解释》(以下

简称《民诉法解释》)第 511 条的规定,在执行中,作为被执行人的企业法人出现《企业破产法》第 2 条第 1 款规定的破产原因时,执行法院经申请执行人之一或被执行人同意,应当裁定中止对该被执行人的执行,将执行案件相关材料移送被执行人住所地人民法院。因此,当作为被执行人的企业法人出现破产原因、陷入“执行不能”时,经有权主体同意,执行法院将案件移送破产审查,此即“执转破”程序。

1. 以“执转破”破解“执行不能”

根据被执行人有无可供执行财产以及执行受阻原因,难以执行的案件大体可分为两类:一是被执行人有财产可供执行,但受到执行法院内部或外部因素干扰,而难以达成执行目标,此即通常意义上的“执行难”;二是被执行人无财产可供执行,执行法院穷尽措施仍无法达成执行目标,即“执行不能”。

严格意义上讲,企业陷入“执行不能”与出现破产的原因并不完全一致,但为在“执转破”语境下便于表述,如无特别说明,本文将基于《民诉法解释》第 511 条的规定,不对二者进行刻意区分。本案中,欧特公司无法清偿到期债务,其作为被执行人涉及执行案件 19 起。经管理人清产核资,欧特公司显然已经陷入“执行不能”,相关执行措施对清偿债务已无实质性作用。欧特公司可以用于清偿债务的主要资产为生产设备,但已搁置许久,伴随时间推移,其折价或毁损灭失风险不可避免。此外,欧特公司原承租厂房 1700 平方米,每月厂房租金为人民币 2 万元,另办公室、宿舍租金每月 5200 元,欧特公司虽已停产,但生产设备在未变价之前仍需场地存放,办公室、员工宿舍也未及时退租,上述债务金额仍随着时间流逝而不断累积。

通过“执转破”程序,破产法律制度的优势如渠引水般得以充分发挥,不仅为债务人企业提供退出市场的合法路径,而且对具有拯救希望与可能的企业,可以通过破产重整或破产和解程序获得“援助”,从根本上解决或缓和债务纠纷。本案中,申请执行人主动提出对欧特公司的破产清算申请,启动“执转破”程序,为其债权实现提供了全新路径和现实希望。此外,破产程序可以对债务人形成特殊的清偿压力,促成债权最大化实现。本案中,欧特公司的股东尚未履行出资义务，其应当实缴的出资可以作为债务人财产用于清偿。① 对于已长期停产并具备破产原因公司的股东，一次性实际履行出资义务将对其形成较大资金压力。因此，欧特公司的股东向管理人积极展现寻求破产和解的意愿，而且通过实际行动表示和解诚意。而且，相较于执行程序，破产程序在处理系列债务方面具有特殊优势，使有关该企业法人积压的执行案件能够批量、集中得到“一揽子”、全局性的高效清理。

2. 以当事人申请为原则、法院依职权启动为例外

根据当前法律规定，“执转破”程序的启动采取当事人申请主义，即程序启动完全取决于债权人或债务人。我国《企业破产法》同样对此问题采取当事人申请主义。执行程序和破产程序蕴含既相似又不同的利益诉求，债权人或债务人会根据自身利益偏好进行选择。当然，债权人或债务人所做的选择是否“理性”则受多方面因素影响，其中可能包括信息不对称或利益短视等负面因素。总体来看，债权人或债务人对于申请启动“执转破”程序的态度较为消极，从而导致“执转破”程序长期处于一种非常态化应用的窘境。通常，债权人主动向执行法院申请启动“执转破”程序，是一种被动选择。破产程序相对复杂、进程较长，一定程度增加债权实现成本。执行程序则无形间已经排除部分债权人的受偿，使申请执行人获得较大受偿比例。② 因此，启动“执转破”程序可能并非多数债权人的第一选择。另一方面，债务人主动迈入破产程序的动力更弱，甚至由于对破产程序一系列法律效果的畏惧，如对股东出资加速到期、行使破产撤销权等的畏惧，部分债务人会恶意逃避破产程序。基于这种情况，执行法院履行职能主动建议当事人申请启动“执转破”程序的实际作用就变得非常有限。因此，应当结合司法实践需求与个案实际情况，构建以当事人申请为原则、法院依职权启动为例外的“执转破”程序启动制度。

本案中，“执转破”程序经欧特公司债权人向执行法院申请启动，债务人欧特公司的运营和资产情况对相关债权人选择申请启动“执转破”程序具有重要影响。在相关债权人提出执行申请之前，欧特公司已经作为被执行人涉及执行案件 19 起，且欧特公司的经营早已处于停滞状态，不具备清偿全部债务的可能性。

---

① 《企业破产法》第 35 条规定：“人民法院受理破产申请后，债务人的出资人尚未完全履行出资义务的，管理人应当要求该出资人缴纳所认缴的出资，而不受出资期限的限制。”

② 参见詹应国：《执行与破产程序的衔接规范》，载《人民司法（应用）》2016 年第 4 期。

此外,欧特公司的遗留纠纷也对强制执行相关财产造成了一定障碍。因此,对于普遍陷入“执行不能”的债务人,仍然需要考虑赋予法院依职权使符合法定条件的债务人通过“执转破”进入破产程序,迅速处理或了结债权债务的权利。

应当明确,法院依职权启动“执转破”程序,是对既有“执转破”程序启动制度的完善,而非颠覆。结合当前我国《企业破产法》修订的现实背景,可以从宏观和微观两个角度对“执转破”程序启动制度进行完善。《企业破产法》修订是对我国宏观经济形势和司法实践需求的积极回应,近些年,我国不少企业的经营压力较大、偿债能力较弱,相关债权债务纠纷的数量大幅增加。因此,对于陷入执行困境的债权人以及经营困境的债务人,为避免久拖不决之后再以申请方式进入破产程序、增添当事人诉累,司法权力适当介入并尽早通过“执转破”程序摆脱困境也应当是破产法律制度的功能体现。从宏观层面来看,可借助《企业破产法》修订将“执转破”作为破产程序启动的特殊形式在第二章“申请和受理”中进行规定,体现“执转破”程序的重要功能,有利于破产法律制度的体系化和完整性。从微观层面来看,“执转破”体现了民事执行程序和破产程序相互衔接的特殊性,为了契合我国《企业破产法》对于破产程序启动的“申请主义”立场,必须对法院依职权启动“执转破”程序的条件进行明确设置和严格把控,避免职权滥用。其一,债务人具备符合《企业破产法》规定的破产原因应当是法院依职权启动“执转破”程序的首要条件,这是程序转换的正当性基础,也是将“执转破”程序在《企业破产法》中予以明确规定的法理基础。其二,执行法院已经穷尽所有执行措施,仍无法实现申请执行人的合法有效债权。值得注意的是,此处的债权不能实现应当是相对不能,即不具有实现希望,而非绝对不能,否则会对债权人显得过于苛刻,不利于充分发挥“执转破”程序的功能。其三,作为对现行立法的补充和完善,坚持将当事人申请作为“执转破”程序启动的原则性规定以及常态,只有申请执行人和债务人均不同意或无人申请启动时,法院才具有依职权介入的必要,从而避免法院职权与当事人的权利产生冲突。其四,即使客观上已经具备法院依职权启动“执转破”程序的相应条件,也不宜直接将债务人依职权转入破产程序,此时仍应给予当事人宽限期,若宽限期内当事人能够达成妥善处理债务的合意或债权得以顺利实现,同样可以阻却法院依职权启动,节约司法资源。

3. 积极探索“审转破”程序衔接制度

冰冻三尺非一日之寒。企业出现破产原因通常是多种经营问题以及一系列经济纠纷共同作用的结果。对于已经陷入“执行不能”困境的企业，若要达到妥善处理或实现债权的目标，必然要投入较多的司法资源，而最终效果却很可能不及债权人预期。而且，司法流程的冗杂或拖延会增加债权实现的成本以及当事人诉累。因此，应当考虑前置“执转破”的程序转换功能，让那些符合法定条件的债务人可以在一般债权债务纠纷的立案或审理环节直接转入破产程序。通过程序转换功能前置，当事人不必经历立案、审判、执行的全流程之后再陷入“执行不能”困境，实质上简化了纠纷处理过程，节省司法资源。

司法实践中，江苏省启东市人民法院于 2015 年 8 月出台《关于诉讼程序与破产程序相衔接的若干意见（试行）》，从制度上对“审转破”（也称“诉转破”）程序进行规范。① “审转破”程序是对“执转破”移送审查程序前移的一大探索实践，得到了最高人民法院认同。② 2021 年 10 月，温州市中级人民法院印发《关于立案、审判移送破产程序的会议纪要（试行）》，就民事案件立案、审判程序中发现的具备破产原因的债务人企业移送破产程序建章立制，规范流程。可见，“审转破”程序在司法实践中不断得到有益探索和完善。

具体来看，立案人员在立案时，审判法官在审理中，可以通过信息化、智能化办案系统进行筛选识别，从立案审查和诉讼中被告企业的财产与负债情况判断是否符合破产原因。本案中，欧特公司业已停产多年，无在职职工，身负 19 起执行案件，具备破产原因。对于申请执行人而言早已错过了有希望通过执行程序实现债权的“最佳时机”，此时提出强制执行申请并进入执行程序并无实效，反而在一定程度上造成司法资源浪费以及当事人诉累。因此，在立案环节进行科学识别、合理分类，将“执转破”程序的启动尽可能前置，并在审判过程中动态掌握债务人企业财产及其他涉诉案件审理情况，实现立案、审判与破产程序的良性对接。对此，伴随当前智慧法院建设进程，可以尝试借力法院基础设施优化升级浪潮，在立案环节采用大数据整合与分析工具对相关债务人进行信息检索和筛选，对符合破产审查条件的债务人进行移送审查。如有必要，可以采用联合审理形式提高法院各部门之间的协同性以及审理效率，并通过在线信息互通联动实现执行法院与破产管辖法院的高效对接。当然，在注重“审转破”程序高效转换和

---

① 即当事人在立案、审判、执行各阶段均可授权或申请法院在企业符合破产条件时将案件移送破产审查。

② 参见陈唤忠：《“执转破”常态化实施路径优化研究》，载《法律适用》2020 年第 3 期。

衔接的同时，也应当充分尊重和体现当事人意愿，避免司法权力的过度介入，可以设置诉前调解、预审制度体现当事人的意思自治和程序参与。

（二）破产案件“回收率”指标优化

破产案件“回收率”源于世界银行开展的全球营商环境评估工作，该项工作的数据结果一直存有争议，世界银行也于 2021 年 9 月 16 日宣布停发《营商环境报告》，但相关评估指标对各国结合自身实际开展市场治理改革仍具有一定参考价值。提升破产案件处理的质效，有利于服务新旧动能转换、打造法治化营商环境。聚焦破产案件“回收率”，在各类不同层级的评估指标中，“回收率”属于“办理破产”项下的二级评价指标。[①] 单纯从语义理解，“回收率”代表着破产案件的清偿比例。准确的“回收率”需要通过标准函数公式进行计算，破产时间、破产成本和破产结果共同构成了影响“回收率”计算的三项指标。“回收率”的实质意义在于通过合理构建破产法律制度以及高效推动破产程序进程，缩减破产时间，降低破产成本，提升破产清偿比例，从而减轻破产程序各方诉累，最大限度保护各方合法权益，实现破产法律制度法律效果和社会效果的统一。

1. 破产案件审理程序多元化，降低破产时间消耗

破产时间严格意义上并不能作为评判企业破产程序是否高效的依据，更不能作为评判破产法律制度优劣的标准，因为时间的长短无法直接决定企业资产清算以及债务清偿的效果。时间指标却间接影响了企业破产程序中的成本和回收率等客观标准。[②] 对此，一方面“回收率”的三项影响指标并非泾渭分明，它们之间互相影响、互相作用，甚至在具体表现方面有所重叠。另一方面，降低破产时间消耗对于破产案件参与人意义重大，直接关系到破产成本的高低，进而影响破产结果的好坏。

破产案件的审理进程对破产时间的消耗具有重大影响，过于繁复、冗余的程序规则或环节设置，必然会导致破产案件审理的缓慢，甚至造成审理障碍。对此，《破产审判会议纪要》明确提出要根据破产案件数量、案件难易程度、审判力量等情况，合理分配各级法院的审判任务，主要体现在建立破产案件审理的繁简

---

① “办理破产”主要用于衡量经济体中市场主体退出机制的完备程度，属于十大一级指标之一。

② 参见宋林霖编著：《世界银行营商环境评价指标体系详析》，天津人民出版社 2018 年版，第 192 页。

分流机制。目前,构建简易破产程序的研究已较为成熟,从程序原则到具体规则,不少学者都给出了独到观点。

本案中,申请执行人提出“执转破”程序申请的重要原因是欧特公司处于“执行不能”困境,长久拖延不仅无法有效实现债权,而且对于作为申请执行人的债权人将会不断累积时间成本,不利于维护自身权益。因此,通过灵活适用法律程序,在执行程序和破产程序之间进行高效转换,当事人不仅可以节省诉讼流程推进的时间成本,而且可以借助破产程序的功能优势对相关纠纷进行及时和妥善处理,间接提高最终可获分配的债权比例。在本案破产程序中,管理人多头并举,一方面准确把握欧特公司破产和解意向,通过谈判等多种方式夯实和解基础、确保和解协议可执行性;另一方面时刻与欧特公司保持积极沟通,通过先行落实欧特公司和解资金、多方面保障主要资产顺利变价等,逐步取得债权人理解、配合与信任,降低破产案件审理难度和复杂度,故本案适用了快速审理方式高效审结。本案从破产案件立案受理到法庭裁定认可和解协议并终止和解程序,前后仅用时78天,极大降低了破产成本。从另一个角度看,如果说债权人对代表债权清偿比例的“回收率”更为敏感和注重,那包括债权人和债务人在内的各方当事人对于破产时间的体验将更为显著,这将直接影响当事人对于破产案件审理的司法满意度,进而使各方当事人对地区营商环境的优劣产生不同感受和评价。

2. 充分发挥管理人履职能动性,减少破产成本支出

从理性经济人角度而言,破产成本不仅对破产结果的好坏具有重大影响,而且也是破产程序能否启动的关键。我国《企业破产法》采取破产申请主义,无论是常规的企业法人破产,还是通过“执转破”转入破产程序的企业法人,都需要由有权主体向法院进行申请方可能启动或转入破产程序。因此,申请执行人及其他债权人或债务人的破产申请动因,首要衡量因素即是破产成本。若破产成本过高,会对债权人造成债权实现或其他权益方面的不利,显然没有人会愿意主动选择破产程序。因此,尽可能减少破产成本,使破产案件取得最优的破产“回收率”,是破产法律制度必须面对的一项课题。

破产成本的构成具有多元性,包括诉讼费、管理人报酬、评估费、拍卖费以及雇佣特定专业人员费用等。破产程序中,除必要的程序性费用支出外,较大比例的破产成本通常与债务人财产密切相关。债务人财产的管理、处分以及分配环节都不可避免地产生费用支付,对此需要制定合理的制度规范并结合管理人的

专业履职,才能够最大限度减少破产成本。本案中,管理人通过积极、反复以及有效的沟通,在法律法规框架内灵活地对各方利益进行协调。例如,管理人发挥自身中立角色优势,持续与厂房租赁方进行沟通,普及破产程序、陈述利弊,逐步缓和其抵触情绪,在保障欧特公司主要资产安全存放的基础上减少厂房租赁费用、降低租金数额,租赁方也积极协助管理人开展生产设备清点、接收以及变价等工作。债务人财产清收方面,欧特公司主要资产涉及所有权保留纠纷,管理人精准把握欧特公司股东的和解意愿,通过灵活谈判主动促成设备尾款折扣,最终股东自愿承担设备尾款,扫除债务人主要资产变价的障碍。可见,管理人并非只是机械地处理破产事务,而需要在法定职权范围内审时度势,把握破产案件痛点并进行针对性解决。具体解决的方式和手段不仅要符合法律法规要求,更要发挥主观能动性,注重灵活性。

本案能够顺利达成破产和解并取得良好的和解效果,关键在于管理人始终把握欧特公司股东强烈的和解意愿,以此为出发点开展各项管理工作。当然,股东具有强烈和解意愿的基础是管理人释明利弊,让股东对不同破产程序及其法律效果有清晰认知,从而在法律程序方面作出理性选择。可见,破产成本高低不仅关系债权人利益,同时也对债务人及其他利害关系人具有重要影响。此外,本案中欧特公司主要资产的变价,也是管理人全盘考虑、灵活处理的履职表现。管理人一方面采用当前普遍采用的网络拍卖方式,以财产价值最大化为原则,减少拍卖费用支付,①另一方面则是由欧特公司会议表决确定拍卖次数、起拍价格,在维护和尊重债权人利益的基础之上成功节省了资产评估费用,提高了资产处置效率。较为特殊的是在本案中管理人主动与欧特公司股东进行协商,创造性地对管理人报酬支付方式进行了自主约定。在我国破产案件的破产成本构成中,通常破产管理人报酬所占比重相对较大,但本案的管理人报酬并不在和解资金中支付,而是由管理人和欧特公司股东另行协商支付,这不仅在客观上进一步降低了破产成本,而且也是管理人履职能力与工作智慧的体现。

---

① 河南省高级人民法院于2020年8月发布《关于审理企业破产案件破产成本管理的指引》,其中一项重要的举措是坚持破产财产处置的网络拍卖,破产财产处置应以网络拍卖为优先,坚持价值最大化原则,兼顾处置效率,最大限度提升财产变现溢价率。北京市高级人民法院于2021年4月2日发布《关于破产程序中财产网络拍卖的实施办法(修订)》,明确规定处置债务人财产应当采用网络拍卖方式,并应当优先采用整体出售方式保留和提升债务人的经营价值。

案例三　重庆市合川区至皇建材有限公司破产和解案*

重庆市合川区至皇建材有限公司(以下简称至皇公司)主营开采建筑石料,加工、销售碎石等建材。该公司系家族经营企业,因长期管理不善且盲目扩张导致民间借贷债务较多,企业经营出现严重问题。2015 年重庆市合川区人民法院裁定受理了债权人对至皇公司的破产重整申请。重整程序前期,至皇公司恢复了生产经营且取得了良好效果;但后期由于重整协议通过困难,至皇公司申请由重整程序转向和解程序,最终顺利通过了和解协议,终止破产程序。本案的典型意义在于创新了重整程序向和解程序的转化机制以及府院联动机制的践行。实务方面包含三个重点焦点问题:家族式企业经营混乱导致重整程序推进困难、债权债务关系复杂导致债权确认工作面临挑战、重整程序向和解程序的转化缺乏有效指引。在解决该案件难题时,通过构建常态化沟通机制、设立债务人重整与和解过程中的监督机制促进了破产程序的顺利推进。本案还涉及重整向和解程序转化的问题,其具体理论构建需结合现行法规定及实践现状进一步完善。

---

* 执笔人:刘仁杰、杨绍兰,天健会计师事务所(特殊普通合伙)重庆分所高级审计员;肖泽钰,西南政法大学民商法学院硕士研究生。

一、案件基本情况

(一)基本案情

1. 债务人的基本情况

至皇公司成立于2012年7月26日,是根据合川区国土资源管理局的指示以及企业生产经营和业务发展的需要,由重庆市合川区虹发采石场(个体工商户)改制成立,是通过取得采矿权后以开采建筑石料,加工、销售碎石等建材为主营的公司。至皇公司是自然人出资成立的家族性企业,重庆市合川区虹发采石场成立于2006年4月10日,为个体工商户,原经营者为现股东之母。现股东之父早期帮助公司生产经营,实际参与控制了一段时间的公司经营运作。2009年现股东接手该采石场,并于2011年年底将经营者变更为自身,2012年完成改制。至皇公司生产经营过程中逐渐产生对外借款,包括与法定代表人、实际控制人等个人借贷关系的债务。借款金额共计上亿元,涉及数百笔民间借贷。

2. 破产受理前的资产负债状况

至皇公司属于家族性质企业,成立以来一直由家庭成员管理经营,财务管理不规范,缺乏会计账簿,并且由于缺乏审计机构对至皇公司进行审计工作,无法根据至皇公司的债权债务清册、会计报告等相关财务资料得出至皇公司目前的财产状况。管理人向法院提交了《关于提请人民法院启动对债务人审计的请示》,申请选定审计机构。由于财务资料缺失较多,审计机构无法开展审计工作,无法对至皇公司破产前的资产负债准确审计。管理人根据至皇公司提交的财务报告得知,截至2016年1月31日,至皇公司账面总资产合计一亿多元,所有者权益合计负数百万元,负债合计接近两亿元。

3. 破产受理前的经营状况

破产受理前,为扩大生产及获得更多采矿土地,至皇公司长期租用农民土地,因此需要大量资金,至皇公司管理层选择多次对外向个人借款。由于扩大生产支出和利息成本支出过高,加上内部财务管理混乱,2015年10月,至皇公司经营困难全面停产。停产时,至皇公司持有未到期采矿许可证,生产规模为40万吨/年,拥有可采矿土地面积约780亩。

(二)案件受理情况

2015 年 12 月,债权人封某某、何某某、王某某以至皇公司不能清偿到期债务,并且明显缺乏清偿能力为由,依法向法院申请对至皇公司进行破产重整。在收到债权人申请至皇公司破产重整的申请材料后,法院按照《企业破产法》及相关规定对案件管辖权、债权人主体资格、债权的真实性和合法性、破产原因等内容进行了形式和实质审查,并严格按照法律规定在法定期限内履行了通知至皇公司的义务。法院经审查,认为债权人申请至皇公司破产重整的主体适格。同时,至皇公司流动资金不足,不能清偿到期债务且明显缺乏清偿能力,符合破产重整的条件。2015 年 12 月 10 日,法院裁定受理了申请人封某某、何某某、王某某对至皇公司的破产重整申请。2016 年 1 月 27 日,法院指定天健会计师事务所(特殊普通合伙)重庆分所担任重庆市合川区至皇建材有限公司的管理人。

(三)债权申报、审核及确认情况

1. 债权申报情况

管理人在至皇公司管理层提供的办公场地、天健会计师事务所(特殊普通合伙重庆分所)2 楼办公室积极开展接收债权人的债权申报工作。为了充分保障债权人的知情权,管理人根据至皇公司移交的债权人联系名单,通过电话、快递、微信、邮件等方式通知已知债权人申报债权,并依据企业破产法的规定告知相关事项。

经债权申报及管理人审核,至皇公司债权人数较多,超过 200 名,大多数债权为个人民间借贷关系,大部分债权人年龄在 50 岁以上且文化程度偏低,债权申报比较困难。为此,管理人耐心解释,细心沟通。对于迟延申报的债权人,管理人依据《企业破产法》的规定接受债权申报,保障每一位债权人依法享有债权申报权。截至 2019 年 12 月,至皇公司共有 201 户债权人申报债权,申报债权金额共计一亿多元;另有 7 位职工债权人,职工债权金额共计数 10 万元。

2. 债权审核确认情况

至皇公司长期财务管理不规范,且无审计机构对管理人接管前至皇公司的资产负债情况进行审计。债权人申报的债权类型多为民间借贷债权,所涉及期限从 2009 年至 2015 年,资金流向不清晰。同时,至皇公司存在公司账户与公司法定代表人及管理层个人账户混同使用的问题。此外,至皇公司的大部分债权人年龄在50岁以上且文化程度偏低,沟通工作相对比较困难,债权难以准确审定。

为了保障债权审核工作的顺利进行,在法院的监督指导下,管理人组建了固定的债权审核团队,确定了债权审查的程序。审查程序包括初审、复审、重大债权和疑难事项的会审。同时,考虑到债权人群体的特殊性,管理人专门指派工作人员与债权人沟通,对债权人的疑问一一进行解答。

债权审核过程中,管理人发现至皇公司的债权多为2009年至2015年反复多次结转,多数原始凭据已损毁。为了保障债权审核的准确性,在债权人委员会的帮助下,管理人以第一次债权人会议报告的债权审核原则作为基石,以银行流水收支信息为基础,清查资金流向,厘清纷繁复杂的资金往来关系,并逐一与债权人进行反复核对。

经过两年时间的梳理,管理人将数百笔民间借贷债权审核清楚,并在债权人微信群和至皇公司厂区进行了反复修改公示,最后全体债权人未提出异议。最终管理人审核确认并经法院裁定确认的债权如下:职工债权金额达数十万元;担保债权金额达数百万元;普通债权金额上亿元。

(四)企业恢复生产经营

1.管理人积极协调

管理人接管至皇公司后,与债权人、至皇公司共同努力恢复至皇公司的生产经营。一方面,管理人积极与至皇公司管理层及债权人沟通,前后参与了三十余次至皇公司债权人委员会会议,积极商议至皇公司恢复生产的方法,提出意见并调整经营管理方案;另一方面,管理人协调至皇公司取得安全许可证、采矿许可证、临时林业许可证等生产经营必需的证照,协助重庆市合川区安全生产监督管理局(以下简称安监局)对至皇公司进行整改,积极与债权人委员会、相关单位协商,并做好至皇公司采石场周边农民的协调工作。

2.府院联动

至皇公司生产经营的恢复须取得政府相关部门的许可等各项专业资质,需要同重庆市合川区国土资源局、安监局、税务局、环境保护局、公安局等多个政府部门进行沟通协调。合川区人民政府与法院同时运用法律、行政、经济手段,府院协调,多方联动,共同协调解决了至皇公司恢复生产经营的各种问题。最终,至皇公司获得重新经营的机会。

恢复生产经营后，至皇公司增添了生产设备，改造了石料生产线，完善了安全、环保设施，通过了40万平方米环评验收，已于2019年将原采矿许可证升级为生产规模100万吨/每年、期限3年的采矿许可证，拖欠的工人工资和搬迁农户尾款已基本还清，石料价格已回升。管理人、债权人和至皇公司共同努力克服了重重困难，使企业的生产经营活动恢复了正常。恢复经营后，2017年至皇公司年产值差点突破1000万元，2019年，随着两条生产线同时投入生产，至皇公司年产值已达2000多万元。

（五）破产重整程序向破产和解程序转换

由于至皇公司众多民间借贷债务的特殊性及至皇公司的生产情况，至皇公司由破产重整程序向破产和解程序的转换经历了比较艰难的过程。管理人在基本完成对至皇公司财产调查、债权审查和确定等重整所需的基础工作后，对至皇公司的整体现状有较为充分了解。同时，管理人充分尊重、吸收债权人建议和各中介机构专业分析意见，在进行法律风险评估和论证的基础上，根据《企业破产法》相关规定，结合至皇公司的实际情况开展重整计划草案的制定工作。

1. 至皇公司重整失败

在拟定至皇公司重整计划草案时，债权人提出两点要求：第一，不设重整期限；第二，债权能够获得全额清偿。管理人在法律规定的范围内，根据至皇公司实际经营情况并结合债权人的意见设定以现金清偿债权。由于此种情况下确定的重整执行期间过长，上述方案未获得债权人同意。因此，管理人根据债权人的意见和至皇公司实际情况，向债权人和债务人提出了债转股方案，以债转股的方式清偿债权。然而，因债转股方案涉及出资人权益调整，经反复沟通，未获得至皇公司出资人的同意。之后，管理人积极利用自身资源联系投资人和买家，企图通过"清算式重整方案""出租式重整方案"等方案拯救至皇公司。但是，由于投资人关于债权清偿的方式与债权人的意见相左，经过多次沟通，双方无法达成一致。

2. 重整转向和解

在重整失败的情况下，债权人坚决维护至皇公司的重整，不同意至皇公司破产清算。法院和管理人以时间换空间，决定先做好至皇公司的生产经营工作。

在此种情况下，法院批准了至皇公司以重新借款及短期的亏损换取至皇公司持续经营的方案，至皇公司的生产经营活动恢复正常，并呈现良好的发展态势。

在做好至皇公司生产经营工作的同时，法院和管理人、债权人、至皇公司积极沟通调整重整方案，同时积极寻找其他方式化解债权人与至皇公司的利益冲突。法院和管理人在沟通过程中向债权人、至皇公司提出了破产和解的建议，并向其解释破产重整程序和破产和解程序的区别以及程序转换后将产生的法律效果和社会效果，对债权人提出的疑问逐一解答。最后，经与至皇公司、债权人充分沟通，确定了由至皇公司法定代表人向法院提出破产和解申请。

为了制定出最大限度保障债权人和至皇公司利益的和解协议，在法院的指导下，管理人分批次与各债权人进行了数十次的现场会议沟通，并与至皇公司、债权人、法院反复商议修改确定了和解协议草案的文本内容。2019 年 12 月，在至皇公司第二次债权人会议上，由债权人表决通过了至皇公司破产和解协议草案。

（六）和解协议草案的内容

1. 和解时至皇公司经营状况

2016 年 4 月 27 日，法院复函许可至皇公司继续经营。自法院裁定至皇公司破产重整以来，债权人积极参与企业的监督管理，曾两次借款近 100 万元以拯救企业，增添生产设备，改造石料生产线，完善安全、环保设施，升级采矿许可证。由于石料市场行情上涨，石料价格已回升至 40 元/吨以上，企业的生产经营活动向良好的态势发展。

2. 破产清算状态下的偿债能力分析

至皇公司 2018 年年底财务账面显示资产价值约为 1 亿元，假定其财产在清算状态下能够按账面价值的 30% 变现，即破产清算价值不超过 5000 万元。按照《企业破产法》规定，模拟清算状态下，至皇公司破产财产在支付破产费用及共益债务后，抵押资产变现后优先偿还担保债权、职工债权、普通债权，普通债权在此状态下清偿率低于 29%。

3. 和解协议方案

第一，通过债权人与至皇公司的友好协商，公司债务以至皇公司的经营利润及应收账款所得，以现金方式全额清偿。

第二，按照和解时经营状态，清偿期限为8年整，从和解协议通过之日起计算。至皇公司每月经营所得扣除必要成本费用，剩余盈利所得为可供清偿款，统一进行偿付，每月末前（以和解协议通过之日次月开始起算）至皇公司与债权人结算一次，公开、公平、公正地分配给所有债权人，若至皇公司该月没有利润可供清偿，则顺延至下一月清偿，如果至皇公司半年未清偿债权，可由全体债权人决议是否继续按照和解协议经营或者破产清算。

第三，清偿债权计算公式为：受偿金额＝（可供清偿款/剩余待清偿债权总额）×本人未获清偿债权金额。清偿顺序如下：

破产费用及共益债务，包括人民法院破产案件受理费；管理人报酬；企业日常经营过程中产生的职工工资、管理费用、生产成本等。

职工债权应当在和解协议通过之后10日内全额清偿。

其他债权自和解协议通过后第一个月开始统一按照债权比例清偿，每月还款金额为债权人已确认债权额。

第四，关于利息的重新计算。经至皇公司及全体债权人一致同意，自和解协议经债权人表决通过并经人民法院确认后一年起，开始对未获清偿的债权余额恢复计息，利息标准按人民银行同期同类贷款利率分段计算，每月核算一次，累计至债权人已确认的债权额偿还完毕为止。

核算方法：每月还款计息金额为债权人的未获清偿的债权余额，如债权人债权余额100万元，本月利息按人民银行同期同类贷款利率计算为1万元，本月清偿额10万元，则该债权人下月未还债权余额为90万元，下一个月利息按照未还债权余额单利计算，依次类推，直至已确认的债权额全部偿还完毕，则不再计息，已确认的债权额偿还完毕后再按同比例偿还重新计息期间累计产生的利息。

第五，在整个和解清偿期间，至皇公司接受全体债权人的监督。

债权人委员会在和解协议通过后，重新选举具有领导能力且具有意愿的债权人作为债权人委员会成员，可根据债权人诉求增加或者减少名额。由债权人决议成立专门的经营管理团队，参与至皇公司的日常经营，经营管理团队对债权人委员会负责，债务人和债权人均须有代表参与经营。经营管理团队的具体成员，在和解协议通过后由债权人委员会组织，从有经营矿山企业资源和能力的债权人及企业现存工作人员中选举产生，也可经债权人委员会一致决议进行外聘。为了监督至皇公司债权人委员会及经营管理团队的工作，至皇公司债权人成立监督委员会,其成员由非债权人委员会成员和经营管理团队中的债权人(按照债权金额梯度300万元以上、200万~300万元、50万~200万元、50万元以下各选举3名,共12名)组成。经营管理团队在处理以下事务时,应当经债权人委员会及监督委员会表决通过后方可与至皇公司协商决定:涉及土地、房屋等不动产权益的转让;探矿权、采矿权、知识产权等财产权的转让;全部库存或者营业权的转让;借款;设定财产担保;债权和有价证券的转让;放弃权利;对债权人利益有重大影响的其他财产处分行为;债转股;财产和经营权的转让等债权人认为应当表决的行为。债权人委员会、经营管理团队和监督委员会的选举由原债权人委员会于和解协议通过后10天内立即召集,管理人参与第一次选举。选举和更换办法、议事规则、表决方式、监督管理办法等可参考和解协议附件(具体操作规则可由债权人自行协商)。债权人委员会负责聘请专业的律师,负责对至皇公司的经营活动进行风险把控。

第六,在整个和解协议执行期间,在债权人和至皇公司均认可的合理价格下,可由债权人大会一致决议与至皇公司达成债转股的和解,或者进行变卖。

第七,在整个和解清偿期间,所有债权人不得因个人债权问题干扰至皇公司的生产经营活动,亦不得就已向管理人申报的债权事项向人民法院提起诉讼或申请财产保全。未在和解协议提交债权人会议审议前申报债权的,在和解协议执行期间不得行使《企业破产法》赋予的债权人权利。

第八,债权清偿完毕后,债权人委员会、经营管理团队、监督委员会自行解散,至皇公司不再接受债权人的监督,债权人委员会亦不再参与、干扰至皇公司的生产经营和管理活动。如未在和解协议期间清偿完毕,后续事宜,可由债权人债务人自行协商解决。

第九,全部债权清偿完毕前,至皇公司不得向股东进行利润分配。

第十,人民法院确认和解协议后,全体债权人和至皇公司对未尽事宜可以达成补充协议。

第十一,至皇公司债权人在和解协议期间获得全额清偿后,债权人与至皇公司再无债权债务关系,同时不得就相同的债权向股东及实际控制人索要额外还款。

(七)债权人会议召开及表决情况

管理人严格按照《企业破产法》的规定和法院的要求,依法开展了财产调查、债权审核等破产和解所需的各项工作。管理人依法组织债权人会议,在2016年5月19日第一次债权人会议上,顺利通过了至皇公司《债权申报核查说明》《财产管理方案》《管理人报酬方案》《选任债权人委员会方案》。经过多次沟通协调,在法院的领导下,至皇公司第二次债权人会议于2019年12月27日顺利召开,在会上投赞成票的债权人数占出席的有表决权债权人数的96.77%,其所代表的债权金额占无财产担保债权金额的79.50%的表决通过了至皇公司破产和解协议草案。2019年12月30日,重庆市合川区人民法院裁定认可至皇公司和解协议并终止至皇公司和解程序。

(八)和解协议的执行情况

1.管理人继续提供协助服务

进入和解协议执行期间后,管理人为至皇公司制定了监督方案和管理方案。2020年6月,管理人与至皇公司债权人委员会及管理层在至皇公司厂区会议室召开了至皇公司第一届债权人委员会、监督委员会选举统票会议,会议成功选举了至皇公司和解期间第一届债权人委员会成员及第一届监督委员会成员。管理人持续为至皇公司提供咨询服务,为至皇公司协调处理职工安置问题、提供法律风险分析等。

2.和解协议执行顺利

在各方共同努力下,至2019年法院裁定确认和解协议时,至皇公司已从难以继续经营发展成为一个实现产值超过5000万元,利润超过2000万元的企业。和解协议通过后,至皇公司继续稳步发展,随着两条生产线同时投入生产,至皇公司年产值已达2000多万元。和解协议约定的清偿期限为8年整,截至2021年10月,除特殊情况外,至皇公司在和解协议执行2年内累计偿还债权金额超过6000万元,债权偿还率已超过50%,没有任何债权人对和解协议的执行提出异议。

(九)案件的典型意义

至皇公司破产和解案件,是重庆市为数不多的破产重整程序转化为破产和解程序并和解成功的案例,也是合川区第一例破产和解成功的案例。法律并未规定破产重整与破产和解的程序转换问题,由破产重整程序转化为破产和解程序是破产程序转换形式的创新。在法院的指导下,管理人在充分保障各方利益的情况下草拟了和解协议草案。和解协议草案明确,在和解协议规定的执行期限内,对包含有财产担保债权、普通债权在内的所有债权以现金方式全额清偿,最大限度地保护了各方利益。政府及法院建立了制度化、常态化的协调联动机制,统筹协调解决本案办理过程中的社会稳定、农户搬迁赔偿、矿山企业资源资格的重新取得等问题,为保障全体债权人利益、促进至皇公司和解成功创造了良好条件。

1. 创新程序转化机制实现了经济效益与社会效益的和谐统一

本案实现了破产重整程序向破产和解程序的成功转化,创新了破产程序的转化机制,为细化破产程序转化法律规定、畅通程序转化桥梁提供了实践样本;并且公平清理了债权债务关系,实现了经济效益与社会效益的和谐统一,为重整向和解的程序转化提供了实质合理性。企业运营过程中,难免出现经营不佳、资金链断裂而不能清除债务的情况,通过法律规定的救济程序转变经营方式以重新生存、发挥效益,是《企业破产法》的立法价值之一。至皇公司的资金来源多为民间借贷,因为经营不善,利息过高,最终导致公司无法继续经营。在至皇公司的破产过程中,管理人灵活适用破产程序使至皇公司恢复经营能力,保全了至皇公司利益,避免了企业破产损害经济效益,也为及时了结债权债务关系奠定了基础。其次,清偿债权一直都是《企业破产法》追求的目标,《企业破产法》对破产债权的清偿顺序作了明确的规定,以保证债权人的债权得到实现。至皇公司有两百多名债权人,其债权关系95%以上是民间借贷且关系复杂。因此,若在正常的诉讼程序中,至皇公司将面临巨大社会矛盾,其自身更无法经营下去,债权人合法利益也无法得到有效保护。但在破产制度的规定下,每一位债权人的利益都得到了有效保护。至皇公司和解协议约定全额清偿全体债权人的债权,如果该和解协议顺利进行,最终所有债权人的债权都能全额清偿,至皇公司也能免于破产,维护了社会的稳定。

2. 践行府院联动机制推动了政府公信与司法权威的树立

本案中政府与法院综合运用法律、行政、经济手段,府院协调,多方联动,保障了至皇公司破产程序的高效有序推进,在实现经济效益与社会效益最大化的同时,更进一步推动了政府公信力与司法权威的树立。政府公信力与司法权威的树立离不开实质正义的实现。至皇公司作为一个矿山企业,其重整恢复生产涉及资源资格的重新取得、安抚债权人、农户搬迁赔偿等事宜,涉及重庆市合川区国土资源局、安监局、税务局、环境保护局、公安局等多个政府部门,且都是非常难处理的问题。通过合川区政府与法院的府院联动机制,多方配合,至皇公司才能够重新经营并盈利。在这一过程中,其实质正义体现在两个方面:首先,府院联动保证了破产程序的高效,避免出现僵尸企业导致的经济连锁反应。府院联动最大限度降低了行政成本、提高了司法效率,避免了至皇公司重整僵局的出现,为破产程序的顺利进行提供了有力保证。其次,府院联动保证了破产程序实质正义的实现。破产程序的价值在于清偿债权债务关系,在此基础上帮助具有重整价值的企业恢复经营。本案中,于至皇公司而言,至皇公司的破产牵扯了几百个家庭的安稳问题,但是整个破产过程没有出现任何扰乱社会秩序的情况。至皇公司的顺利和解,拯救了濒临死亡的企业,使企业可以继续在经济市场中发挥价值,创造利益。于债权人而言,缓解了几百个家庭的债务问题,维护了社会稳定。

二、实务经验总结

(一)重点焦点分析

1. 家族式企业经营模式下破产重整特点

至皇公司属于家族式企业,企业长期由家庭成员管理。家族式企业以家庭成员之间的亲情为信任基础,经营优势在于效率较高,可避免烦琐的会议程序,但也存在办事流程缺乏规范、缺乏科学的人才选任机制等问题。具体到至皇公司而言,在经营管理上主要包括以下不足,致使重整程序推进困难。

首先,企业内部未设定规范的财务制度。会计账簿严重缺失,缺乏规范的内部监督机制和经营管理制度,使管理人在核定企业资产、厘清资金流向时困难重重。

其次,企业经营管理人员能力不足,不能较好地适应矿山企业经营管理的特殊性。其一,虽然企业经营管理人员有丰富的业务经验和一定的业务能力,但是在企业内部的生产管理和战略决策上,缺乏战略性的认识。当至皇公司扩大生产需要资金时,企业管理人员首先选择的是通过传统的民间借贷的方式筹措资金,而不是通过银行等金融机构以抵押担保等方式进行融资。因此,由于产生了大量民间借贷债务及高额的还款利息,至皇公司开始凸显走向破产的迹象。其二,矿山企业存在生产周期较漫长的特征。至皇公司作为一个矿山企业,扩大生产还需要争取更多的采矿资源,在此过程中还涉及租用土地和周围农民搬迁事项,各种事项的纷繁复杂使至皇公司扩大生产的周期漫长。因此,至皇公司生产规模的扩大在很长时间内都没有完成,其民间借贷利息不断累积增加,致使至皇公司当时的经营收入已无法维持企业运营并支撑高额的借贷利息,其流动资金不足,逐渐发展为资金链断裂。同时,至皇公司多年的内部管理问题也凸显出来,导致至皇公司最终走向破产。

作为濒临宣告破产清算的企业,至皇公司内部没有完整的管理体系,外部承担着巨额负债,想要恢复企业正常的生产经营,需要投入资金、改良生产线、调整管理制度、打开销售市场等;同时至皇公司属于特殊的矿山企业,还需要安全许可证、采矿许可证、临时林业许可证等经营必需的证照。故推进至皇公司重整程序,需要建立科学的决策与执行机制。管理人应增进与至皇公司经营管理人员的沟通,以全面掌握企业经营状况,作出科学的战略决策。同时管理人也应加强与债权人的沟通。本案中债权人普遍年龄高,文化水平偏低,抗风险能力弱,因此及时沟通能缓解债权人的精神压力以及了解债权人意愿。于管理人本身而言,应具备丰富的企业经营管理知识与经验以及认真细致的专业能力与工作态度,以更好地在重整过程中经营决策,并应对重整中的突发事件。

2. 债权债务关系复杂债权人权益难以保障

管理人在接受债权申报和审核的过程中发现,至皇公司管理人员多次以企业名义对外向个人借款,导致至皇公司的债权基本都为民间借贷债权,且债权人群体以50岁以上的农民为主,年龄较大、文化水平偏低,给债权确认工作带来了极大的困难。债权人人数众多,债权债务关系范围广泛且关系复杂。至皇公司的民间借贷的期限从2009年至2015年,反复多次结转,同时涉及现金借款,且多数凭据已毁损,这就更需要管理人做好债权人群体的维稳工作。其一,对于部分事实或者资金流向不太清晰的债权,若贸然根据现有材料进行债权审核,一旦不予确认或者予以核减,则关系到上百个家庭的资金问题,可能会引起社会稳定问题。其二,由于本案债权人群体文化水平较低且抗风险能力较弱,在得知企业进入破产程序时情绪较为激动。破产债务和经营管理人的个人债务难以区分,直接影响整体破产债务的清偿。本案的争议焦点之一即为债权人与至皇公司法定代表人和管理人员之间的借款往来是否纳入至皇公司破产债权范围,具体包括法定代表人的个人借贷与实际控制人的个人借款。由于两人的身份特殊，是至皇公司的主要管理人和曾经的实际控制人，他们在企业的生产经营活动中，存在将企业资金与个人资金混同的情况，同时在债权审核中存在借条为法定代表人或实际控制人个人签字而无公司盖章担保字样的情形，故该部分债权是否可以依法审核确认存在困难。

由于债权确认的复杂性与广泛性，管理人在进行认定时应充分发挥主观能动性，坚持实质正义与形式正义相结合的原则。例如，本案在民间借贷关系的确认上，不应直接以现有材料作为确认依据。管理人除债权人提供的申报材料之外，还积极从至皇公司内部的财务资料寻找相关材料，以第一次债权人会议报告的债权审核原则作为基石，以银行流水收支信息为基础，清查资金流向，厘清纷繁复杂资金往来关系，并逐一与债权人进行反复核对。最终债权认定工作获得了全体债权人及法院认可。在经营管理人员债务的认定上，管理人应具备较强的法律适用能力。管理人在进行认定时严格遵守借款资金是否用于至皇公司生产经营这一标准，并结合现有证据对至皇公司、法定代表人、实际控制人和债权人的资金往来进行了全面的清查和核对。最后，在法院的指导建议下，在尊重客观事实和交易习惯的基础上，经法院同意，最终将法定代表人或实际控制人的个人债务纳入公司破产债权范围。

3. 立法缺失导致重整程序向和解程序转换缺乏指引

本案中，由于管理人不断与债权人、至皇公司沟通后修改的重整方案均不能顺利向前推进，且部分债权人提出的重整期限过长，也无法在债权人内部达成一致，重整计划遭遇僵局，有转入破产清算的风险。但鉴于至皇公司生产经营情况恢复良好，并呈现稳步向前发展的态势，管理人在向人民法院报告上述情况后，进行了充分的法律论证和可行性分析，向债权人和至皇公司提出了破产和解的建议。至皇公司虽然成功完成了从重整程序到和解程序的转化，但是《企业破产法》中并无重整程序与和解程序相互转化的规定，这无疑使实践操作缺乏明确法律指引。

在理论层面上，立法无明确规定时，需要论证重整与和解程序转化的理论正当性。从法律的形式理性来看，现行法对重整与和解程序的转化未予规制，也并未禁止，故实践中在重整程序不能继续时，申请转为和解程序并不违反法律规定。从实质理性来看，从维护债权人和债务人利益的角度出发，破产重整程序虽然可以帮助企业复兴，但是时间长、耗资巨大、程序成本较大。而在和解程序中，债权人和债务人可以实现更高程度的意思自治，双方可以对债务的清偿方式、清偿比例、清偿期限、债务人企业的经营模式、经营的监督等问题进行充分、民主协商以确定和解协议内容。和解执行期间，根据市场具体情况及还债情况，债权人和企业还可另行达成其他协议。故重整程序向和解程序的转化可以较好地弥补和解程序缺陷，具有理论正当性。实践中需要向债权人和债务人明确说明重整程序与和解程序的区别，以寻求双方的理解和支持。于债务人而言，由于其文化程度不高，需要向其阐明破产和解的法律意涵以及由此带来的清偿率高于破产清算的实际效果。于债权人而言，需要向其阐明破产和解也可作为帮助企业复兴、保全企业经营的重要方式。同时，也需向债权人和债务人告知，与破产重整程序不同，在和解程序中，自法院裁定和解之日起，担保债权人可以随时行使担保债权。

在重整程序遭遇困境时，可结合案情及时推动重整程序向和解程序转化，要求管理人不仅应对现行《企业破产法》规定进行详尽掌握，还应熟知背后的立法精神，以熟练地进行程序转化。最后，在本案中，管理人在向债权人和至皇公司充分释明破产重整程序与破产和解程序的区别和法律后果后，债权人与至皇公司进行了充分的协商和沟通，最终相互退让和妥协，双方达成了至皇公司由破产重整程序转为破产和解程序的共识，并由其法定代表人向法院提出破产和解申请。

（二）办案心得感悟

1. 构建管理人、债权人与债务人间的常态化沟通机制

破产重整与和解程序的成功都需要债权人与债务人在债权清偿事宜上达成一致，债权人与债务人能否良好沟通直接影响破产程序能否顺利进行，因此应推动构建管理人、债权人与债务人间的常态化沟通机制。在本案中，由于企业经营混乱及债权人群体的特殊性，各方矛盾非常突出，具体包括债权人与至皇公司的矛盾、债权人间的矛盾以及各方突然面临企业进入破产程序的恐惧感等。至皇公司债权人人数众多、年龄偏大，有许多中老年退休职工和文化程度不高的人群。这些债权人的资金并不是投资人或者其他企业的投资款项，涉及众多债权人身后多个家庭的稳定。在面对至皇公司破产这一事实时，债权人情绪较激动，

同时由于初期至皇公司不作为，导致管理人的沟通工作异常困难，案件推进也开展得较为缓慢。作为家族企业，至皇公司经营管理较为混乱，缺乏相应法律知识。因此，在民间借贷收支牵扯流水较多、债务人不能完全履职的情况下，亟须管理人接管企业，充分公告和告知债权人、畅通债权人与债务人间的沟通交流机制，为平衡各利益相关人关系提供线索，寻找突破口。

由于债权人债务人之间存在利益冲突和沟通困难，管理人应当在工作中探求双方关系的平衡，引导双方建立恢复经营的共同目标。管理人在工作中的专业态度有助于双方矛盾的化解。管理人经过长时间反复与债权人的面对面沟通协调，并在工作中展示出的专业性和良好的工作态度，使债权人和债务人更加相信人民法院和管理人，矛盾开始慢慢减少，最终债权人和债务人通过磨合形成合力。时至今日，在至皇公司破产和解相对成功的情形下，对于受到的利益损失，即使债权人依旧无法原谅、理解，但是这样的矛盾并不影响双方为企业恢复经营一起努力。管理人在破产程序的工作中应当充分沟通，找到突破口，引导债权人债务人内部平衡关系。至皇公司和解协议草案拟定过程中，为了更大限度地保障债权人利益，考虑到债权人群体的特殊性，管理人分批与债权人多次开展现场会议沟通，针对还款期限、还款方式等核心问题的约定，提供法律帮助并逐一解答疑问。债权人、至皇公司与管理人及人民法院反复商议修改和解协议，最终拟定的和解协议得到大多数债权人的认可，取得至皇公司和解成功的良好结果。

2. 保证管理人中立性及提高管理人专业素质

在破产程序的各个环节，尤其是破产企业的财产评估变价、债权的审核等工作中，通常涉及担保债权人、职工、税务机关和一般债权人的债权利益，还可能涉及出资人的权益调整事项，关乎多方利益。因此，管理人在工作中需要保持中立性、专业化和独立性，做到勤勉尽责，忠实执行职务。同时，必须保持公正，严格践行《企业破产法》的立法宗旨，公平清理债权债务，保护债权人和债务人的合法权益，这也是破产制度的本质要求。在至皇公司案中，至皇公司作为家族企业，经营管理混乱，债权债务关系复杂，更需要管理人保持自身独立性，公平公正地对待每一位债权人，同时必须具备过硬的专业素质以处理案件中的复杂情况。

保证管理人的中立性不仅具有形式合理性也具有实质合理性。其一，《企业破产法》第 27 条规定管理人应当勤勉尽责，忠实执行职务。“忠实”一词在《企业破产法》中虽未予以释义，但结合管理人的相关规定可知，即管理人公正履职。

因此,保证管理人的中立性具有形式合理性。其二,破产程序中最突出的矛盾在于债权人与债务人之间的冲突。至皇公司案中,民间借贷纠纷关系复杂,债权人抗风险能力弱,更容易与至皇公司爆发冲突。因此在众多复杂的利益冲突关系中,更需要管理人从客观实际出发,不区别对待任何利益方,才能够获得各方对管理人工作的信任,有效化解矛盾纠纷,进一步平衡各方关系,从而有序开展管理人的工作。

复杂重大的破产案件必然会面临很多特殊的问题,有些问题并不能从法律法规或案例中找到明确依据。对此,管理人需深入分析问题的本质,准确判断不同的处理方式对破产企业和广大债权人的利益存在何种冲突和不利,并经过充分的分析和判断协调处理,以维护各方利益,寻求对债权人和破产企业等利益相关人最有利的处理方式。因此,管理人自身需要具有较强的专业素养,不仅需要熟练掌握相关法律法规,更需要具备一定的商业经验,以作出适宜债务人的战略决策。在至皇公司破产一案中,管理人利用审计机构的专业优势及自身强大的技术优势、执业经验,形成财务、会计、审计、税务、管理咨询、投资咨询、破产管理人全方位的服务体系,组建了专业的管理人团队,调动全所资源支持案件办理、协助至皇公司恢复经营、妥善处理职工问题、完善税务情况、与政府部门沟通协调矿山企业恢复生产的手续和资质、积极寻找投资人等事宜。最终,管理人与至皇公司、债权人共同努力一起克服了重重困难,使至皇公司的生产经营活动恢复了正常。

3. 设立债务人重整与和解协议执行过程中的监督制度

重整与和解协议的顺利进行都需要给予破产企业一定的自治空间,而这一过程可能导致债务人企业中经营管理人员寻租、投机行为的产生。因此有必要构建重整与和解协议执行过程中的监督机制,以保证破产程序的顺利进行。在本案中,至皇公司重新经营的机会来之不易,为了促进至皇公司自主经营又兼顾维护全体债权人的合法权益,管理人将公章、营业执照等重要文件移交给至皇公司用于生产经营活动,同时制定了严格的监督管理制度,对至皇公司财务、账簿、资金等重要事项进行监管。具体而言包括管理人监督与债权人监督机制。管理人监督是其法定职能的体现,是管理人的应有之义。较为特色的是债权人监督制度,本案中构建了双重监督制度,涵盖了至皇公司经营活动的所有范围。其一,债权人委员会根据全体债权人的要求,参与至皇公司的部分经营活动并定期监督至皇公司的生产经营活动;其二,管理人协助债权人成立了监督委员会并拟定了相关管理办法。监委会成员由债权人选举产生,不参与至皇公司具体的生产经营活动,时刻监督至皇公司的财务、销售、建设工程等活动,维护全体债权人的合法权益。这种管理办法的优势在于实现了企业自治与监督效果的平衡,因为债权人委员会仅参与部分经营活动即可,无须参与所有经营活动。同时,对于其他未参与的经营活动也设立了常态化的监督机制,既保证了对企业经营活动的监督管理,也为企业保留了一定的自主权。

在参与公司经营活动的债权人选任上具有科学性,有能力的债权人适当参与企业恢复生产的进程,既能帮助企业的经营管理,又能起到很好的监督作用。本案中部分债权人具有职工和债权人的双重身份。参与至皇公司部分经营活动的监督既具有专业性,同时也不会对至皇公司经营管理造成太多负担。

债权人监督机制的设立不仅有利于防止企业投机行为的产生,还有利于增进债权人与债务人之间的沟通,增加债权人的参与感,减少信息不对称,促进双方形成合力共同推进破产程序的顺利进行。至皇公司案中,虽然众多的债权人与至皇公司存在巨大的利益冲突,但是通过前期重整程序的磨合,债权人对债务人可以成功恢复经营抱有信心,这也为后期和解程序的顺利开展奠定了基础。进入和解程序后,和解协议中也明确规定"经营管理团队一经确认,应当立即向债权人委员会及监督委员会提交经营计划",并且成立了监督委员会以监督至皇公司和解协议的推进工作。履行和解协议进程中,债权人监督委员会的设立既可作为促进和解达成的条件,也可为至皇公司履行和解协议增加压迫与动力,推进和解程序的顺利完成。

三、理论问题探究

至皇公司破产和解案中的理论焦点问题为重整程序向和解程序的转化。案例中,法院于2015年受理了债权人的重整申请,又于2019年受理了至皇公司的和解申请,最终于2019年12月30日认可了和解协议并终止了破产程序。在现行《企业破产法》中,和解与重整作为并列的破产制度,二者的价值目标、制度功能及模式构造并不相同。和解程序的目的在于弥补清算程序的缺陷,其制度功能为破产预防及了结债权债务关系,主要针对中小型企业及债权债务关系较为明了的企业,具有简便灵活、低成本的优势。重整程序的目的在于弥补和解程序的缺陷,其制度功能主要为破产预防及企业振兴,以维护社会公共利益,主要针对陷入经济困境的大型国有企业以及上市公司。[①] 重整程序虽然在程序上相对复杂,但其在了结债权债务关系的同时还可以帮助受困企业重回正轨,因此被视为"继破产、和解制度之后,为弥补破产造成的社会利益损害及和解程序消极方面而建立的积极重建制度"。[②] 至皇公司和解案的成功完成,为理论研究提供了实践素材。

(一)重整向和解转化的理论基础

分析重整程序向和解程序转化的正当性,首先应当明确重整程序与和解程序各自在模式构造上的特点。依据《企业破产法》的相关规定,我国重整与和解程序在具体模式构造上存在区别。[③] 重整程序向和解程序转化的法理基础具体体现为两点:首先,重整程序向和解程序转化契合破产法的价值目标。重整程序向和解程序的转化实际集合了重整程序与和解程序的优势,契合债权人保护、预防清算的现代破产法理念。其次,重整程序与和解程序在制度构造上的差异性表明二者在制度功能上可相互补充,即在制度功能上具有互补性。

1. 重整向和解程序的转化契合破产法的价值目标

重整程序向和解程序的转化契合破产法债权人保护的价值取向。债权人权益保护一直是破产法长久以来的价值取向,而畅通重整向和解程序的转化机制一定程度上有利于促进债权人权益最大化。实践中,破产清算状态下的债权清偿率往往低于破产重整与和解状态下的债权清偿率,本案中亦是如此。因此,至皇公司在重整程序陷入僵局时申请和解,避免了企业进入破产清算程序,也实质上保障了债权人获得更高清偿率,体现了对债权人权益的切实保护。本案中因

---

① 参见金春:《中国重整程序与和解程序的功能及构造》,载《政法论坛》2008 年第 1 期。

② 参见贾林青、钟欣:《企业重整制度与破产和解制度比较研究》,载《法律适用》2005 年第 1 期。

③ 第一,申请主体不同。和解只能由债务人提出,重整除债务人外还包括出资人。第二,二者调整的权利义务范围有所不同。和解通常仅调整债权债务关系,重整除调整债权债务关系外,还包括债务人企业经营重整、出资人之权益调整等事项。第三,对担保债权人的权利限制不同。和解期间不限制担保物权的行使,但重整期间会限制担保物权人优先受偿权的行使。第四,表决权人程序和要求不同。重整计划的批准为分组表决,遵循双重多数决原则;而和解协议无须分组表决。第五,人民法院裁决权不同。人民法院对重整计划享有强制批准权,而对于和解协议并不享有强制认可的权力。

为债权人不同意重整计划而转入和解也充分体现了管理人及法院对债权人意思自治的保护。当下破产法私法公法化的趋向日趋明显，导致实务中容易忽略债权人等当事人的内心真意，且公权力的行使如缺乏约束易存在权力寻租等弊端，也不一定能正确遵循经济发展逻辑。因此本案中，法院裁定受理至皇公司的和解申请，使案件进程顺利地从重整过渡到和解，体现了对债权人意思自治的尊重，可作为实践中的优秀经验。

重整程序向和解程序转化契合破产预防、保护债务人基本权益、稳定社会经济秩序的现代破产法理念。至皇公司涉及的民间借贷纠纷众多，具有经济利益涉及范围广泛、债权人风险承受弱的特点。而从重整到和解程序的转化不仅有效避免了企业因重整计划无法通过而走向清算的风险，同时使债权人在可能的范围内获得了最大清偿，实现了经济效益与社会效益的统一。和解制度体现了债务人权益保护的现代破产法理念。在债权人权益保护的价值取向之外，现代破产法理念中增加了债权人对债务人的"人道感情"，债务人不应因无法清偿到期债务而被无节制地追及到底。① 本案中，管理人为至皇公司的生存考量，在重整阶段重组了其生产经营线，在重整计划难产后及时与债权人和解，保全了公司生产，也最大限度地保护了至皇公司的权益。

重整程序向和解程序转化体现了破产法的效率与公平价值。效率是公正的重要体现，法律经济学认为"某些行为的正义和公正甚至可以用效率作为量度"，②在破产法中尤是如此。在企业破产中，如破产程序久拖不决，对风险承受能力较弱的债权人将造成极大伤害，甚至影响社会经济秩序，而三大破产程序间的灵活转化是提高破产效率的有效途径。③ 至皇公司和解案中，管理人针对重整决议难产的情形，及时与债权人达成了和解，避免了至皇公司破产风险的进一步发酵。私法形式平等主义下法律主体均是平等的，没有任何区别，但是却忽略了社会化大生产背景下市场主体之间的利益博弈所要求的风险合理分配。④ 从重整到和解程序的转化体现了针对不同现实情况的程序调整，最终实现最大限度

① 参见刘黎明：《回应与前瞻——"统一破产法"若干问题研究》，载《法商研究》2005 年第 1 期。

② ［美］理查德·波斯纳：《法律的经济分析》，蒋兆康译，法律出版社 2012 年版，第 25 页。

③ 参见张艳丽、李蒙娜：《企业重整的价值目标及其实现——从重整制度构成的角度》，载《北京理工大学学报（社会科学版）》2008 年第 6 期。

④ 参见曹青：《新破产法的经济法价值功能探讨》，载《商业经济研究》2007 年第 27 期。

地清偿债权人、保护债务人持续经营的实质公平的价值目标。

2. 重整与和解程序在制度功能上具有互补性

根据2019年《民商事纪要》精神，应当“注重发挥破产和解制度简便快速清理债权债务关系的功能”，和解程序的侧重点为及时快速地了结债权债务关系；又据《民商事纪要》精神，应“及时发挥破产重整制度的积极拯救功能”，和解程序的制度功能侧重点在于帮助企业恢复经营能力。但和解程序往往因为程序设置简易、讲求效率而不能处理错综复杂的企业困境，导致实践适用性不强；而重整程序则是因为立法者出于公正性考虑对其限制过多，导致程序过于烦琐而成功率不高、效率低下。因此二者在制度功能上具有互补性。

重整程序可弥补和解程序企业复兴功能较弱的缺憾，增强和解程序在实践中的适用性。本案中，在至皇公司重整期间，管理人依据重整的相关法律规定，积极恢复公司经营管理，且担保债权人的优先受偿权被阻却，为公司复兴留下了坚实的物质基础。另外，债权人坚定支持公司复兴，与至皇公司合力促进公司恢复生产，在合作的过程中，至皇公司及管理人获得了债权人的信任，为后续向和解程序的转化奠定了沟通基础。从案例中可观之，相较于和解制度仅依靠债权人妥协，重整期间有关破产别除权的限制、复兴企业的丰富手段以及完善的监督机制可奠定企业复兴的基础，更重要的是可为后续债权债务和解奠定基础。

和解程序可弥补重整程序效率不足的劣势。由于重整程序定位于陷入困境的大型企业，涉及的经济利益往往复杂广泛；且重整程序着力于企业复兴与社会公共利益的保护，存在较多的公权力及法律规制。例如，重整协议的通过需要分组表决，组内表决遵循双重多数决的规则；而和解协议不需要分组表决，仅遵循双重多数决规则即可，且担保债权人不参与表决。故实践中常出现重整计划不能通过表决导致重整拖延或转入清算程序的情形。本案中重整计划草案也遭遇难产，债权人要求不设重整期限、不进行债权折扣的意见并未获得通过，管理人提出的债转股方案、“清算式重整方案”“出租式重整方案”均未谈妥。由于至皇公司的债权债务涉及众多民间借贷关系，部分债权人风险承受能力弱，破产程序久拖不决将有碍社会经济秩序的稳定。此时管理人及时提出和解申请，使至皇公司免于破产清算，保证了破产程序的效率，避免了连锁式破产的发生。

重整向和解程序的转化契合现代破产法债权人权益保护、破产预防的现代破产理念，表明重整与和解程序的制度转化具有实质合理性。同时，盲目破产清算也明显不符合社会经济利益最大化的价值目标。在至皇公司和解案中,企业继续经营的价值明显高于破产清算的价值,如仅因为债权人与至皇公司不能达成一致就转向清算程序将导致社会经济资源的浪费。重整与和解在制度功能上也可以相互补足。至皇公司和解案的成功经验表明重整与和解的相互融合在我国具有实践基础,可以实现企业复兴与债权人清偿的双重目标、实现经济效益与社会效益的最大化。

(二)我国重整与和解程序规定及实践现状检讨

在我国现行《企业破产法》中,和解、重整与清算并列为三大破产程序,规定了和解、重整向清算程序的转化程序,因此和解与重整程序可视为我国的破产预防程序,清算程序则可视为平均分配制度。在现代破产法理念下,我国和解与重整程序还存在如下不足。

首先,我国和解与重整程序均存在以下问题:其一,我国《企业破产法》并未构建重整向和解程序的转化机制。既未明文禁止重整程序向和解程序的转化,也未规定重整程序向和解程序转化的程序要件及实质要件,导致实践中的程序转化机制缺乏有效指引,并且程序转化机制的空白严重影响了重整与和解程序在我国的适用率。2020 年广东省破产审判白皮书显示,2020 年广东省以重整方式结案的有 32 件,以和解方式结案的仅有 3 件。其二,对和解协议及重整协议的审查机制缺乏科学性。《企业破产法》只笼统规定了和解协议与重整协议均由债权人会议通过、法院批准方可生效,未对其合理性与合法性审查进行区分。这将无法保证协议的科学性与可执行性。

其次,和解程序对债务人权益保护不足,部分制度构造与破产清算程序相似,无法突出其清算价值。就现有规定而言,和解程序主要通过减免债务数额、延长债务履行时间的方式为债务人再建提供机会和条件,①但仍存在以下缺陷:其一,和解程序的开始要件与破产清算的开始要件相同,致使实践中可能错过申请和解的最佳时间。其二,管理人在和解程序期间负责经营企业。和解程序主要针对中小型企业,经营权与管理权合一,董事等经营管理人员最了解经营状况,完全排除其参与经营管理不符合经济逻辑。其三,并未限制破产别除权的行

① 参见陈鸣:《破产和解制度功能目标的探讨》,载《现代法学》1997 年第 4 期。

使,这使企业复兴赖以生存的设备资源未能得以保留。其四,并未规定和解协议执行期间的监督机制。而债权人与债务人之间关于经营状况的信息不对称,可能导致债务人欺诈情形的出现。其五,和解基本依靠债权人的妥协,没有重整程序中恢复企业经营的丰富手段,无法处理复杂的破产难题。① 现行法规定不足导致和解程序的破产预防价值无法彰显,在实践中适用率极低。例如,2020 年重庆破产法庭破产审判白皮书显示,2020 年重庆市人民法院审结的 152 件破产案件中,和解案件只有 4 件。

最后,现行《企业破产法》着重关注重整程序公平价值而忽略了效率价值的建设。有学者直言,重整程序作为促进法,直面多元利益冲突,不应过于稳定保守。② 具体而言,我国重整程序存在以下缺陷:其一,并未规定重整计划的最长执行期限,不利于效率的提高。其二,重整期间管理制度缺陷。当下重整期间原则上由管理人进行业务管理,处理财务,债务人自行管理制度亟待完善。虽《企业破产法》规定,经人民法院批准债务人可在管理人的监督下自行管理财产和营业事务,且管理人管理财产和营业事务时也可以聘任债务人的经营管理人员,但该规定仍待细化。③ 一方面,未明确人民法院的批准条件,人民法院的自由裁量权亟待规范。另一方面,对管理人聘任的债务人经营人员未作限制,不利于债权人权益保护。其三,需要细化行使担保物权的有关规定。现行立法对破产别除权的限制行使采取"一刀切"的态度,反而不利于重整程序效率的提高。④

现代破产法理念在债权人权益理念之下,还新增了破产预防的理念,因此各国纷纷根据本国实践进行了破产法改革,包括增强和解程序的企业复兴功能与提高重整程序效率。在此理念下,我国和解与重整程序仍亟待完善,包括构建破产程序间的转换机制、引入专家鉴证等机制以尊重市场规律等。

---

① 参见张钦昱:《破产和解之殇——兼论我国破产和解制度的完善》,载《华东政法大学学报》2014 年第 1 期。

② 参见张世君:《我国破产重整立法的理念调适与核心制度改进》,载《法学杂志》2020 年第 7 期。

③ 参见《企业破产法》第 73 条、第 74 条。

④ 参见池伟宏:《困境企业拯救的破产重整路径效率优化》,载《中国政法大学学报》2021 年第 4 期。

（三）我国重整与和解程序规范完善

结合前述分析及至皇公司和解案，我国和解与重整程序应以破产预防及企业复兴为价值引领，构建重整到和解程序的转化机制并提高协议审查的科学性。具体到制度功能上，和解程序应增强企业复兴功能，重整程序应在程序设置上提高效率。最后，应注意和解与重整程序的功能区分，避免制度重叠。

1. 和解与重整程序的共同改造

依据前述和解与重整程序共同存在的问题，应当进行如下立法完善。首先，构建和解与重整程序间的转换机制。结合至皇公司和解案的成功经验，可尝试率先构建重整到和解程序的单向转化机制。在至皇公司和解案中，管理人先后尝试了“清算式重整方案”“出租式重整方案”等，均遭否决，为防止企业转入破产清算程序，保留企业重整希望及最大债权清偿率而转入和解程序。故建议可在《企业破产法》中增设相关规定，即重整协议难以通过将导致企业转入清算程序可能的，债务人可申请破产和解。其次，完善和解协议与重整协议的审查机制。在此有两条路径：第一，明确协议的通过条件，为法官批准重整协议提供指引；第二，区分协议的合法性与合理性，法官仅审查协议合法性，协议合理性由指定专家出具鉴定意见。

2. 和解程序完善

和解程序完善以增强破产预防为价值引领。其一，扩大和解程序开始要件，提前和解程序的申请时间，以区分破产清算制度。建议在《企业破产法》中增设相关规定，即债务人继续经营，可预测将具备破产清算原因的，债务人可申请和解。其二，构建债务人自主管理及监督制度。在和解程序中，建议以债务人自主管理为原则，以排除其经营管理权为例外。同时基于利益平衡原则，建议构建债权人、管理人多位及体系化监督机制，以避免债务人经营管理中的投机行为损害债权人利益。其三，限制破产别除权的行使。对于企业复兴所必需的设备等资源，可在一定阶段、一定条件下限制这些资源之上的担保物权的行使，以保留企业振兴的物质条件。其四，建立和解协议执行期间的监督机制。可建议增设由股东、债权人代表、律师、注册会计师及其他相关专业人员组成的和解监督组，以监督日常经营管理活动及审查会计账簿等。①

3. 重整程序完善

重整程序完善应以提高效率为价值引领。其一,应限制重整程序的最长执行期限,例如10~15年,以提高重整效率。其二,完善企业破产法有关债务人自行管理的规定。首先,明确法院批准债务人管理的条件,以规范其自由裁量权。其次,如管理人需聘用债务人的经营管理人员,应对经营管理人员的资格予以限制,如该经营管理人员不得是企业破产的直接责任人。其三,细化担保物权限制的有关规定。对于企业重整所必需的担保财产,在重整期间应当限制担保物权人行使权利。而其余财产在经过评估后,认为不是企业经营管理所必需的,应当及时拍卖、变卖,以提高重整效率。

至皇公司和解案的成功为我国重整程序向和解程序转化机制的构建提供了实践基础。而程序转化的必要性也表明,和解与重整程序在制度功能上存在缺憾。就和解程序而言,需要增强企业复兴功能以增强适用性;就重整程序而言,需要提高重整效率以稳定社会经济秩序。当前我国和解程序的制度构建仍为传统模式,和解程序在实践中仅起到了结债权债务关系的功能;重整程序则由于过于追求公正而效率性不足。具体立法改革仍需结合本国破产实践、经济及社会发展情况综合考虑。

① 参见蔡一文:《论我国破产和解制度的完善》,载《湘潭大学学报(哲学社会科学版)》2005年第S1期。

案例四　重庆崛鸿农业发展有限公司破产和解案*

重庆崛鸿农业发展有限公司(以下简称崛鸿农业公司)成立不久就因股东间产生矛盾而无法正常经营,其中一名股东起诉至重庆市彭水苗族土家族自治县人民法院(以下简称彭水法院),要求解散公司。彭水法院判决解散崛鸿农业公司。判决生效后,崛鸿农业公司未成立清算组自行清算。崛鸿农业公司两名股东遂向法院申请对崛鸿农业公司进行强制清算。后因崛鸿农业公司不能清偿到期债务,且明显缺乏清偿能力,清算组向法院申请破产清算。本案中崛鸿农业公司现有财产虽不足以偿还所有债权,但公司注册资本金尚有400万元未实缴,追缴到股东出资款后可以使债权人的债权得到100%清偿。管理人在与债权人及股东交流中发现本案债权人与崛鸿农业公司股东均有直接的一对一关系,在后续的多次沟通中发现了和解的可能性,最后在管理人与承办法官的共同努力下,促使各方理性处理矛盾与利益,最终实现本案以和解方式结案。本案覆盖了强制清算、破产清算、破产和解全流程,从最开始的股东之间、债权人之间矛盾重重,到最后和解终结本案,最终实现了债权人、崛鸿农业

---

* 执笔人:徐晓燕,重庆志同律师事务所律师;谢春艳,重庆志同律师事务所律师。

公司、股东各方利益最大化,并且有效地化解了股东之间、股东与债权人、债权人之间持续七八年的矛盾,实现了各方利益共赢的良好社会效果,维护了社会的稳定。

一、案件基本情况

(一)债务人基本情况

崛鸿农业公司成立于2011年12月1日,企业类型为有限责任公司,工商注册号为500243000010084,法定代表人为陈某某,住所地为重庆市彭水县汉葭镇鱼塘社区汉关路97号。公司注册资本为人民币500万元,股东陈某某、罗某某、廖某、刘某某、昌某各占股20%。经营范围包含预包装食品批发兼零售(有效期至2015年2月6日);农作物种植、开发、加工、销售;重晶石、萤石、方解石、日用百货、建材销售。

崛鸿农业公司经营数月后,股东间就因公司差货物、货款而产生矛盾,2012年6月9日,崛鸿农业公司股东召开了两次股东会议,就公司现状、问题的解决进行讨论,但未达成一致意见,未形成股东会决议。之后股东间矛盾加剧,崛鸿农业公司停止正常经营。截至强制清算受理时,崛鸿农业公司无在职职工,不存在欠付职工工资、社保或税款的情况。

(二)强制清算程序的基本情况

1. 案件审理情况

2013年10月12日,崛鸿农业公司股东廖某起诉至彭水法院,要求解散公司,彭水法院判决解散崛鸿农业公司。后崛鸿农业公司上诉至重庆市第四中级人民法院,重庆市第四中级人民法院于2014年7月2日作出(2014)渝四中法民终字第00405号民事判决书,判决驳回上诉,维持原判。

2015年2月5日,崛鸿农业公司股东廖某、昌某向彭水法院申请对崛鸿农业公司进行强制清算,2015年3月19日,彭水法院作出(2015)彭法清(预)字第00001号民事裁定书,受理了廖某、昌某对崛鸿农业公司进行强制清算的申请,并于2015年12月7日作出(2015)彭法清(算)字第00002-1号民事决定书,指定重庆志同律师事务所为崛鸿农业公司强制清算的清算组。

2. 债务人资产负债情况

崛鸿农业公司现有资产有银行存款 5 元、长安牌小货车一辆（车牌号为渝 HC9856）、应收款账面余额约为 55 万元、库存部分酒水及少量茶叶。

经核查崛鸿农业公司工商登记档案，崛鸿农业公司注册资本 500 万元，实缴 100 万元，尚有 400 万元注册资本没有到位。

在债权申报期内，清算组接受债权申报 9 户 9 笔，申报金额约为 115 万元。经清算组确认的债权 5 户 5 笔，金额约为 88 万元。

3. 清算组履职情况

（1）成立工作团队、刻制印章、开设清算组账户

接受指定后，清算组迅速成立了工作团队，依法刻制清算组印章、开设清算组账户、发布公告。

（2）交接资料

清算组依法依规交接崛鸿农业公司营业执照、公章等相关资料文件。

（3）尽职调查

清算组就崛鸿农业公司股东出资情况，公司资产，债权债务关系，欠付职工工资、社保、税款的情况，诉讼及仲裁等情况进行了尽职调查，调查情况如下：

①资产情况

经清算组调查，崛鸿农业公司注册资本 500 万元，实缴 100 万元，仍有 400 万元未缴纳；公司账户尚有银行存款 5 元；根据崛鸿农业公司应收款明细账，2012 年 4 月 30 日应收款账面余额约为 55 万元；登记在崛鸿农业公司名下的渝 HC9856 长安牌小货车，于 2012 年 2 月 24 日初次登记；崛鸿农业公司库存部分酒水及少量茶叶。

②欠付职工工资情况

经清算组核查，崛鸿农业公司不存在欠付职工工资、社保等情况。

③欠付税款情况

经清算组核查，崛鸿农业公司无欠付税款情况。

④经清算组调查，崛鸿农业公司无诉讼或仲裁

⑤未履行完的合同情况

经清算组调查，崛鸿农业公司主要的经营项目为酒水销售，已经停止经营多年，没有未履行完毕的合同，也不存在其他经营活动。

(4)调查结果及资产处置情况

崛鸿农业公司主要资产为库存酒水,由于酒水特殊性,清算组接手后,在提交债权人会议表决同意后先行将酒水进行了拍卖变现,最后成交价约为 18 万元,抵扣部分过期酒水处置款约 3 万元后,实得约 15 万元。

根据崛鸿农业公司应收款明细账,2012 年 4 月 30 日应收款账面余额约为 55 万元。但应收款附件为出库单、商品销售单等,部分单据签字手续不全,没有相关交易的销售合同,也没有欠款单位(个人)的身份信息及有效联系方式,无法核实应收款的真实性,不能进行有效催收。清算组多次通知股东提交相关资料,均未收到相关案件资料。

(5)开展债权申报与审核确认工作

清算组接受债权申报 9 户 9 笔,金额约为 115 万元,经清算组确认的债权 5 户 5 笔,金额约为 88 万元。现有资产不足以清偿所有债权。

(6)开展审计工作

清算组聘请重庆中甲会计师事务所于 2018 年 12 月 3 日就崛鸿农业公司 2011 年 12 月 1 日至 2012 年 6 月 30 日的账面进行审计,并出具司法会计鉴定意见书。根据该鉴定意见,因崛鸿农业公司相应记账凭证后所附的附件手续和资料不齐全,无法确定现金、应收账款、存货、固定资产等项目的真实性和完整性。

(7)代表崛鸿农业公司参加诉讼

(8)在强制清算过程中,清算组在发现崛鸿农业公司资不抵债的情况下,向彭水法院提交对崛鸿农业公司进行破产清算的申请

(三)破产清算程序转和解程序的基本情况

1. 案件审理情况

2020 年 1 月 7 日,清算组以崛鸿农业公司不能清偿到期债务,且明显缺乏清偿能力为由,向彭水法院申请破产清算。彭水法院于 2020 年 1 月 21 日作出(2020)年渝 0243 破申 1 号民事裁定书,裁定受理崛鸿农业公司的破产清算申请,并于同日作出(2020)年渝 0243 破 1 号决定书,指定重庆志同律师事务所为崛鸿农业公司的管理人。

2020 年 11 月 12 日,崛鸿农业公司股东与各债权人签订和解协议,管理人于

次日向人民法院提交破产清算转破产和解程序申请，提请人民法院裁定认可和解协议并终结破产和解程序报告。人民法院于2020年11月24日作出(2020)渝0243民破1号之一民事裁定书，裁定认可和解协议，并终结崛鸿农业公司破产和解程序。

2. 债务人资产负债情况

崛鸿农业公司现有资产有银行存款5元，酒水处置款约15万元、长安牌小货车一辆(车牌号为渝HC9856)、应收款账面余额约55万元。

除强制阶段已经申报的债权外，没有新的债权申报。管理人就强制清算期间申报的9笔债权再次审查。

3. 管理人履职情况

(1)成立管理团队，刻制印章、开设管理人账户

管理人接受指定后，迅速成立了以合伙人徐某某、谢某某、破产行政内勤张某等人组成的管理人团队，分设债权审核组、资产清理组、综合组，明确各自工作职责。实行统一管理、分工负责、相互配合的原则，切实履行管理人职责。依法刻制管理人印章，开设管理人账户，并将印章报送人民法院备案。

(2)建立规章制度

管理人根据工作需要，建立了包括印章管理、资料文书管理、财务管理、工作汇报等管理人规章制度，做到了工作有章可循。

(3)接管崛鸿农业公司的情况

因本案系由强制清算转为破产清算程序，清算组及管理人均由重庆志同律师事务所担任，故除强制清算阶段移交的资料外，不存在资料移交问题。

(4)开展债权申报和审查的工作情况

彭水县人民法院于2020年5月18日作出崛鸿农业公司债权申报公告，并于同日在重庆法制报进行刊登，通知债权人于2020年6月25日之前向管理人申报债权。债权申报开始后，管理人工作小组在位于重庆市渝中区上清寺太平洋广场A座4层的办公场地接受申报，但除强制清算阶段已经申报的债权外，没有新的债权予以申报。管理人就清算期间申报的9笔债权再次审查。

(5)核查职工债权的情况

管理人对崛鸿农业公司职工债权再次进行核查。经核查，崛鸿农业公司不存在欠付职工工资及社保情况。

(6)税务情况

经调查,崛鸿农业公司现不存在欠付税款的情况。

(7)崛鸿农业公司财产状况调查

经管理人初步清理,崛鸿农业公司的财产状况如下。

①崛鸿农业公司出资情况

管理人接管后,经核查崛鸿农业公司工商登记档案,崛鸿农业公司注册资本500万元,已实缴100万元,尚有400万元注册资本没有缴纳,管理人向人民法院依法提起诉讼催收部分未缴出资款,以保障债权得到清偿。

②现金及银行存款

管理人接管时,崛鸿农业公司账户尚有银行存款5元。

③崛鸿农业公司剩余部分酒水在强制清算阶段经依法处置所得约18万元,在抵扣部分过期酒水处置款约3万元后,实得约15万元。

④登记在崛鸿农业公司名下的渝HC9856长安牌小货车,于2012年2月24日初次登记。

⑤崛鸿农业公司的应收款

根据崛鸿农业公司应收款明细账,2012年4月30日应收款账面余额约为55万元。

(8)崛鸿农业公司财产担保情况

经管理人调查,崛鸿农业公司无财产被设置担保。

(9)未履行完的合同情况

经管理人调查,崛鸿农业公司主要的经营项目为酒水销售,已经停止经营多年,没有未履行完毕的合同,也不存在其他经营活动。

(10)资产调查与处置

①渝HC9856长安牌小货车情况

为进一步核实崛鸿农业公司小货车的情况,经多次去彭水县当地查询,并与相关车辆管理部门相关经手人员沟通,管理人了解到,该车辆因存在多个违法未处理、逾期未检验等情况,达到报废标准,已依法被彭水县公安局车辆管理所强制报废。

②应收账款资产收集与处置

因应收款附件均为出库单、商品销售单等,部分单据签字手续不全,没有相关交易的销售合同，也没有欠款单位（个人）的身份信息及有效联系方式，无法核实应收款的真实性，不能进行有效催收。管理人多次通知股东提交相关资料，均未收到相关案件资料，对此，管理人根据具体情况制定了应收账款处置方案，提交第一次债权人会议审核表决。

③提起追缴股东未缴出资诉讼

因崛鸿农业公司现有资产不足以清偿全部债务，管理人查询到崛鸿农业公司注册资本500万元，而实缴出资仅为100万元，为保障债权人权益，管理人依法向人民法院提起诉讼，追缴5名股东出资款各25万元。

（11）准备并组织召开第一次债权人会议，就破产财产分配方案、应收账款处置方案、酒水存放租金支付意见的报告等相关方案进行表决

（12）代表崛鸿农业公司参与诉讼

（13）根据案件具体情况促成破产和解

在参与追缴股东出资款一案的诉讼过程中，管理人在与股东及债权人多次沟通中发现该案有和解的可能，遂将了解的相关情况及时向承办法官进行了汇报。在管理人与承办法官多次沟通与努力下，最终促成了本案的和解。

（四）和解思路及相关情况

虽然崛鸿农业公司的账面应收款余额有50余万元，但应收款附件为出库单、商品销售单等，部分单据签字手续不全，没有相关交易的销售合同，也没有欠款单位（个人）的身份信息及有效的联系方式，管理人无法核实应收款的真实性，不能进行有效的催收。管理人也书面通知各股东向管理人提交有关应收款的合同等证据材料，并要求明确各笔应收款欠付单位的联系人及联系方式，但各股东一直没有回复。在第一次债权人会议上，管理人也针对相关情况作了应收款催收处置方案，交与债权人投票表决并通过。在催收限期内，股东、债权人均未向管理人提供相关证据材料，也没有股东带领管理人前往应收款单位催收。鉴于崛鸿农业公司应收款缺乏基本的起诉证据，管理人只能放弃催收。

崛鸿农业公司的现有资产仅有酒水拍卖款约15万元，不能全部清偿所有债权人的债权，因此追缴股东出资款一案必须启动。在案件诉讼过程中，各股东对管理人提起此项诉讼均持异议，管理人又与各股东分别沟通，陈明提起此诉讼的依据及股东应承担的相应后果。

由于之前部分债权人债权确认之诉也在一审、二审、再审中,股东之间、股东与债权人之间经常联系管理人索要复印资料用于举报另一方。在与各方沟通时,管理人感受到,无论是股东、法定代表人还是债权人,实际上各方都早已疲惫不堪,但各方均不愿意首先作出妥协。在了解到各方现状后,管理人积极与各方交流沟通,进一步了解各方真实想法,由于各债权人与各股东之间的特殊关系与情况(虽然债权人的债权均是与崛鸿农业公司之间产生的,但每一个债权人的债权产生实际均对应一个股东),最终各股东均表示,只要不用自己再支付金钱,与自己的相关的债权可由自己进行处理,与公司无关,但其中一个股东提出,自己为公司某一执行案垫付的相关执行款应给予其补偿。经过管理人及法官的不懈努力,各方意愿之间的差距逐渐缩小,但对于为公司垫付执行款的股东的这笔款项,其他股东坚决不愿支付,案件又陷入了僵局。一月后,股东罗某某打电话给管理人,同意支付部分钱款以补偿垫付执行款的股东,这样一来,股东垫付的执行款问题得以解决。为稳妥解决本案,平衡各方利益,管理人在向所里汇报后,同意在依法取得的管理人报酬中,对于一方的损失进行一定考虑,从而使整个案件被盘活,促成了本案债权人与股东和解,使本案最终以和解结案,取得各方共赢的结果。

二、实务经验总结

(一)重点焦点分析

1. 启动资金缺失使得无法对公司的财产进行审计、评估

清算组接手时,崛鸿农业公司银行账户余额仅有5元,公司酒水需要进行变现。因崛鸿农业公司无启动资金,债权人和股东拟对酒水进行协议变价,但债权人与股东在处置价格上迟迟无法达成一致意见。管理人决定以评估、拍卖方式对酒水进行处置。因无资金聘请审计、评估机构,也无审计、评估机构愿意先评估,后付费,管理人多次与崛鸿农业公司股东商议,希望其先行垫付审计费和评估费,待酒水拍卖处置后,再将费用归还,否则该案无法推进。在管理人的不懈努力下,最后其中3名股东愿意出资先行垫付评估费和审计费。

2. 会计凭证不全,审计报告参考价值不大

虽然崛鸿农业公司正常经营的时间仅有几个月,但该公司未聘请专业的财

务人员，以致公司财务凭证混乱，许多报销单无报销人或审批人签字，且崛鸿农业公司日常业务支出基本使用现金方式，报销单据大多数为白条，或不符合财务制度报销规定的原始单据，或后附原始单据不齐。根据重庆中甲会计师事务所(2018)第003号司法会计鉴定意见书，对于崛鸿农业公司在2011年12月1日至2012年4月30日的现金的增加及减少的真实性和完整性无法确认；对于2012年4月30日的现金账面余额的真实性和完整性无法确认。

3. 各参与主体之间存在矛盾

本案中，股东与债权人、大股东与小股东、法定代表人与其他股东、债权人与债权人之间有着不可调和的矛盾。

个别股东同时是公司债权人，股东之间存在债权债务关系，法定代表人与公司之间也存在债权债务关系。股东之间、股东与债权人之间、债权人与债权人之间关系错综复杂，各方矛盾非常大，股东间不断进行刑事举报，使股东关系持续恶化，无论是强制清算期间还是破产清算期间，以上关系的恶化都增加了清算组、管理人办理案件的难度。

4. 各参与主体对管理人、承办法官持不信任态度

崛鸿农业公司法定代表人在承办案件的法院中，除本案外，还有多起案件，对于案件办理结果很不满意，认为案件承办法官存在偏袒。因此，公司法定代表人对承办法院及承办法官持不信任态度。

由于各参与主体之间矛盾尖锐，各参与主体对于清算组或管理人工作人员的工作态度、表达方式都十分在意，稍有不妥，就会认为清算组或管理人不公正、具有偏向性，这对于清算组或管理人工作人员的工作来说是巨大的挑战。

结合本案的具体情况，管理人针对团队人员的工作方式多次召开会议并提出要求，且根据具体情况随时调整由合适人员承办案件，先后参与本案办理的人员共计7人。最终，管理人认真敬业、公平、公正的工作态度取得了各方参与人员的信任与认可，才得以将本案顺利推进，并取得和解结案的结果。

5. 酒水处置问题

清算组接管崛鸿农业公司清算工作时，该公司已停止经营多年，不具备长期保存酒水的条件，为免酒水长期存放而造成过期贬值，清算组决定尽快变卖酒水。债权人与股东拟选择协议变价，但双方在处置价格上无法达成一致意见。最后清算组果断决定，以评估、拍卖方式对酒水进行处置。酒水经过多次流拍，

最终于 2019 年 10 月 29 日成交。

6. 无法形成有效决议

本案中,各参与主体之间矛盾本就尖锐,且崛鸿农业公司股东之间矛盾巨大,部分股东及债权人拒绝参与管理人召集的会议,致使无法形成有效决议。

(二)办案心得感悟

如何破冰并有效地推进本案进程是本案一大焦点问题。本案崛鸿农业公司注册地、债权人、崛鸿农业公司、股东以及承办案件的法院均在彭水县,距离主城区比较远,加之债权人之间、崛鸿农业公司与债权人之间,股东之间,股东与债权人之间的尖锐矛盾以及最开始各参与主体对清算组、管理人工作人员的不信任,给管理人开展工作提出了非常大的挑战。从强制清算到破产清算,到最终结案,办理完崛鸿农业公司工商与税务注销工作,管理人相关工作人员付出了无比艰辛的努力与精力。

因公司各股东间矛盾非常大,部分股东及债权人拒绝参与管理人召集的会议致使无法形成有效决议,由于各股东、债权人均在彭水,清算组(管理人)在重庆市主城区,也在很大程度上增加了清算组工作的难度,但清算组(管理人)工作团队不怕困难,多次前往彭水县,与股东、债权人进行沟通、讲法律、讲利害,争取债权人、股东的理解与支持。管理人通过多次与公司股东、债权人的沟通,了解到案件难点,洞察各方矛盾焦点,积极找寻突破口,平衡债权人、崛鸿农业公司、股东各方利益,及时引导,促成和解。

重庆志同律师事务所作为崛鸿农业公司清算组和破产清算阶段的管理人,在办理本案的过程中,尽职尽责地履行管理人职责,善于发现问题并及时引导,最终成功促成债权人与股东和解,解决化解了股东之间矛盾,顺利结案,取得了非常好的效果。首先,管理人对各债权的形成特点与矛盾所在进行了深入了解。经管理人多次沟通了解,发现本案债权均是因股东出资款问题形成,债权人与股东均有直接的一对一关系,本案实际是法定代表人与其他股东的矛盾,债权人、股东实质分为两个阵营。其次,管理人启动追缴股东出资款的诉讼一案。因崛鸿农业公司现有资产不足以偿还所有债务,且股东未足额缴纳出资,需要启动追缴股东出资款的诉讼一案来保障所有债权人的债权都得到 100% 清偿。在案件诉讼的过程中,各股东对管理人提起此项诉讼均持异议,管理人又与各股东分别沟通,讲解提起此诉讼的依据及股东应承担的相应后果。最后,管理人洞察各方矛盾焦点,及时引导,促成和解。在追缴股东出资款一案的诉讼中,在向各股东讲解了提起该案的依据以及各股东需要承担的法律后果后,管理人明显感觉到经过长久的拉锯,各方都已疲惫不堪,但碍于对方不松口,自己一方也只好坚持。部分股东向管理人表示只要不用自己再拿出钱来,与自己的相关的债权可由自己进行处理,与公司无关。但债权由股东自己处理后,需要公司对其进行补偿。了解到大家的意愿后,管理人分别给股东做工作,同时承诺在管理人报酬中对于一方的损失进行一定考虑,从而使整个案件被盘活,其中一个股东也愿意拿出一部分钱来共同处理股东之间的问题,最终促成了本案债权人与股东和解。

在本案中,管理人在与股东和债权人沟通时,时刻保持中间立场,不偏向任何一方,让各股东及债权人从最开始的不信任到慢慢开始相信管理人。在这过程中,管理人工作人员的工作态度及办案方式起到了较大的作用。因此总结出,在办理破产案件时,管理人需要直接面对债权人、债务人、公司员工等相关人员。在与不同的人员沟通时,需要采取不同的态度及谈话技巧,不要将矛盾激化,管理人应该起到一个调和、化解矛盾的作用。

三、理论问题探究

由于崛鸿农业公司经营范围包含了预包装食品批发兼零售业务,在强制清算程序过程中,清算组接手崛鸿农业公司时,崛鸿农业公司还有一批库存酒水及少量茶叶,保管并及时处置库存酒水及茶叶成为本案推进的重中之重。无论是强制清算阶段还是破产清算阶段,化解股东之间、股东与债权人间的矛盾,始终是清算组及管理人、法院推进案件进程的关键,本案在承办法官、清算组、管理人多方努力下,以破产和解方式结案,最大限度维护了债权人、崛鸿农业公司、股东各方利益,得到各方主体的理解与认可,重点探讨如下。

(一)破产清算中股东与公司之间债权债务关系处理

在本案中,虽然名义上的公司债权人不是股东,但几位债权人与公司股东之间均有一对一的关系,公司债权人实际上就是公司股东。在《企业破产法》中,债权可分为担保债权、税款债权、普通债权。债权人在向管理人申报债权时,应书面说明债权的数额、有无财产担保并提交相关证据资料、身份证明,以便管理人对其申报的债权进行审核认定。本案中债权人申报的债权均被认定为普通债权。

在分配破产财产时,普通债权是在破产财产清偿破产费用和共益债务、职工工资、社会保险费用、税款等费用后再行清偿的。①

若股东申报的债权为担保债权,则股东对担保物享有优先受偿的权利。在其行使优先受偿权利而未能完全受偿的,未受偿的债权作为普通债权,和其他普通债权按比例分配。

在实务中,股东债权还存在另一种认定,即劣后债权。虽然在我国《企业破产法》中并没有劣后债权的概念,但在实务中,劣后债权被越来越多的破产实务工作者接受。2018 年 3 月 4 日,最高人民法院发布《破产审判会议纪要》,在该会议纪要中,初步明确若破产财产依照《企业破产法》第 113 条规定的顺序清偿后仍有剩余的,可依次用于清偿破产受理前产生的民事惩罚性赔偿金、行政罚款、刑事罚金等惩罚性债权。目前越来越多的破产实务工作者认为对于公司股东出资不实或抽逃出资股东在出资不实或抽逃出资范围内的债权和股东滥用股东权利损害公司权益之股东对公司享有的债权以及企业资不抵债后,依靠股东借款运行,由此形成的债权均应认定为劣后债权。

根据重庆市高级人民法院《关于审理破产案件法律适用问题的解答》(渝高法〔2017〕207 号)第 5 条第 1 款之规定,具有以下情形之一的,可以将公司股东或实际控制人对公司债权确定为劣后债权,安排在普通债权之后受偿:(1)公司股东因未履行或未全面履行出资义务、抽逃出资而对公司负有债务,其债权在未履行或未全面履行出资义务、抽逃出资范围内的部分;(2)公司注册资本明显不足以负担公司正常运作,公司运作依靠向股东或实际控制人负债筹集,股东或实际控制人因此而对公司形成的债权;(3)公司控股股东或实际控制人为了自身利益,与公司之间因不公平交易而产生的债权。因此,在破产案件中,若股东向管理人申报债权,应重点核查该债权形成的原因、股东的出资情况以及股东在公司

① 《企业破产法》第 113 条第 1 款规定:"破产财产在优先清偿破产费用和共益债务后,依照下列顺序清偿:(一)破产人所欠职工的工资和医疗、伤残补助、抚恤费用,所欠的应当划入职工个人账户的基本养老保险、基本医疗保险费用,以及法律、行政法规规定应当支付给职工的补偿金;(二)破产人欠缴的除前项规定以外的社会保险费用和破产人所欠税款;(三)普通破产债权。"

所占地位。若公司股东因未履行或未全面履行出资义务、抽逃出资而对公司负有债务，则公司股东申报的债权在未履行或未全面履行出资义务、抽逃出资范围内的部分或公司注册资本金明显不足以负担公司正常运作，公司为运作向股东借款而形成的债权按此规定则应认定为劣后债权。

若债务人经营所需资金远远超出注册资本金，作为公司股东，本应以股权投资的方式让公司开展经营活动，但公司股东却以借贷方式向公司提供资金，从而使其成为破产程序中的大债权人。如将公司股东按一般债权人对待，则对其他债权人不公平。因此在审核股东债权时，应结合债权形成原因、股东出资情况、股东地位等多方因素来综合认定股东债权性质，做到公平、公正，不偏袒任何一方。

（二）不宜长期保存物品变价处置过程中的问题

1. 变价处置的及时性

破产清算过程中债务人财产变价方式与原则基本沿用人民法院执行程序中的变价方式与原则。《民诉法解释》第 153 条规定，人民法院对季节性商品、鲜活、易腐烂变质以及其他不宜长期保存的物品采取保全措施时，可以责令当事人及时处理，由人民法院保存价款；必要时，人民法院可予以变卖，保存价款。最高人民法院关于《执行案件移送破产审查若干问题的指导意见》也有类似的规定。① 破产财产是全体债权人实现债权的基础，变价工作事关每个债权人的切身利益。破产财产的变价以实现破产财产价值最大化为根本原则，管理人（清算组）在破产财产变价过程中也必须时刻围绕这一根本原则。

本案办理过程中，清算组经过多方调查，了解到股东昌某、刘某处各保管了崛鸿农业公司一部分白酒、红酒与少量的茶叶，由于崛鸿农业公司刚成立几个月就因股东之间发生矛盾而停止经营，到清算组接管，崛鸿农业公司已实际停止经营 4 年之久，酒水、茶叶的保存均需满足一定的环境（如温度、湿度等要求），红酒

---

① 最高人民法院《关于执行案件移送破产审查若干问题的指导意见》第 8 条第 1 款规定："执行法院作出移送决定后，应当书面通知所有已知执行法院，执行法院均应中止对被执行人的执行程序。但是，对被执行人的季节性商品、鲜活、易腐烂以及其他不宜长期保存的物品，执行法院应当及时变价处置，处置的价款不作分配。受移送法院裁定受理破产案件的，执行法院应当在收到裁定书之日起七日内，将该价款移交受理破产案件的法院。"

更需避光、通风、无异味、平躺防震保存，而清算企业的相关酒水、茶叶只是随意堆放在租用的库房内，若等到企业强制清算或破产清算完毕，必然会影响该批酒水、茶叶的品质与处置价格，并且若拖延变价时间，也会同时增加相关酒水、茶叶的保管费，最终致使债权人利益受损。鉴于此，清算组及时制作了变价方案，征询各债权人意见并向法院汇报，对本案中所涉酒水、茶叶及时进行变价处置，保障了破产财产价值最大化。

2. 变价方式与价格评估

人民法院在执行程序中的最常见的财产变价方式有两种：变卖和拍卖。所谓拍卖是专门从事拍卖业务的拍卖行接受货主的委托，在规定的时间与场所，按照一定的章程和规则，将要拍卖的货物向买主展示，公开叫价竞购，最后由拍卖人把货物卖给出价最高的买主的一种现货交易方式。而目前法院的司法拍卖基本不会通过拍卖行进行拍卖，而是通过网络进行拍卖。最高人民法院《关于人民法院民事执行中拍卖、变卖财产的规定》第 2 条明确，人民法院对查封、扣押、冻结的财产进行变价处理时，应当首先采取拍卖的方式，但法律、司法解释另有规定的除外。所谓变卖指出卖财物，换取现款。根据相关法律规定和一般理解，变卖的方式适用于下列情况：一是各方当事人同意采用变卖方式；二是变卖的财产在市场上有公认的价格或一定价格幅度；三是考虑到财产特殊性，如易腐烂变质，必须尽快处理，以免保管仓储费用昂贵。

考虑到本案需变价的物品特殊性，清算组拟以变卖议价的方式尽快变价处置库存酒水、茶叶，但考虑到在实践中，采用变卖方式容易引起当事人不满或异议，清算组在本案办理过程中，采取了以下措施：第一，及时告知各债权人、股东库存酒水、茶叶现实情况及变卖理由（如清算组发现有一小部分干红已过质保期，若不及时变卖可能会导致更多酒水过期，影响债权人及股东利益）；第二，价格由各债权人及股东协商确定；第三，通过法院、清算组、债权人、崛鸿农业公司一起，扩大范围寻找买方等措施使变卖更加公开、透明，加深了债权人及股东的介入程度，并给了债权人及股东通过自身努力更大程度实现变卖财产价值的较大可能性。

虽然清算组及法院对于变卖作出了很大努力，寻找买方也不顺利，加之股东与债权人在价格上无法达成一致意见，并且由于崛鸿农业公司正常营业时间不长，清算组接管时，该公司已实际停止经营 4 年之久，相关资料已不知去向，酒水、茶叶价格已无证可查,如何确定价格又是清算组必须面对的问题。在考虑到本案股东与债权人之间、各债权人之间矛盾的特殊情况,在各方对价格难以达成一致意见时,清算组果断决定聘请评估机构进行评估并通过网络拍卖,最终本案库存酒水及茶叶以评估价为基础,依法通过人民法院诉讼资产网进行公开拍卖方式实现变价,避免了因各方矛盾而使物品处置久拖不决,同时因为清算组选择了专门评估机构对库存酒水、茶叶价格出具评估报告,变现方式为公开的网络拍卖,无论是价格还是变现的方式,均做到了公开、透明、公平、公正。因此对于库存酒水、茶叶最终的变价无论是债权人还是股东都非常认可,为本案后续推进奠定了坚实的基础。

对于不宜长期保存的物品的变价处置,应做到以下几点:第一,在坚持破产财产价值最大化的基本原则下,结合案件具体情况及时选择合适的变价方式;第二,无论是变价方式、期限、价格依据,可先由各债权人、股东自行协商,但需限定时间,在限定的时间内不能自行协商一致时及时采取其他方式,同时在债权人、股东自行协调过程中遇到困难时,管理人或清算组可主持双方进行协商,当事人双方在规定的时间内仍无法达成协议或一致意见的,管理人或清算组应及时将情况报告法院,依法聘请专门的评估机构对价格进行评估并采用拍卖程序,及时制定变价方案提请债权人会议表决,并将相关结果及时通知各利益主体;第三,及时披露相关信息,保障各债权人、债务人、股东等各利益主体的知情权;第四,无论是选择评估机构还是最后的变价,程序均应透明、公开、公正、公平,才能取得不错的效果。

(三)破产清算案件处理中管理人地位中立问题

管理人是指在破产程序进行过程中负责破产财产的管理、处分、业务经营以及破产方案拟订和执行的专门机构。[①]《企业破产法》第25条规定:"管理人履行下列职责:(一)接管债务人的财产、印章和账簿、文书等资料;(二)调查债务人财产状况,制作财产状况报告;(三)决定债务人的内部管理事务;(四)决定债务人的日常开支和其他必要开支;(五)在第一次债权人会议召开之前,决定继续或停止债务人的营业;(六)管理和处分债务人的财产;(七)代表债务人参加诉

① 参见李永军:《破产法律制度:清算与再建》,中国法制出版社2000年版,第150页。

讼、仲裁或者其他法律程序;(八)提议召开债权人会议;(九)人民法院认为管理人应当履行的其他职责。本法对管理人的职责另有规定的,适用其规定。”从法律规定的管理人以上职责来看,管理人似乎是债务人的代表人。而我国《企业破产法》同时也通过破产法目的、任务和基本原则,确定了破产清算的价值目标为保护债权人、债务人和社会公共利益,这就决定了管理人在履职过程中必须围绕这个价值目标开展清算工作,必须公开、公平、公正地依据法律规定进行相关的清算活动,以维护破产清算所涉及的各方利益主体的合法权益为己任。同时要求管理人必须中立地实施清算行为,否则很容易出现破产清算各方利益主体对管理人不信任的情况,从而影响管理人履行清算职责,影响破产清算价值目标的实现。

在本案办理过程中,各债权人与各股东利益相互交叉,矛盾积怨很深,有股东举报法定代表人侵占公司财产,法定代表人、股东又起诉公司借款,法定代表人同时举报几个股东非法盗走公司票据、强制拉走公司货物等形成多起案件,有些案件经过一审、二审甚至再审,相关案件审理法院又同时是本案承办法院,判决败诉的一方认为法院偏袒另一方,并且在案件强制清算与破产清算过程中,不断有股东、债权人向清算组或管理人提出查询公司相关资料的申请或要求,认为管理人、承办法官对己方不公,偏袒其他人,致使债权人会议难以形成有效决议,案件一度无法推进。针对此困境,管理人多次开会研讨,对存在的问题以及问题的根源进行深入分析,积极与债权人、崛鸿农业公司法定代表人、股东进行交流,了解各利益方诉求,并根据案件特点随时调整安排合适人员承办案件,先后有7名工作人员参与本案。最终因为管理人的认真敬业、公平、公正与中立,取得各方利益主体的信任与认可,使本案能够顺利推进,并最终取得和解结案,各方共赢的结果。

管理人坚持自己的中立性地位应体现在以下几个方面。第一,管理人法律地位的中立性。维护债务人、债权人的合法权益,维护社会公共利益和社会经济秩序是《企业破产法》所追求的价值目标,而《企业破产法》的本质是一种救济方式,是一种对债权人、债务人利益和社会公共利益的平衡手段。为平衡破产程序中的各种利益冲突,使破产程序公正进行,必然要求在该程序中处于中心的管理人保持中立性地位。管理人只有不代表任何一方,居于中立,才能实现《企业破产法》所追求的价值目标,才能客观公正履行《企业破产法》规定的管理人的职责,才能公平、平等地保障与破产财产所涉的各主体的合法权益。第二,管理人履行职务过程应保持中立性。中立性是指管理人与破产财产所涉的各方利益主体之间的关系。管理人的职责不来源于某一主体的授权,而是来自法律的规定,其既不是债务人的代表,也不是债权人的代表,只能是中立性组织,并且管理人无论实质上还是形式上都应尽可能保持其中立性,不因语言或行为态度的不同使其他主体产生任何不公正的不合理怀疑①。第三,管理人履职,必须依据自己的专门知识和专业技能独立地依法履行清算职权,保障履行职责过程公开、公正,管理人职责来源于法律,只对法律负责,但需依法向人民法院以及债权人会议报告工作,接受人民法院指导与监督,同时也必须接受债权人会议或债权人委员会监督。第四,管理人地位中立性,要求管理人不偏不倚,但不是无所作为,而是应积极主动了解各方诉求,通过平衡债权人、债务人、出资人、员工等利害关系人的利益,实现社会整体价值最大化。管理人应注重发挥和解程序简便快速清理债权债务关系的功能,在案件可能的情况下,促使当事人通过和解程序或者达成自行和解的方式实现各方利益共赢的良好社会效果。

---

① 参见唐晓磊、仲川:《对破产管理人法律地位的思考》,载《法学论坛》2007 年第 6 期。

第三编　清　算　编

案例一　重庆晨昊汽车零部件有限公司破产清算案*

重庆晨昊汽车零部件有限公司(以下简称晨昊公司)于2019年12月13日进入破产清算程序。本案清算实务中的亮点体现在:一是充分挖掘破产财产区位、价格、程序以及政策等各方面优势,通过管理人寻找、债权人推荐、政府招商等方式相结合,以市场化手段最大限度地吸引破产财产潜在买受人争相出价,实现破产财产价值最大化;二是管理人严格依法依规高效推进破产程序,切实贯彻落实公平清理债权债务、平等维护债权人、债务人合法权益的破产理念;三是在破产财产交付过程中充分发挥府院联动作用,提高破产财产处置效率,缩短生产要素盘活周期,充分发挥其效能。本案在理论方面涉及破产企业"烂尾楼"承包方对工程技术档案资料的移交义务的认定、未办理不动产权证的建(构)筑物的处置以及破产程序中"假马竞标"的实际运用等问题。管理人积极履职,在与承包人协商无果的情形下,依法通过诉讼执行程序要求其按照住房和城乡建设部备案的《重庆市工程档案编制验收标准》提供工程技术档案资料。经相关权利人提议并在保证不损害其他债权人利益的情形

* 执笔人:张文骞,重庆天亿律师事务所创始合伙人、主任;田效祥,重庆天亿律师事务所破产业务部专职律师。

下，在本案中参照运用"假马竞标"，吸引更多的潜在购买人，最大限度地保障了资产变现价值最大化，实现"假马竞标"在清算案件中的创新运用。

一、案件基本情况

（一）债务人概况

晨昊公司于2007年6月4日登记设立，注册资本1200万元人民币，主要经营生产、销售汽车座椅及内饰件。晨昊公司主要资产为位于重庆市北碚区同兴工业园的3栋厂房（总装车间、焊接及组装车间、冲压车间）及辅助用房、在建综合楼一栋、其他建（构）筑物若干、机器设备若干以及商标。

经管理人了解，晨昊公司进入破产程序的原因主要有三：一是投资规模大，增加了资金压力。晨昊公司通过出让取得工业用地使用权面积约百余亩，规划建设3栋厂房、3栋辅助用房，实际建成3栋厂房5万余平方米；在建的综合楼1栋，建筑面积9千余平方米。二是经营管理不善，资产效用未得到最大发挥。据调查，晨昊公司已建成的3栋厂房与在建的综合楼属统一规划设计，无法分开办理相关产权证，进而对已建成的3栋厂房不能进行再融资，补充现金流。此外，出资人兼法定代表人对晨昊公司也疏于管理。三是诉讼缠身，融资困难，终致晨昊公司资金链断裂，项目未全部建成而进入破产程序。2016年年底，晨昊公司全面停产停业。停产之后公司厂房一直被其他公司或个人占有使用。至管理人接管之日，有使用权主体30余家，就业人数达400余人。

（二）清算程序的基本情况

2019年12月31日，管理人至人民法院领取文书后即组建了管理人团队，正式履行管理人职责。为保证管理人团队成员依法依规执行职务，管理人组织团队成员对以往本所担任管理人的如工作机制、印章管理、财务监管、会议召开、资料保管、信息保密、廉洁履职等规章制度进行学习，以保证本案破产清算工作有序开展。

1. 规范接管债务人财产、印章和账簿等

管理人在接受指定当日便走访查看了晨昊公司现场，与晨昊公司法定代表人及部分原职工如财务人员等进行了沟通交流，了解公司以往生产经营情况。

同时,拟定接管工作方案,为规范开展接管工作做好准备。管理人数次向晨昊公司法定代表人以及其指定的第三人发送了要求债务人准备移交资料工作的通知与要求债务人财务人员移交资料工作的通知(含资料移交清单),后与相关人员办理了晨昊公司公章、财务专用章等印章以及营业执照等资料的移交手续。2020年1月,管理人约谈晨昊公司法定代表人,向其了解晨昊公司财务资料保存情况,并书面告知移交事宜。据法定代表人介绍,晨昊公司财务资料于公司停产后便一直由公司原出纳人员经手保管。

随后管理人在公司原出纳人员在场的情况下,对公司财务凭证进行了清点封存。因晨昊公司财务凭证较多,且考虑到方便审计、评估机构工作开展以及方便人员随时有序查阅,管理人经报人民法院许可以及债权人会议同意,对财务凭证进行现状封存保管,直至破产财产处置完毕。

关于接管工作进展情况,管理人多次向人民法院书面或当面报告。另外,管理人依据《企业破产法》相关规定,结合本案实际制作了财产管理方案提交第一次债权人会议审议,并获表决通过。

2. 尽职调查债务人财产状况、完成财产清理和财产追收工作

接管后,管理人即前往重庆市北碚区不动产登记中心、市场监督管理部门、车管所、开户行调查晨昊公司财产状况,至晨昊公司对机器设备进行盘点、封存,并向晨昊公司法定代表人以及相关人员调查了解财产状况。

在履职期间,为做好财产清理工作,管理人严格按照《企业破产法》的规定处理各权利人行使取回权事宜。通过引导权利人向管理人提出书面申请及提供证据材料,管理人作出相应认定并分别送达权利人,报告人民法院及发送给债权人、债务人,异议期满债权人无异议的则按同意行使取回权等程序规范处理,接受各方监督,界定晨昊公司财产范围。

管理人严格依法追收晨昊公司对外应收款项,采取函询方式与对方联系。在未经诉讼程序追收情形下,管理人共计收回房屋租金百余万元,充分节省了破产费用和时间成本,节约了司法资源。

3. 依法管理债务人内部事务

管理人在接管时,即向相关债权人了解晨昊公司基本情况,询问是否存在需要管理人予以特别优先处理的紧迫性、危险性事宜。经管理人走访、摸排,晨昊公司存在租户众多、消防及环境安全隐患等问题。

为理顺晨昊公司厂房租赁事宜，管理人多次发函承租人要求其提供租赁合同，分析是否属于双方均未履行完毕的合同。在人民法院指导下，管理人对部分租赁合同提起了诉讼。此外，管理人在履职期间多次向使用人或承租人发送安全生产责任告知书，或在厂区粘贴公告，要求其严格按照法律法规规定落实安全生产制度，防范或避免发生安全生产事故或环境污染事故。管理人还配合工业园区管委会对晨昊公司厂区相关情况、事项实施有效监督管理。

4. 规范召开债权人会议，积极完成与债权人沟通、解释等工作

晨昊公司破产清算案共召开了两次现场债权人会议、一次非现场债权人会议。第一次债权人会议由人民法院主持，于 2020 年 5 月 12 日在人民法院召开。管理人向会议作了执行职务的报告、提请核查债权的报告、执行职务的费用及管理人报酬收取方案、关于聘请专业工作人员情况的报告，会议审议表决通过了债务人财产管理方案、破产财产变价方案。第二次债权人会议于 2020 年 12 月 15 日在人民法院召开。管理人向会议作了管理人阶段性工作报告、提请核查补充申报债权的报告，会议审议表决了破产财产分配方案。因普通债权无财产可供分配，经会议表决，破产财产分配方案未获表决通过。后以非现场形式召开第三次债权人会议，对晨昊公司破产财产分配方案以及分配明细进行第二次表决。经会议二次表决，破产财产分配方案与分配明细未获表决通过。后管理人依法提请人民法院裁定确认。

有关债权人会议的提议、通知、召开、表决、报告等程序，管理人均严格依照《企业破产法》的规定进行，并做好会议记录，及时将表决结果报告人民法院并通报债权人。

在履职过程中，管理人注重做好债权人沟通解释工作。对于部分债权人就其他债权提出的异议，管理人一方面从法律规定层面做好沟通解释工作，另一方面也对于确需补充提交资料的债权，严格按照程序予以通知，再作相应认定。管理人注重保障债权人的知情权。对于重要工作进展情况如评估、拍卖和相关法律文书作出等工作，管理人均通过债权人申报债权时指定的电子邮箱、微信予以送达告知。对于评估机构、拍卖机构等中介机构，均公开遴选产生。管理人还注重做好债权人安抚工作。

5. 就相关问题及时与法院及政府相关职能部门保持有效沟通

管理人在办理本案过程中，注重与人民法院及时沟通汇报工作，与工业园区

管委会沟通联系处理相应事宜。通过接管时与晨昊公司债权人沟通，管理人即意识到本案场地清场压力可能较大。因此，管理人自始至终树立政治意识、大局意识，将维护地方稳定工作作为本案工作重点之一。具体而言，一是针对厂房内的各占有使用人以及厂房未经验收、消防可能存在风险的特点，在完成接管时即向人民法院进行了汇报；同时积极主动走访工业园区管委会，报告了相关情况，共同确定了工作联系人，以保持日常沟通和应对突发事件。二是及时将晨昊公司破产受理情况告知市场监督管理部门、税务部门，多次协调沟通税务部门处理涉税事宜，如纳税申报、税费减免、税收核定等。经过以上工作的开展，本案未发生在关键时间节点出现群体性事件的情形，同时相关工作均得以按照程序有效推进开展。

6. 规范、及时推进破产程序

在本案中，管理人始终以规范、及时推进破产程序为工作总基调，以依法依规、合理合法办理案件为总原则，以在破产程序中根本化解矛盾、实现案结事了为总目标，在主动推进案件进展的同时自觉接受人民法院指导、债权人监督。

晨昊公司破产清算案有其个案特殊性。其一，管理人根据本案债权申报和资产评估情况，在资产处置前即已预料到税款、社保债权与普通债权人或面临无财产可供分配的困局。因此，在追求效率的同时，更加注重程序规范及公平公开公正。具体体现在本案中的每一笔债权均由管理人拟定书面审查意见后经债权人会议核查，本案中的评估、拍卖辅助机构均通过公开招标遴选方式确定等。其二，晨昊公司资产瑕疵明显（无产权证、未验收、用户较多且分散难以清场），影响资产处置效率。管理人做好处置周期时间倒排表，严格按照时间节点通知拍卖辅助机构挂拍，积极寻找意向买家，累计联系、沟通、接待意向购买人 10 余家，并力促在拍卖中形成竞拍局面。其三，在资产处置乃至整个破产程序中，如何较大程度上保证晨昊公司土地及厂房变现价值最大化，一直是管理人在思考的问题。为此，管理人多次到工业园区管委会、当地民营经济局沟通协调其园区内经济实力较为雄厚的企业积极参与。为避免引起群体性事件，管理人在人民法院、政府部门指导下稳妥有序推进了资产处置工作。

（三）清算思路及相关情况

管理人的清算工作紧紧围绕着接管债务人、资产负债清理、资产处置与交付、分配、注销五个环节开展，特别注重程序合法与方案的合理性，同时关注本案中比较突出的厂房占用问题、不动产所有权证办理事宜，充分保障破产参与主体的利益。

接管阶段。管理人严格依照《企业破产法》等法律及司法解释规定，接管晨昊公司财务账簿等会计凭证、公司章程、股东会及监事会会议资料、合同文件、银行基本账户开户许可证、印鉴卡等资料。对于不能移交、无法移交甚至毁损灭失的资料如财务账簿、会计凭证等，管理人视晨昊公司债务情况报请人民法院依法处理。

债权申报、审查阶段。管理人根据《企业破产法》等法律及司法解释的规定，依法通知已知的债权人，向未申报债权的债权人发出公告，并依法审查、登记债权，编制债权表供债权人会议核查。管理人经初步查询工商资料、中国裁判文书网、全国被执行人信息网，询问晨昊公司法定代表，综合晨昊公司实际经营期限以及营业执照登记的经营范围，认为晨昊公司所涉债务较多。因此，管理人在制定内部工作计划时，力争本项工作在法定的公告期满时基本完成，并根据案件进程作了补充处理。

调查晨昊公司财产状况，妥善处理厂房占用情况。在基本接管资产的情况下，管理人通过调取工商档案、验资报告、银行账户明细、车辆登记信息、不动产登记信息、知识产权注册信息等调查晨昊公司财产状况，以及通过聘请专业工作人员对晨昊公司财务资料进行审计，对现有资产进行评估。集中精力、借助各方力量清理厂房租赁占用情况，严格依法妥善处理厂房租赁，摸清排查资产瑕疵情况，为资产处置打好基础。

筹备债权人会议，拟定会议资料。管理人在结合接管情况、调查公司财产、审查债权基础上，筹备第一次债权人会议，拟定执行职务的工作报告、核查债权报告、聘请专业工作人员报告、财产状况报告、财产管理方案、财产变价方案等会议资料。

及时推动资产处置，做好财产分配、交付工作。评估机构出具评估报告后，管理人即依法按照债权人会议表决通过的财产变价方案启动资产处置程序。多渠道寻找买家，促成资产成交。在资产成交后适时做好资产分配工作。同时，做好财产尤其是建(构)筑物等不动产的交付工作。

及时提请终结破产程序，做好各类注销工作。在基本完成财产分配后，及时提请人民法院终结破产程序。在程序终结后，管理人即做好税务、银行、工商等注销工作。

（四）工作结果

在破产案件中，管理人应力争将各项工作做扎实，以取得实效为目标。本案中，重大不稳定因素是场地清场与厂房交付后协助办证问题。而管理人在面临新冠肺炎疫情暴发的大环境及整个市场经济较为萎靡的情况下，从接受管理人指定之日起，历时 11 个月（包含新冠肺炎疫情暴发致第一次债权会议延迟 2 个月所耽误的时间）将晨昊公司破产清算一案处置完毕，且最终可供分配的破产财产总额达 8000 余万元，充分实现了资产价值最大化。资产现状拍卖完毕交付买受人后，管理人协助买受人顺利将整个厂区的所有租赁户清除干净，并通过消防验收，顺利将产权证办理完毕。

二、实务经验总结

（一）重点焦点分析

晨昊公司资产瑕疵明显，如厂房完成了预验收，而综合楼在完成主体结构封顶后停工，无法较快顺利办理产权登记；又如占用厂房主体诸多，有三四百余名人员在厂区内作业，清场交付难度大。从宏观层面看，市场投资信心不足。因此，如何尽可能有效实现资产变现价值最大化是管理人在履职过程中一直关注的问题，也是本案的重点问题。

1. 充分发掘资产优势，多渠道寻找意向买家，坚持以市场化手段处置破产财产，以实现破产财产价值最大化

管理人自接管时起，即充分了解资产性状，认为晨昊公司工业用地使用权及厂房仍具有一定的优势。从区域位置看，其位于同兴工业园区，配套设施成熟，交通十分便利；从资产规模来看，土地使用权面积适中，建（构）筑物规划布局合理。对于未完全建成的综合楼而言，如若买受人能在买入后申请规划调整，则资产价值将得到最大发挥。从程序价值来看，在破产程序中买入资产，买受人无须承担破产人债务之忧，资产交付等工作亦有管理人、法院协助，能够有效解决买受人后顾之忧，买受人交易成本可控。另外管理人了解到，重庆市主城区工业用

地指标收紧,工业用地新供地有限,因此收购已有工业用地成为企业布局主城区的主要途径。基于以上优势,管理人在资产处置前即着手资产推广工作,广泛推介给以往相关资产买受人;同时联系工业园区管委会、当地民营经济局等部门,重点介绍通过破产程序购买晨昊公司资产的优势,借助政府部门的招商力量寻找意向买家。此外,工业用地及厂房均已设定抵押,能够快速实现处置涉及抵押权人的切身利益。因此,管理人也动员抵押权人充分发挥其资源优势,向管理人推荐买受人。

在历经 4 次流拍后,按照债权人会议通过的变价方案,晨昊公司破产财产仍应以拍卖方式进行处置。而此时最大抵押权人恐其抵押债权不能全部受偿而通过人民法院向管理人提出以物抵债的要求。管理人经综合分析案情后认为,应严格依照破产财产变价方案的规定以市场化方式继续对破产财产进行处置,遂依法向其做好沟通解释工作,并在人民法院指导下继续拍卖处置。最终在第 5 次拍卖中顺利成交,且最终成交价高于第 4 次拍卖流拍价,完全保障了前述有异议抵押权人的债权实现全额受偿。

2. 充分发挥府院联动作用,妥善处理厂房占用问题

晨昊公司停产后,其已竣工的厂房被人占用。接管后,管理人对此情况通过向晨昊公司相关人员、实际使用人等了解情况、发布要求提供有权占用证据的公告等方式进行了细致摸排清理。经调查,大致清理出占用存在以下情形:一是与晨昊公司签订租赁协议的有权占用,同时租金未一次性全额支付;二是以租抵债,由债权人直接占用或转租;三是无法提供租赁合同或使用合同。厂区涉及占用人 30 余家,从业人员三四百人,聚集工业产品制造、仓储库房、车辆维修、门窗加工以及再生资源回收等各个行业,俨然一个小型工业园区。晨昊公司人员早已离散,其法定代表人及出资人对厂区也无力管理。

晨昊公司所处地理位置较好,倘若以继续履行合同方式让各占用人继续使用,一则无法实现整体资产的有效快速处置以及提升资产变现价值,实质上将损害破产程序中各债权人的利益;二则继续履行租赁协议也不能有效解决整体资产的续建,不能保障生产要素的效能得到最大发挥,有损当地工业园区窗口形象;三则厂房仅经预验收,未经正式验收,且停产停业已有数年,占用人乱搭乱建现象严重,存在严重的消防安全生产隐患。在管理人调查过程中,绝大部分占用人(以租抵债的占用人)拒不配合,而且阻拦各意向买家查看现场、了解情况。针

对以上问题的处理，管理人内部最初存在不同意见：一种意见认为可依据《企业破产法》第 18 条规定解除租赁合同，通过诉讼执行程序要求占用人返还所占用的厂房；另一种意见认为，可充分发挥府院联动作用，依靠当地政府的行政执法实现清退。若采用第一种方式要求各租赁户清场，管理人不仅将投入大量的人力搜集证据，还将面临诉讼时间长、诉讼风险大、执行难等问题。若诉讼与执行周期过长，厂房交付也将受到影响，各租赁户占用情况亦影响买受人的购买意愿。经报告人民法院，管理人最终采取第二种方式，积极主动争取政府相关部门支持，多次主动从释放优质生产要素、有效盘活园区土地厂房、彻底消除安全生产隐患等方面报告案件进展情况。在实际处理时，管理人注重向占用人逐个做好沟通解释工作，给予其充足的转场时间。最终在府院联动下，占用人全部彻底有序平稳搬出，未发生群体性纠纷和维稳事件。相较于通过诉讼执行程序要求占用人返还厂房，节省了大量的时间成本、司法资源，也强化了买受人的购买意向。买受人已于 2021 年顺利完成了待建工程的续建工作，并已投入生产，有效盘活了破产资产。

（二）办案心得感悟

在担任晨昊公司管理人期间，管理人严格依照《企业破产法》规定，调查了晨昊公司财产状况，依法对晨昊公司财产进行了清理，并积极追收晨昊公司对外应收款，最大限度维护了全体债权人的合法权益；在接管时晨昊公司已停产停业多年，虽内部事务较少，但在担任管理人期间，管理人仍尽职尽责地对内部事务进行了梳理，并依法进行了妥善处理；管理人坚持公平清理债权债务的破产理念，平等保护各方合法权益，规范召开债权人会议，充分保障债权人知情权、参与权、表决权等权利的行使；作为管理人，始终态度端正，务实、有效、规范地推进破产案件进程，债权人或晨昊公司均未对管理人的工作提出异议，并有效化解了社会风险，取得了较好的案件办理效果。

三、理论问题探究

本案中，晨昊公司工程尚未竣工验收，承包人因发包人未足额支付工程款而主张施工合同已解除，拒不向管理人移交工程技术档案资料。破产程序中，承包人是否仍负有资料移交义务。此外，对于有财产的破产清算企业而言，破产财产变价处置是程序中的核心问题。破产财产是否为适格处置标的以及如何处置可实现破产财产价值最大化，均需管理人在处置前充分考量。晨昊公司也不例外，晨昊公司的工业厂房尚未办理产权证书，结合《中华人民共和国城市房地产管理法》（以下简称《城市房地产管理法》）的规定，引发破产财产作为处置标的的合法性探讨。管理人在报告人民法院的前提下，为追求财产价值最大化，创新适用"假马竞标"策略在个案中的运用，在破产财产数次流拍后，与意向购买人签订不具有排他性或优先权的协议，以"线下协议 + 线上竞拍"的方式实现资产价值最大化，该种策略在适用过程中应当注意哪些问题，亦值得探讨。

（一）建设工程施工合同解除后工程技术档案资料移交义务的履行问题

晨昊公司部分车间、办公楼已完工但未办理竣工验收，涉及建筑面积约 6 万平方米。但是承包人以工程款未支付完毕以及工程施工合同已解除无提供义务为由，拒绝向管理人移交工程技术档案资料，管理人以其工程款债权能全额清偿为主要理由与其数次沟通均无果，后诉至人民法院。在处理此问题时，主要涉及以下问题：一是破产程序中承包人能否以工程款未付为由抗辩拒向管理人移交工程技术档案资料；二是在承包人拒不配合时，如何确定其所需提交的工程技术档案资料的范围。

1. 破产程序中承包人负有依法依规提供工程技术档案等资料的义务

本案中，承包人主张其所行使抗辩之权利为先履行抗辩权。先履行抗辩权这一概念是对本案诉讼时承包方所适用原《合同法》第 67 条的学理概括。现行《民法典》第 526 条所规定的亦是这一权利。在行使这一权利时，应当从其实质构成要件进行认定方能准确适用。当事人因同一双务合同互负对待给付义务，且义务的履行在时间上存在先后之分，是此抗辩权成立的条件之一当属无疑。而如何理解互负对待给付义务即互负债务则是关键。学理通说认为，互负债务，指双方所负的债务之间具有对价或牵连关系。结合建筑工程施工合同来看，发包人的主合同义务为按照合同约定支付价款，而承包人的主合同义务则为按照合同约定建造合格工程，此应为互负对待给付义务。而承包人提供竣工验收备案资料或工程技术档案资料的义务应为附随义务。但值得注意的是，是否所有的附随义务均与对方主给付义务之间不具有牵连性和对价关系。当双务合同规定有附随义务，而此义务又与合同目的的实现有密切关系，则应当认为此附随义务与主给付义务之间具有牵连性和对价关系。就建设工程施工合同而言，发包人与承包人之间签订合同的目的在于取得质量合格的建筑工程，并依法办理相应的产权证明。而按照《建设工程质量管理条例》以及《房屋建筑和市政基础设施工程竣工验收规定》相关规定，承包人在施工过程中产生的工程技术档案资料或竣工验收备案资料是证明建筑工程质量合格且办理产权证明的重要文件。因此，承包人提供资料的附随义务实际上和建造合格建筑工程的主合同义务均与发包人按照合同约定支付价款的主合同义务存在互为牵连或对价关系。在本案中，依据建设工程施工合同，应先由承包方先行施工，后由发包人按照施工进度支付款项。在此情形下，先履行合同义务的一方实为承包方。承包方除按进度施工外，还应在向发包人结算支付进度款前主动向发包人提交已完工部分的工程技术档案资料。此为先履行抗辩权的应有之义。因此承包人要求发包人先行支付价款再提供工程技术档案资料的主张为行使先履行抗辩权这一说法不能成立。

当然，也有观点认为承包人可行使不安抗辩权。而不安抗辩权的核心要旨在于有确切的证据能够证明缔约后后履行债务的当事人出现了足以影响其对待给付的情形。结合本案来看，既然晨昊公司已进入破产程序，则似乎是出现了足以影响晨昊公司对待给付的情形。换言之，承包方似有权拒绝履行提供工程技术档案资料的义务。然而，此种情形下承包方亦无权以此为由行使拒绝权。理由如下：一是发包方进入破产程序并不必然说明承包方之收取工程款之权利无保障。若承包人之工程款享有法定优先受偿权，则按照现行法律规定，在破产程序中就其所建造工程之变现款，承包人优先于有特定财产担保的债权人受偿。在此情形下，能确保其债权受偿之安全无虞。因此，承包人以此为由拒绝提供建设工程档案资料并无法律依据。二是进入破产程序后，管理债务人即破产企业事务的法定主体为管理人。在管理人要求承包人提供工程技术档案资料时，可视为管理人基于为实现全体债权人利益最大化而代为追收债务人对外享有债务之权利。因为承包人提供工程技术档案资料除了是合同附随义务，也是承包人的法定义务。即使建设工程施工合同已经解除，基于《建设工程质量管理条例》等法律法规规定和诚实信用原则，承包人也负有协助提供竣工验收备案文件中需要由其提供的资料的义务。此点后文详述。此义务对债务人即破产企业而言,实为行为之债。而承包人对破产企业所享有的工程款债权为金钱之债,二者也不能相互抵销。

另外需考虑的是,倘若承包人之工程款债权并未被认定为优先受偿权,即在破产程序中其债权为普通债权。而破产程序中普通债权受偿之状态,有完全受偿、部分受偿与完全未受偿三种。完全受偿情形下,承包人不能行使拒绝权之理由如前述。而无论是部分受偿还是完全未受偿,均是由管理人经破产程序这一概括的执行程序对包括承包人在内的所有债权人给予了一个清偿结果。对承包方而言,未受清偿的部分即为损失,此种情形下也确实证明了债务人或破产人已经出现了足以影响其对待给付义务的情形。承包人以此行使不安抗辩权的表现形式多为在进入破产程序前即已停工。但是对于已完工部分的工程所涉及的技术档案资料,承包人不能以其债权未获全额清偿为由予以拒绝提供。其原因如下:其一,对于已完工或竣工部分工程技术档案资料的移交属于承包人的法定义务。依照《建设工程质量管理条例》第 16 条第 2 款、第 49 条第 1 款及《房屋建筑和市政基础设施工程竣工验收备案管理办法》第 5 条规定,尽管发包方系组织竣工验收、办理竣工验收备案的责任主体,但竣工验收及办理竣工验收备案应当提交的文件均需要施工单位签署或提供。按照《民法典》规定的诚实信用原则,当事人应当根据合同的性质、目的和交易习惯履行通知、协助、保密义务。因此承包人应当根据相关法律法规的规定和建设行政主管部门的要求,提交相应的竣工验收资料,配合发包人完成竣工验收及备案相关手续,且承包人的此项义务并不因发包人未经验收擅自使用工程而免除。其二,无论是按照合同约定还是按照建筑法律规定,承包人建造质量合格的工程既是发包人与承包人签订相应合同的主要目的,也是建筑法律规定的法定义务。《中华人民共和国建筑法》第 58 条第 1 款规定“建筑施工企业对工程的施工质量负责”、第 62 条规定“建筑工程实行质量保修制度”,这一精神在《建设工程质量管理条例》第 16 条第 2 款第 5 项中以“施工单位签署的工程保修书”体现。因此,承包人保证建筑工程质量合格的法定义务不因债务人破产而免除。承包人在施工过程中形成的工程技术档案资料等是予以证明承包人是否建造合格工程的重要载体。承包人向管理人提供此类资料,也相当于为发包人提交了“保修卡”“质量责任书”。此外,可由鉴定机构出具的房屋建筑安全性鉴定报告代替竣工验收报告以办理竣工验收备案。但此种方式也有以下几点不足:一是直接导致施工单位与建设单位及所建工程脱钩,后续施工单位履行工程质量保修义务将存在问题。二是该做法也缺乏上位法支撑。三是为保障建筑工程的使用寿命达到相应的设计值,在施工的各个阶段,参建各方责任主体均要进行大量的、涵盖质量检测业务在内的投入,而各方责任主体是否依法依规履行了法定的质量义务,是住房城乡建设管理部门的监管重点。鉴于很多重要的检测及试验(包括桩基试验、建材试验、生产环节自检等),在工程完工后已经全部或大部分失去了进行全面检测的机会,多数工程均已隐蔽,故而通过采取房屋安全性鉴定的方法无法全面反映工程项目质量的深层情况。四是《房屋安全鉴定报告》的有效期一般只有一两年,所以在实际运用中一般仅作为"缺失部分报告"的补充完善手续,其本身并不具备承接施工单位质量责任义务的条件,更不能够直接代替各方责任主体的意见来参与建筑工程的竣工验收。

结合本案来看,晨昊公司的综合楼基础部分已通过验收,厂房已通过预验收,且按照合同约定"工程具备竣工验收条件,承包人按国家工程竣工验收有关规定,向发包人提供完整竣工资料及竣工验收报告"。晨昊公司已支付工程款占工程款总额的94.7%,已经履行大部分款项支付义务,承包人也已履行完合同的主要义务,其债权已被确认为建设工程价款优先权,根据晨昊公司的财产状况分析,可以足额支付欠付工程款。故在此种情形下,承包方的权利已获保障,即使合同已经解除,承包人亦有向发包人提供工程技术档案资料的义务;否则,承包方的合同权利得以全部保障,发包方却无法获取竣工验收相关资料,合同双方的权利义务并不对等。

综上,鉴于其负有保证工程质量合格和提供工程技术档案资料的法定义务,在破产程序中承包方不能以发包人未付工程款为由主张合同履行抗辩权。当然,随着营商环境的改善,承包方拒不移交资料、配合办理竣工验收导致建设工程验收久拖不决的现象正在得到有效解决。如相关部门对于按规定能够补办规划验收等手续的,应当依法依规处理并补办相关核实手续后办理不动产登记,对确因建成时间较早等原因不具备补办条件的,在符合国土空间规划的前提下,报经地方人民政府同意后,自然资源主管部门按现状出具认定或核实意见。建设项目部分符合规划的,自然资源主管部门可以对符合规划的部分先行核实,并出具规划核实意见。企业破产案件中债务人资料缺失或第三方机构(如设计、勘察、监理等单位)不配合竣工验收等情形导致无法办理竣工验收的建设工程,经委托有关专业机构对工程质量进行安全鉴定合格后,可办理不动产登记。

2. 需要移交的工程技术档案之范围

尽管配合发包人完成竣工验收及竣工验收备案是承包人的法定义务,但由于目前尚无法律法规明确指出若承包人不履行该义务需要承担何种法律后果,因此发包人在面对承包人此种不作为时,通过诉讼程序要求承包人配合办理或移交相关档案资料似乎成了无奈之选。实践中,前述情形诉诸人民法院的不在少数,但是在诉讼中还存在如何确定诉请的问题。

若合同有约定,则根据合同约定确定需要移交的工程技术档案资料范围当属无疑。问题在于合同未作约定时,对明确谁为移交资料范围的义务人认识不一。例如某房地产破产案件中,债务人起诉施工方,要求提供竣工验收的资料。在案件审理过程中,法院要求明确诉讼请求,即要求债务人提供详细资料清单,确定提供资料范围的义务为发包人。又如有司法实践认为明确提供资料范围的义务属于承包人。其理由为,通常情况下施工企业对办理竣工验收和建设工程备案手续,自己应当提交什么资料,比发包方有更加清晰的了解。依照诚实信用原则,在此过程中,施工单位应当提交相应的施工资料和手续。基于《中华人民共和国民事诉讼法》(以下简称《民事诉讼法》)要求的起诉时有具体的诉讼请求这一条件,应将明确移交工程技术档案资料范围的义务归于发包人。同时,由发包人承担此义务也并未使承包人、发包人之间的权利义务失衡。原因在于发包人仍可依照当地向住房和城乡建设部备案的《工程档案编制验收标准》或者相应的国家标准如《建设工程文件归档规范》(GB/T 50328—2019)要求承包方提供资料。

(二)未办理产权证书不动产处置问题

破产财产如厂房、住宅等不动产或为在建工程或已建成工程未经竣工验收影响此类资产的处置价格和效率实属应然。在破产清算实践中不乏未办证不动产的处置问题。重庆市高级人民法院于 2019 年 12 月 30 日发布的《关于破产程序中财产网络拍卖的实施办法(试行)》第 20 条即规定管理人应当协助买受人办理拍卖财产交付、证照变更及权属转移手续,必要时可以申请人民法院协助。实践中,若破产企业的房产未办理产权证书,管理人为快速完成资产处置工作,往往选择“带瑕疵”出售,即由债权人会议表决通过按现状处置,在拍卖公告中披露不动产未竣工验收的现状,并且声明不保证可以办理产权转移登记,以此将竣工验收、办理产权登记的义务转移给买受人。买受人则通过鉴定或者重新取得竣工验收备案登记的方式办理不动产权属证书。若处置的房地产未办理权属证书,依照《城市房地产管理法》第38条第6项"未依法登记领取权属证书的房地产,不得转让"的规定引申出以下问题。

1. 未取得权属证书的工业厂房是否为适格转让标的

依照《民法典》第209条第1款规定,不动产物权的设立、变更、转让和消灭,经依法登记,发生效力;未经登记,不发生效力,但是法律另有规定的除外。《城市房地产管理法》第39条规定,以出让方式取得土地使用权的,转让房地产时,应当符合下列条件:(1)按照出让合同约定已经支付全部土地使用权出让金,并取得土地使用权证书;(2)按照出让合同约定进行投资开发,属于房屋建设工程的,完成开发投资总额的25%以上,属于成片开发土地的,形成工业用地或者其他建设用地条件。转让房地产时房屋已经建成的,还应当持有房屋所有权证书。对于是否"已经建成",应当以是否办理正式竣工验收为准。因此,对该条的理解应当分为两个方面,第一,仍处于在建工程状态的房地产(含工业厂房),在符合《城市房地产管理法》第39条的前提下,可以转让;第二,已经建设完毕的房地产(含工业厂房),即已办理竣工验收的房地产的转让应当持有房屋所有权证书。问题在于,已经办理竣工验收手续但尚未办理产权证的房地产,其转让行为的效力如何。《民法典》第229条规定,因法律文书等导致物权变动的,自法律文书或者征收决定等生效时发生效力。然相较《民法典》而言,《城市房地产管理法》应属于下位法。再者,对于未办理产权证的不动产实施拍卖处置,也应是合法有效的行为。就处置标的物而言,均因债务人即破产企业的建造行为这一原始取得方式使得其成为破产财产,方才纳入管理人处置范围。就处置程序而言,无论债权人会议是作出公开拍卖、协商议价或是以物抵债等方式进行处置的决议,管理人均需与相对方以签订合同的方式来执行债权人会议的处置决议。因此,按照物权区分理论,若管理人与相对方签订的相应协议系真实意思表示,不违反公序良俗,不损害公共利益,则处置协议应当有效,对买受人和债务人均具有约束力。交易标的及未办理产权证书的房地产是否能够转让并办理过户,不应成为协议无效的理由,而是影响协议履行的理由。事实上,在处置房地产时,待处分房地产是否办有产权证是管理人特别予以关注并披露的事项。只要买受人接受现状处置,其就应当受买卖协议或抵债协议约束。最终能否办理产权证即完成物权转移登记,则由处置标的自身条件决定。若系因处置标的上有违法情形不能消除的,则不能办理产权证;若系因处置标的不具备产权登记部门要求的条件的,则可待条件具备后或通过人民法院协助执行等方式办理产权登记。前述不能办理产权证或不知何时方能办理产权证之风险,在处置合同中应明确如何分担。在市场经济环境中,风险分担方式不能成为限制无产权证标的物转让的缘由。综上,已经办理竣工验收手续但尚未办理产权证的房地产仍可转让。

国家发展和改革委员会、最高人民法院等十三个部门联合发布的《关于推动和保障管理人在破产程序中依法履职进一步优化营商环境的意见》(发改财金规〔2021〕274 号)规定:"……(十七)妥善认定资产权属。依法积极推动存在未办理验收等瑕疵的不动产完善有关手续,明确权属,为破产企业不动产及时办理权属登记手续,支持管理人加快破产企业财产处置……"2021 年 9 月 8 日,国务院确定将北京、上海、重庆、杭州、广州、深圳列为优化营商环境试点城市。2022 年 1 月 27 日,重庆市人民政府发布《重庆市营商环境创新试点实施方案》,方案所附的首批营商环境创新改革事项清单第 16 条提出,优化破产企业土地、房地产处置程序,对因债务人资料缺失或第三方机构不配合竣工验收等情形导致无法办理竣工验收的,由人民法院指导破产管理人将有关资料送当地住房城乡建设部门,由住房城乡建设部门负责组织质量安全鉴定及交付使用。规划自然资源部门按照人民法院出具的协助执行文书办理不动产登记。前述两条规定中,对于资产处置与办理产权证的关系并未明确。就目前条款观之,为破产企业不动产及时办理权属登记手续是主要目标,尤其是《重庆市营商环境创新试点实施方案》对未竣工工程的规定,核心是管理人收集现有资料,住房城乡建设部门负责组织质量安全鉴定及交付使用,规划自然资源部门按法院文书办理不动产登记。对这一条的实践,同样可以从两个角度来理解,一是管理人按照前述规定,先行办理产权证再行处置;二是管理人在处置后,有义务协助买受人,按照前述规定办理产权证。

2.《城市房地产管理法》的相关规定是管理性强制性规定

根据 2019 年《民商事纪要》第 30 条第 2 款的精神,人民法院在审理合同纠纷案件时,要慎重判断"强制性规定"的性质,特别是要在考量强制性规定所保护的法益类型、违法行为的法律后果以及交易安全保护等因素的基础上认定其性质,并在裁判文书中充分说明理由。最高人民法院在(2004)民一终字第46号民事判决书中阐明,《城市房地产管理法》第39条关于土地转让时投资应达开发总额25%的规定,是对土地使用权转让合同标的物设定的物权变动时的限制性条件。拟转让土地未达到25%以上的投资,属合同标的物的瑕疵,并不直接影响土地使用权转让合同的效力。《城市房地产管理法》第38条也不是认定使用权转让合同效力的法律强制性规定。由此类推,《城市房地产管理法》第38条、第39条,均应为管理性强制性规定。

因此,在破产实践中,管理人转让未办理产权证的房地产之行为并未违反《城市房地产管理法》第38条、第39条等管理性强制性规定。事实上,管理人转让未办理产权证的房产实属不得已而为之。办理产权证后再转让,无疑将极大提升资产处置价值。实现破产财产价值最大化是管理人履行职务的重要价值追求。但是如前文所述,办理产权证需要耗费更多的时间成本、费用成本,同时也需要承包人的协助配合。而现实往往是破产企业早已无资金可用,办理产权所需资料奇缺等。

(三)"假马竞标"在清算程序中的运用

1."假马竞标"策略溯源

"假马"本意为一项捕猎技术。为了有效猎杀,猎人会隐藏在一匹真马或似马道具的背后进行潜伏并悄悄接近猎物。用作掩护猎人的这匹马儿(无论是真马还是道具),就被称为"stalking horse"。[①] "假马竞标"规则适用于破产程序,通常被认为源于域外破产实践,被广泛应用于重整、破产出售中。在破产企业向法院申请进行清售之前,潜在收购方可以与破产企业进行初步协商。破产企业通常会进行一个小型的非正式拍卖来找到报价最高的潜在收购方。这个非正式拍卖中胜出的收购方被称为"假马竞标人"(stalking horse bidder)。假马竞标人可与破产企业在正式竞标前协商决定交易的目标价格、条款和方式。破产企业和"假马竞标人"之间达成的初步交易方案将会为后续的收购条件设

---

① 参见王之洲:《美国破产程序中的"假马竞价"》,载微信公众号"破记录"2018年3月12日,http://mp.weixin.qq.com/s/CTgNeMDiouGMVb_aD1p3dQ。

定一个基准。① “假马竞标”可以说是一种实现资产价值最大化的有效策略。

2. 我国对“假马竞标”的应用

“假马竞标”规则是由破产管理人或者破产企业选择适格的意向买受人，并就最低投资金额(保留价)达成协议，其他潜在竞买人出价不能低于保留价，最终选择出价最高或条件最好的买受人。如果经过公开拍卖，无人出价超过保留价，则“假马”成为最终的买受人。

江苏刚松防护科技股份有限公司被申请破产清算，后由破产清算转为重整，在已有重整投资人的情况下，法院借鉴“假马竞标”规则，创新采用“线下承诺出价＋线上拍卖竞价”的方式确定重整投资人，兼顾了重整价值和重整效率，普通债权的清偿率也由清算状态下的7%提升至24%，较好地实现了社会效果与法律效果的统一。该案入选最高人民法院发布的“人民法院助推民营经济高质量发展典型民商事案例”，并收录于纪录片《红色法庭百年志》中。

晨昊公司破产清算案中破产资产多次处置未成功，在资产多次拍卖流拍的情形下，管理人与意向买受人就保底出售价格达成线下一致意见，意向买受人仍通过线上方式竞标，管理人不对竞标结果作出保证。最终引发潜在买受人之间的竞争，资产价值得以实现最大化。

在“全国企业破产重整案件信息网”以“假马竞标”为关键词检索，有7起重整案件在公开招募投资人的环节中设置了“假马竞标”规则，其他途径检索到的国内相关案例也不胜枚举，可见，该规则正在逐渐被我国破产实践所接受。

3. “假马竞标”的核心步骤

“假马”策略的主要目的是防止财产被贱卖，实现资产价值最大化，主要包括以下几个步骤：

(1)“假马”与管理人达成“假马竞标”协议

“假马”即指有意向购买破产企业出售资产或者股权的主体，管理人在确定“假马”时，同样应当履行不低于正常拍卖程序中对买受人资质和履约能力的审查义务，在确定相关主体符合条件的前提下，择优达成协议。破产清算中的资产处置程序以及破产重整的投资人招募程序中，“假马竞标”策略都存在适用空间。

---

① 参见杜江、汪樯、白丹青等:《美国破产程序对中国企业的挑战和机遇之后篇:中国企业参与美国“363清售”的法律考量》,载君合法评,http://www.junhe.com/legal-updates/1238,2020年6月24日访问。

根据《民法典》第469条第1款的规定，当事人订立合同，可以采用书面形式、口头形式或者其他形式，故实践中该协议可以以口头形式或者书面形式签订。在前述程序中，管理人有权设定竞买条件或者招募投资人条件，“假马竞标”协议内容应当不具有排除竞争的意思，管理人也不能作出保证中标的意思表示，或者设置明显不符合事实或者需求的资质门槛，当然，管理人也不能实施该等行为排除竞争或作出保证中标的表示和实际行为，这有可能因违反《民法典》第154条之规定，使交易行为存在效力瑕疵。

（2）标的挂拍

破产程序中，涉及资产处置或者投资人招募，我国实务中一般采取公开竞价的形式，未见私下交易案例。根据《企业破产法》第112条第1款的规定，除债权人会议另有决议外，变价出售破产财产应当通过拍卖进行。故除非债权人会议另有决议，破产程序涉及出售或投资人招募的，仍以公开竞价方式与“假马竞价”结合适用较为妥当。

（3）激励机制

签订“假马竞标”协议的买受人能否购买到标的存在不确定性，而案件的债权人将获得因“假马”引发的竞争而带来的实际利益。签订协议的意向买受人虽然充分参与到程序，获得了充足的信息以作出决策，但这远不足以驱动其实际出价。域外破产实践中，对“假马”的保护与补偿包括：“假马”竞价失败情形下，使用债务人财产填补“假马”为购买标的付出的合理成本，尤其是尽调开支与准备相关谈判的开支；由债务人向其支付一笔“分手费”作为补偿。另外，“假马”还可以与债务人协商达成标的财产的出售流程，在法律允许的范围内保证出售流程有利于“假马”中标；部分竞价出售协议中甚至可以约定“假马”在一定时间内获得排他性的竞价权，由此更进一步提高“假马”中标的可能。也有在同等出价条件下赋予“假马”优先购买权的情形，因此要根据案件具体情况确定适当的激励措施，例如，在特殊行业重整类的案件中，同等出价条件不足以确定“假马”为最优投资人，同时也要考虑行业经验、资源、发展前景等关系企业稳定生产经营的因素；然而若只是破产清算，在同等出价条件下赋予“假马”优先购买权则影响不甚明显。我国破产程序中，一则因为须经债权人会议对管理人支出费用的方案进行决议；二则因为基于对程序的正当性和履职风险的把控，管理人很少作出前述激励性承诺，即使需要作出，也须在人民法院和债权人会议的同意下进行。

4.“假马竞标”协议的本质

“假马竞标”协议的本质是合同,结合我国《民法典》的规定,“假马竞标”协议更符合附生效条件合同的特征,“假马”与代表债务人的管理人签订协议,该协议的生效条件即无其他合格的竞价主体出现,若有其他合格竞价主体出现,则“假马竞标”协议不发生法律效力。

5.“假马竞标”可能存在的问题

(1)保留价的确定

“假马”策略中,保留价的确定对于交易至关重要,一个合理的保留价可以引发其他潜在买受人参与竞价,而在无人参与竞价的情形下,可以确保资产的成交价值与实际价值不发生较大偏差。晨昊公司案是以资产第四次流拍价确定的保留价,同时按照拍卖降价规则确定第5次拍卖起拍价,如此一来资产的价格大幅下降,引发数人参与线上竞价,资产最终处置价远超保留价。保留价的合理确定可以减少债权人异议,若处置资产设定有优先权,管理人应与优先权人提前就保留价进行沟通,以减少纷争。

(2)对“假马竞标”策略的监督

“假马竞标”策略的应用本为增强对标的的竞争,提高标的成交价格,但若整个协议签订以及拍卖过程缺乏监督,则有可能排除竞争。例如管理人与“假马”串通,将保留价确定得过低,有损害债权人利益的可能。破产程序中,管理人执行职务需向法院报告,并接受债权人会议和债权人委员会监督。故管理人拟引入“假马”时,应获债权人会议决议通过或书面向人民法院报告,以使债权人对该策略充分了解。

(3)出价与综合条件之间的选择

在重整程序中的投资人招募环节,是否应将出价存在优势作为确定投资人的唯一标准是值得探讨的,在涉及专业性较强的领域,拥有丰富的行业经验和相关资源的意向投资人,更具备拯救重整企业、按期偿还债务的能力。对招募投资人资质的要求过高,则会阻碍资金充裕的意向投资人参与竞标。由谁来确定投资人同样值得探讨,管理人在制定投资人招募标准时,可以通过听取债权人意见的方式保障债权人充分参与。债权人若无序表达,则有可能会拖延重整时机。如何权衡投资人的投资优势并作出选择,管理人、债权人需慎重考量。

6.“假马竞标”运用的建议

结合本案关于“假马竞标”的成功实践经验,在实际运用时应注重以下方面:一是寻找尽可能多的意向买家。“假马竞标”的核心在于形成竞争局面。倘若意向买家较少,恐难以形成竞争态势。二是在诸多意向买家中,至少需确定购买意向强烈的买家两名,而所选择的“假马”即存在于此购买意向强烈的买家之中。即使“假马”最终成为“真马”,潜在“真马”未竞得破产资产,于管理人所进行的资产处置工作而言亦无风险。三是“假马”的顺利退出问题。在实现资产尽可能高价成交后,“假马”如何顺利退出,即如何借鉴适用域外法所规定的“分手费”,则建议提前与实际最大受益债权人如抵押权人沟通协商确定。此费用亦不宜作为破产费用或共益债务清偿,除非事后经债权人会议决议通过。四是需要注意因案而行。判断的主要因素有资产是否优质、债权人构成是否过于复杂、相关买受人购买意向是否强烈、主要相关方是否支持等。

案例二　云阳县云春大酒店有限责任公司强制清算及破产清算案*

云阳县云春大酒店有限责任公司(以下简称云春大酒店)解散后,通过股东申请经重庆市第五中级人民法院裁定进入强制清算程序,其间清算组发现该公司财产不足以清偿债务,故申请对公司进行破产清算,重庆市第五中级人民法院裁定受理了该公司破产清算,并指定重庆渝万律师事务所担任本案的清算组及管理人。本案系重庆破产法庭成立后受理的公司强制清算转入破产清算程序,并适用快速审理程序审结的第一案。从重庆市第五中级人民法院裁定受理破产清算申请,到裁定终结破产程序,前后仅用时 39 天,为持续优化营商环境提供了司法实践样本。清算过程中出现该司财务管理混乱导致无法进行有效审计的情况时,清算组、管理人灵活地采用经济问题专项调查的方式予以解决。在发现有关人员的行为涉嫌刑事犯罪时,管理人、重庆市第五中级人民法院及公安机关形成多方联动,共同打击恶意逃废债行为。在理论研究层面涉及强制清算与破产清算程序衔接以及控股股东兼高级管理人员涉嫌隐匿、销毁会计凭证、会计账簿等问题。

---

* 执笔人:黄卫兵、黄磊,重庆渝万律师事务所律师。

一、案件基本情况

（一）债务人基本情况

1.债务人最新基本信息

云春大酒店成立于2001年8月27日，住所地为重庆市云阳县双江镇青龙路193号。注册资本300万元，出资人为彭某某和云阳县国有资产经营有限公司（以下简称云阳国资公司），其中彭某某出资额为270万元（持股比例为90%），云阳县国资公司出资额为30万元（持股比例为10%），法定代表人为彭某某。经营范围分为两类，其中一般经营范围为棋牌服务；许可经营范围为住宿、餐饮服务（大型餐馆）、冷热饮品制售、桑拿。2019年4月，云春大酒店全面停止经营。停业后，公司员工已全部遣散。

2.债务人的历史沿革

云春大酒店原名为云阳县磐石城宾馆有限责任公司（以下简称磐石城宾馆），由云阳县委办公室机关工会（以下简称县委办机关工会）和周某某等30名自然人股东共同出资300万元设立。其中，县委办机关工会以其房屋作价210万元作为实物出资，占注册资本总额的70%；周某某等30名自然人共同以现金方式出资90万元，占注册资本总额的30%。

2004年12月31日，云阳县委办公室以云阳县委办〔2004〕183号《关于调整磐石城宾馆股份制结构的批复》同意调整磐石城宾馆股份制结构，县委办机关工会出售磐石城宾馆90%的股权（该批复明确将周某某等30名自然人股东的股权交由县委办机关工会处置。2005年，30名自然人股东通过签订股权转让协议的方式将名下股份转让给彭某某后退出公司）。

2005年1月7日，云阳县国有资产管理服务中心以云国资〔2005〕2号《关于对云阳县委机关办公室工会所属磐石城宾馆产权界定的批复》确认磐石城宾馆净资产4.25万元（评估值）为工会集体资产。

2005年1月8日，县委办机关工会委托拍卖公司对磐石城宾馆所使用的房屋（位于重庆市云阳县双江镇青龙路193号）90%的产权进行公开拍卖，彭某某以1170万元的价格购得拍卖标的。同日，县委办机关工会与彭某某签订《磐石城宾馆合资合作协议》，协议约定成立滨江大酒店股份有限责任公司（实际上，滨江大酒店股份有限责任公司并未成立，而是通过直接将磐石城宾馆更名为云春大酒店的方式予以替代），新公司注册资金为1300万元，县委办机关工会出资10%为130万元，彭某某出资90%为1170万元。

2016年10月9日，中国共产党云阳县委员会办公室（以下简称中共云阳县委办公室）作为移交方，云阳国资公司作为接收方，共同与彭某某签订了《股权移交（转让）协议》，协议约定中共云阳县委办公室按县委、县政府有关规定，将其以县委办机关工会名义在滨江大酒店股份有限责任公司（现变更为云春大酒店）拥有的股权全部无偿移交给云阳国资公司。彭某某同意接交前述股权。2016年10月11日，前述股权转让给云阳国资公司后，因云春大酒店被纳入失信名单，未能办理变更登记。

2019年8月14日，因云春大酒店经营管理发生严重困难，继续存续会使股东利益受到损失，故股东云阳国资公司向重庆市云阳县人民法院提起云春大酒店的公司解散纠纷之诉。2019年11月10日，重庆市云阳县人民法院作出（2019）渝0235民初5343号民事判决书，判决解散云春大酒店。

（二）强制清算及破产清算程序的基本情况

1. 案件审理情况

2020年3月6日，云阳县国资公司以云春大酒店已解散但未成立清算组为由，向重庆市第五中级人民法院申请对云春大酒店进行强制清算。2020年4月9日，重庆市第五中级人民法院作出（2020）渝05清申5号民事裁定书，裁定受理云阳国资公司对云春大酒店的强制清算申请，并指定重庆渝万律师事务所组成云阳县云春大酒店有限责任公司清算组。2020年11月10日，清算组在清算中发现云春大酒店的资产不足以清偿债务，故向重庆市第五中级人民法院提出破产申请。2020年11月20日，重庆市第五中级人民法院作出（2020）渝05强清23号民事裁定书，裁定终结云春大酒店的强制清算程序。

2020年11月19日，重庆市第五中级人民法院作出（2020）渝05破申708号民事裁定书，裁定受理清算组对云春大酒店的破产清算申请，并指定清算组（重庆渝万律师事务所）担任云春大酒店有限责任公司管理人。

2. 债务人资产负债情况

根据云春大酒店移交的财务资料及审计报告，截至2020年3月31日，云春大酒店的账面资产总额约5000万元,账面负债总额约6000万元,实收资本约为300万元,未分配利润约为-1000万元,所有者权益约为-800万元。但因云春大酒店财务资料虚假,账列数据不能如实反映其财务状况。

云春大酒店现有资产为货币资金6000余元。

债权申报期内,共有8户债权人向管理人申报8笔债权,均为普通债权。经管理人审查,并经债权人会议核查认可的债权7户7笔,债权总额约4000万元。

3. 清算组及管理人履职情况

(1)清算组履职情况

清算组在接受指定后,根据案件实际情况组建了清算组工作团队并制定了工作制度。2020年8月至9月,清算组陆续接管了云春大酒店移交的印章、账簿、文书等资料,并先后完成了查询云春大酒店的工商登记信息,其名下的不动产、车辆登记信息,公司职工医保、社保缴纳情况等事项。同时,清算组开展了债权申报、审查工作,查询了云春大酒店涉及的诉讼、仲裁情况,并对其财产进行追收。此外,清算组就云春大酒店相关情况对股东彭某某、云阳国资公司进行了询问。

2020年9月30日,清算组委托重庆立信会计师事务所有限公司(以下简称立信公司)对云春大酒店进行审计,审计过程中发现云春大酒店移交的财务资料存在账表不符、账证不符等问题,继续审计并无价值。2020年10月12日,经法院同意,审计程序变更为经济问题专项调查。经审查发现,云春大酒店法定代表人、控股股东彭某某涉嫌侵占公司财产、虚计往来等造成公司利益损失的违法行为。2020年11月2日,清算组向法院提交了清算工作进展报告,并就彭某某涉嫌财务资料造假问题进行了专题汇报。

经清算,云春大酒店财产不足以清偿债务。2020年11月10日,清算组向重庆市第五中级人民法院申请对云春大酒店进行破产清算。

(2)管理人履职情况

管理人在接受法院指定后,组建了管理人工作团队并制定了工作制度。因在强制清算程序中担任清算组,已对云春大酒店的债权债务、资产状况、股东出资等情况进行过梳理,故管理人已了解云春大酒店的基本情况。同时,管理人已掌握从云春大酒店处接收移交的印章、账簿、文书等资料,另接管到清算程序中追收回的少量货币资金。在此基础上,管理人开展了债权申报、审查工作,并对云春大酒店的财产进行追收。

2020年12月25日,管理人组织召开云春大酒店破产清算案第一次债权人会议,会议中管理人对债权核查情况、财产状况、财产分配方案及管理人执行职务工作情况等作出报告,债权人会议对相关方案进行了表决。

2020年12月28日,重庆市第五中级人民法院作出(2020)渝05破325号之二民事裁定书,裁定认可债权人会议通过的《破产财产分配方案》,同日,该院作出(2020)渝05破325号之三民事裁定书,裁定终结云春大酒店破产清算程序。

(三)强制清算及破产清算思路

强制清算过程中,管理人已将云春大酒店的债权、债务、资产等已查清,发现其资不抵债的情况下,以清算组的名义向人民法院申请进行破产清算。因云春大酒店已进行过强制清算,人民法院决定适用快速审理程序。为节约资源,减少成本,提高效率,重庆破产法庭在受理破产清算的当日,即指定强制清算的清算组为破产清算的管理人。对在强制清算过程中已完成的债权申报及审核、资产调查,股东出资情况的调查等事项,只要不违反《企业破产法》及其司法解释的规定,经申请人民法院均依法予以认可。这使本案的破产清算得以在2020年11月19日受理,2020年12月25日召开第一次债权人会议,2020年12月28日终结破产程序,历时39天。系重庆破产法庭成立后,由强制清算转入破产清算,并适用快速审理程序结案的第一案。

破产清算时,对在强制清算过程中已经发现的控股股东兼高级管理人员涉嫌违法的问题,在破产清算终结后,依法移送公安机关进行处理。

二、实务经验总结

(一)重点焦点分析

1.公司控股股东兼高管涉嫌隐匿销毁会计凭证、会计账簿等行为的处理

由于民营企业的生产经营具有灵活性、随意性,部分企业存在账目不清、会计凭证账簿不齐等问题。在对云春大酒店进行强制清算过程中,清算组通过核查云春大酒店移交的债权债务资料、财务凭证,发现云春大酒店的控股股东(持

股比例为90%)、执行董事兼总经理彭某某与公司之间存在多笔关联交易,涉及金额较大,遂委托立信公司对云春大酒店进行审计。审计过程中,立信公司发现云春大酒店的财务资料普遍存在账表不符、账证不符、记账凭证与后附原始资料不符、期初数不实甚至凭证缺失等问题。立信公司认为云春大酒店提交的资料无审计价值,这对清算组的工作推进造成阻碍。因此,清算组将该问题汇报至法院,并提出对云春大酒店进行经济问题专项调查的建议。经法院同意后,审计程序变更为经济问题专项调查。

清算组从以下三个方面着手清理云春大酒店的资产与负债。首先,清算组请求法院向云春大酒店的高级管理人员发送配合、履行义务的通知书,要求高级管理人员配合清算组工作,对云春大酒店的财产状况、财务资料的组成作出如实说明,并形成询问笔录备查。其次,立信公司以移交的原始财务资料为依据对云春大酒店的账面资产、负债进行经济问题专项调查,并出具调查结果。最后,结合立信公司的审查结果及债权人提供的债权申报资料对云春大酒店的资产负债情况进行全面分析。

根据《中华人民共和国会计法》第44条、《中华人民共和国刑法》(以下简称《刑法》)第162条之一的规定,云春大酒店相关人员涉嫌隐匿销毁会计凭证、会计账簿等行为,可能构成刑事犯罪。因此,破产清算案件终结后,管理人主动向公安机关提供了相关线索。

2. 公司控股股东兼高管涉嫌侵占债务人财产的处理

在对云春大酒店进行经济问题专项调查时,发现彭某某以云春大酒店进行装饰装修向其个人借款为由,将云春大酒店公司用名下房屋作抵押向恒丰银行江北支行贷款的数千万元全部划归自己使用。因云春大酒店无力归还恒丰银行江北支行的贷款本息,恒丰银行江北支行诉讼后向重庆市江北区人民法院申请强制执行,导致云春大酒店的全部资产在2019年4月21日被重庆市江北区人民法院拍卖。立信公司经检查云春大酒店公司的凭证及原始资料,初步确认云春大酒店装修投入的金额仅约500万元。彭某某以向云春大酒店装修垫付了约3000万元(此数据源于彭某某对经济问题专项调查报告的事实澄清回复)为由将云春大酒店3000万元资金全部占为己有,涉嫌侵占云春大酒店向银行的借入资金2000余万元。同时,彭某某还涉嫌侵占云春大酒店租金收入200万元,造成损失900万元。

此外,2012 年 12 月 24 日,彭某某以云春大酒店的名义与舒某某、钟某某签订借款合同,合同约定云春大酒店作为借款人向出借人舒某某、钟某某借款 1000 万元,彭某某要求出借人将全部借款转入其个人账户或其指定收款人的账户,彭某某为该笔借款提供担保。因该笔借款金额较大,且借款并未实际进入公司账户,公司也未实际使用该笔借款,故管理人要求彭某某就云春大酒店的资产和负债情况作出明确的说明并提供相关的证据。经管理人释明法律责任之后,彭某某本人确认该笔借款实际已由彭某某个人使用。因前述借款未按期归还,舒某某、钟某某将云春大酒店、彭某某诉至法院,判决生效后二人向法院申请了强制执行。在执行程序中,舒某某、钟某某未能从云春大酒店处得到任何清偿,故在进行经济问题专项调查时,立信公司未将前述借款的本息列入彭某某侵占云春大酒店财产或给云春大酒店造成的损失之内。但是,舒某某、钟某某在强制清算程序中向清算组申报了前述借款所对应的债权,所以对于彭某某占用的云春大酒店借到的资金及因此给云春大酒店造成的损失,管理人拟依法向彭某某予以追收。

进入破产清算后,管理人向彭某某发出书面通知,要求其向云春大酒店归还侵占的资金和租金收入,并承担赔偿损失的责任,但彭某某未履行相应义务。管理人认为,直接启动民事诉讼程序向彭某某追索其侵占的云春大酒店的财产,需垫付高额的诉讼费用,且因财产被转移至彭某某关联公司名下,即使胜诉也难以追回,但根据《刑法》的规定,彭某某利用职务之便侵占云春大酒店的财产的行为涉嫌刑事犯罪。因此,管理人在破产清算案件终结后,一方面将相关线索通报给了云春大酒店的另一股东云阳国资公司,告知该公司可通过向公安机关举报维护国有资本的权益;另一方面也积极向公安机关举报,将初步掌握的相关线索、证据移交给公安机关。若公安机关立案,管理人则提起刑事附带民事诉讼追索财产。目前,案件尚处于初查过程中。如通过刑事途径从彭某某处追收回财产,管理人将对收回的财产进行追加分配。

(二)办案心得感悟

1. 清算组、管理人主动要求法院加强指导监督

在办理两案过程中,清算组、管理人积极与审理法院沟通交流,主动要求法院加强指导监督。例如,针对云春大酒店原法定代表人彭某某因可能涉嫌职务

犯罪等原因拒不配合清算工作的情形，管理人请求法院向云春大酒店的高级管理人员发送配合、履行义务的通知书。

2. 数字化技术赋能破产清算，运用即时通信工具提高办案效率

本案中，因受理案件的法院、管理人、债务人分别位于不同的地区，空间上的分散性给管理人的清算工作带来极大的难度。因此，除通过最高人民法院搭建的全国企业破产重整案件信息网向债权人推破产程序的进展之外，管理人在接受指定后还迅速建立了可实时交流的钉钉群，将法院受理破产案件的裁定书、指定管理人的决定书、债权申报通知书、债权申报的文件模板等上传到钉钉群，供债权人等自行下载。同时，管理人将承办法官、云春大酒店、已知债权人、立信公司工作人员等拉入钉钉群，便于债权人、管理人、承办法官之间沟通、交流。

为解决清偿比例偏低、债权人参加债权人会议积极性不高等问题，管理人决定采用通过钉钉平台召开网络债权人会议的形式。线上召开债权人会议不仅减轻了管理人组织会议、维持会场秩序等压力，还降低了各方成本，如节省了为举办线下债权人会议租赁会议场地的相关费用，为债权人节约了参加线下会议所必需的时间、经济成本，从而提高了债权人参加会议的积极性，管理人的各种报告、方案也顺利得到表决通过。在办案效率得到提高的同时，办案流程也更加公开透明，相关人员可通过此种方式对管理人的工作进行监督，提升了债权人对破产清算的满意度，最终实现法律效果与社会效果的统一。

3. 强制清算与破产清算无缝衔接，跑出清算“加速度”

本案系重庆破产法庭成立后受理的公司强制清算转入破产清算程序，并适用快速审理程序审结的第一案。在强制清算程序中，清算组已对云春大酒店的债权债务、资产状况、股东出资等情况进行过梳理。进入破产清算程序后，经第一次债权人会议核查，对于强制清算程序中已完成的债权申报及审核、资产调查及评估、股东出资调查等清算事项，无违反《企业破产法》及司法解释的情形。经重庆破产法庭依法予以认可后，管理人不再进行重复的工作，而是引用强制清算程序中既有的工作成果，实现了强制清算与破产清算程序的无缝衔接，大大提高了破产清算的工作效率。

重庆破产法庭在受理对云春大酒店的破产清算申请当天即指定清算组担任管理人，从裁定受理破产清算申请，到裁定终结破产程序，前后仅用时 39 天，体现了重庆破产法庭及管理人严格贯彻落实最高人民法院《关于推进破产案件依

法高效审理的意见》的精神,为持续优化营商环境提供了司法实践样本。

4.与审计机构通力合作,针对债务人的责任人展开经济问题专项调查;与人民法院、公安机关合力,共同打击恶意逃废债行为

企业的会计凭证、会计账簿等财务资料是记录企业真实经营活动、反映企业客观财务状况的重要载体,也是企业对外承担民事责任的重要依据,企业的相关人员应妥善保管该类材料,以防止出现因财务管理混乱而造成的资产与负债难以清理的问题。本案中,彭某某作为企业的控股股东、高级管理人员,有义务妥善保管云春大酒店的财产、印章和账簿、文书等资料。然而,在强制清算过程中,清算组发现彭某某存在隐匿销毁财务账簿等资料的行为,导致立信公司无法进行有效审计。尽管如此,清算组并没有仅以财务账簿等不完整为由认定云春大酒店无法清算,而是另辟蹊径,及时向重庆市第五中级人民法院报告并经重庆市第五中级人民法院同意后与立信公司密切合作,将清算审计转变为经济问题专项调查。同时,清算组和管理人对相关人员释明法律义务及责任,督促责任人员配合清算工作,向清算组和管理人如实披露云春大酒店的财务状况。前述灵活变通的工作方式打破了云春大酒店因财务管理混乱而无法清算的僵局。

受宏观经济环境的影响,企业因资金链断裂而进入破产清算已呈高发势态,随着破产清算样本的增多,管理人发现不少企业走向破产的症结呈现出一个规律,即企业的高管、投资人通过不法手段侵占企业财产,致使企业进入破产清算程序时处于无产可破的“空壳”状态。根据云春大酒店的经济问题专项调查结果,本案中控股股东彭某某也涉嫌利用职务之便侵占云春大酒店的财产,该行为不仅损害了债权人的利益,还扰乱了市场经济秩序。虽然,管理人根据《企业破产法》的规定向彭某某发出书面追收通知要求其返还所侵占的财产并赔偿损失,但是彭某某并未履行返还义务。针对高管侵占企业财产逃废债务的不法行为,仅靠管理人的力量从民事方面着手,难以达到目的,故管理人及时向法院汇报了相关情况,在法院的协助下,管理人依法向公安机关报案。清算实务中,管理人可通过与人民法院、公安机关形成合力的方式共同打击逃废债行为,积极推进诚信体系建设,从源头上减少逃废债行为,从而营造良好的营商环境。

三、理论问题探究

(一)强制清算与破产清算程序的衔接问题

1. 强制清算与破产清算的比较

根据《公司法》的规定,公司的清算指公司出现法定解散事由后,清算组按照法律规定清理公司财产、债权债务关系,分配公司剩余财产并完成注销登记,使公司法人人格归于消灭的行为。其中,当公司的资产足以清偿其对外债务时,公司的清算为非破产清算,又可分为公司内部自行清算和申请人民法院强制清算两类。清算过程中,当清算组发现公司的资产不足以清偿其全部债务或者公司明显缺乏清偿能力时,根据《企业破产法》的规定,经债权人或依法负有清算责任的人向人民法院申请后,由强制清算程序转为破产清算程序。①

强制清算程序与破产清算程序之间存在诸多不同:第一,两种清算程序的利益侧重不同。强制清算程序中,公司的财产在用以清偿全部债务之后如有剩余,则还须分配给公司的股东,所以强制清算程序中除保护公司债权人的利益之外,还需兼顾股东的利益。而破产清算过程中,公司处于财产不足以清偿其全部债务或公司明显缺乏偿债能力的状态,暂不存在股东利益分配的问题,更侧重于保护和平衡各债权人的利益。第二,两种程序中清算组织的组成不同。根据《公司法》、最高人民法院《关于适用〈中华人民共和国公司法〉若干问题的规定(二)》[以下简称《公司法司法解释(二)》]的规定,强制清算中清算组成员既可以由公司股东、董事、监事、高级管理人员和社会中介机构及其专业人员共同组成,也可以全部由中介机构或中介机构中的专业人员组成。② 然而,在破产清算程序中人民法院通常从各地的管理人名册中指定社会中介机构担任管理人。第三,清算

① 参见《企业破产法》第7条规定:"债务人有本法第二条规定的情形,可以向人民法院提出重整、和解或者破产清算申请。债务人不能清偿到期债务,债权人可以向人民法院提出对债务人进行重整或者破产清算的申请。企业法人已解散但未清算或者未清算完毕,资产不足以清偿债务的,依法负有清算责任的人应当向人民法院申请破产清算。"

② 参见《公司法司法解释(二)》第8条第2款规定:"清算组成员可以从下列人员或者机构中产生:(一)公司股东、董事、监事、高级管理人员;(二)依法设立的律师事务所、会计师事务所、破产清算事务所等社会中介机构;(三)依法设立的律师事务所、会计师事务所、破产清算事务所等社会中介机构中具备相关专业知识并取得执业资格的人员。"

程序启动后是否会产生公司财产暂时“冻结”效力方面,强制清算程序与破产清算程序之间存在不同。

强制清算程序与破产清算程序之间存在以下相同点:第一,只要是在清算过程中均会对公司的财产状况、债权债务情况、股东出资情况等进行清理,至于是强制清算还是破产清算程序则不作区分。第二,负责强制清算的清算组与负责破产清算的管理人均是由人民法院依法指定。

2.强制清算与破产清算程序衔接的理论与实践基础

实践中,通常以公司的账面资产负债情况作为判断公司的财产是否足以清偿全部对外债务的初步依据,从而决定是否对公司启动强制清算程序。进入强制清算程序后,随着清算工作的推进,在处理公司未了结业务、变现财产、对外追收债权等事项过程中,公司的资产数额发生变化,实际资产与账面资产之间可能会出现差额。同时,清算组通知债权人申报债权、核定债权后,公司的负债金额发生变化,实际负债与账面负债之间也可能会出现差额。由于以上差额的存在,强制清算过程中可能会出现公司财产变现后不足以清偿全部债务的情形,公司也可能面临从强制清算程序向破产清算程序的转化。

法律上的衔接是解决强制清算与破产清算程序衔接问题的理论基础。然而,强制清算程序主要适用的《公司法》为实体法,破产清算程序主要适用的《企业破产法》为程序法,二者在调整的对象和范围上存在较大差异。同时,目前我国法律对于强制清算与破产清算程序衔接的细节问题没有明确的规定,原则性规定主要见于《公司法》第187条、第190条,《公司法司法解释(二)》第17条,《企业破产法》第2条、第7条,指引性文件最高人民法院《关于审理公司强制清算案件工作座谈会纪要》(以下简称《强清会议纪要》)第32~35条。以本案为例,从清算事务、清算机构等方面对实践中强制清算与破产清算程序衔接的可行性、必要性分析如下:

在清算事务方面,强制清算与破产清算程序中,清算组与管理人履行职务的内容存在高度重合。根据《公司法》第184条、《企业破产法》第25条的规定,无论是清算组还是管理人,在接受法院指定后均须调查公司的财务状况,清理公司债权、债务,编制资产负债表或制作财产状况报告。根据《强清会议纪要》第35

条的规定，在破产清算程序中承认强制清算中已完成的清算事项的效力。① 本案中，清算组在强制清算程序中即已完成公司的债权申报及审核、资产调查及评估、股东出资调查等事项。进入破产程序后，前述已完成事项经债权人会议核查及人民法院认可后，管理人可以直接引用清算组已完成的工作成果，而无须就前述事项进行重复的工作。不仅节约了时间、人力成本，还极大地缩短了办案周期。

清算机构的衔接是强制清算与破产清算程序衔接中的关键环节。如前所述，清算组和管理人均是由人民法院依法指定，通常由社会中介机构或中介机构中的专业人员组成，组成人员具备过硬的专业素质，这为两种程序的衔接提供了条件基础。根据最高人民法院《关于审理企业破产案件指定管理人的规定》②及《强清会议纪要》③的精神，司法实务中为提高办案效率，较之采取轮候、抽签、摇号等随机方式公开指定管理人，人民法院更加倾向于直接指定强制清算组担任破产管理人。本案的管理人选定方式即为第二种，重庆渝万律师事务所先后担任了云春大酒店的强制清算组、破产管理人，此种方式提高了管理人的办案效率。一方面，在对公司财产、印章、账簿、文书等资料交接上更加便利、准确。因履行强制清算职责需要，前述物品处于清算组的保管之下，管理人接管时只需与清算组履行形式交接义务，简化交接流程的同时，也可避免因交接不畅而造成相关物品遗失的风险。另一方面，管理人在担任清算组期间已详细掌握了公司的财产状况、内部事务等情况，故进入破产清算程序后管理人无须另行花费时间与公司清算义务人、债权人进行熟悉磨合。

在清算费用方面，根据《强清会议纪要》的规定，人民法院指定的清算组与管理人为同一主体时，所需支付的清算组与管理人报酬之和不高于与之相反（清算组与管理人为不同主体）的情形。④ 同时，两种程序的衔接还可节省部分诸如审

---

① 根据《强清会议纪要》第 35 条的规定，……公司强制清算中已经完成的清算事项，如无违反企业破产法或者有关司法解释的情形的，在破产清算程序中应承认其效力。

② 根据最高人民法院《关于审理企业破产案件指定管理人的规定》第 18 条的规定，企业破产案件有下列情形之一的，人民法院可以指定清算组为管理人：(1) 破产申请受理前，根据有关规定已经成立清算组，人民法院认为符合本规定第十九条的规定……

③ 参见《强清会议纪要》第 34 条。

④ 《强清会议纪要》第 34 条第 2 款规定："上述中介机构或者个人在公司强制清算和破产清算中取得的报酬总额，不应超过按照企业破产计付的管理人或者管理人成员的报酬。"

计评估等破产费用。因此，指定清算组担任管理人，可实现强制清算与破产清算的无缝衔接，也有利于实现债权人利益的最大化。

3. 程序衔接中需注意的问题

相比于强制清算程序，《企业破产法》对破产清算程序中的债权申报与审查有着更加严格的规定，管理人对债权审查的结果不仅需要经债权人会议核查，还需要由法院通过裁定书的形式予以确认。[①] 因此，即使有关文件规定对于强制清算程序中已完成的清算事项可在破产清算程序中承认其效力，管理人在破产清算程序中也要严格按照法律规定对申报的债权进行审查，债权审查结果经第一次债权人会议核查无异议后，再提交法院予以确认。同理，与强制清算阶段比较，若破产清算中公司财务情况和资产出现较大变动，则管理人选择是否沿用强制清算阶段的审计报告和资产评估报告时应更加谨慎。

如前所述，强制清算程序的启动不具有"冻结"公司财产的效力，程序中个别清偿行为和强制执行行为依然可以进行。而根据《企业破产法》第 16 条的规定，公司一旦进入破产清算程序则个别清偿行为无效。因此，如果在清算过程中，公司的资产不足以清偿全部债务，清算组应根据《企业破产法》第 2 条、第 7 条的规定及时向人民法院另行提起破产申请，启动破产清算程序，从而阻却个别清偿和强制执行的发生，以保障全体债权人得到公平受偿。

（二）控股股东兼高级管理人员涉嫌隐匿、销毁会计凭证、会计账簿等行为的分析

1. 行为人的主体身份

对公司进行强制清算时，如果公司主要财产、文件灭失或者公司有关人员下落不明，将导致无法清算或无法全面清算。实践中，造成前述情形的行为人通常为清算义务人。清算义务人指在公司发生清算事由时基于其与公司之间存在的特定法律关系而对公司负有清算义务的主体。清算义务人在清算程序中负有全面配合和协助清算组清算工作的义务，是承担妥善保管并向清算组移交公司财产、文件等资料义务的义务主体，并直接承担未能履行上述义务的法律责任。[②]

---

① 参见《企业破产法》第 57 条、第 58 条。

② 参见王欣新：《论清算义务人的义务及其与破产程序的关系》，载《法学杂志》2009 年第 12 期。

因此,为确定责任承担主体,需先确定清算义务人的范围。

目前,我国不同的法律对清算义务人范围的规定并不完全一致。根据《民法典》第 70 条第 2 款规定,法人的执行机构或者决策机构的成员可以成为清算义务人,①但该条规定并未将股东纳入清算义务人范围之内。根据《公司法司法解释(二)》第 18 条第 2 款的规定,有限责任公司的股东、股份有限公司的董事和控股股东为清算义务人。②《企业破产法》对此没有明确规定。学界对于股东是否应作为清算义务人也未达成统一意见,有观点认为,公司的权力机构、决策机构组成人员如董事、高级管理人员是日常经营管理公司的直接主体,对公司内部事务最为了解,而股东并未直接参与公司的管理,故股东不是清算义务人,即使追究公司财务资料保管不善的责任也应指向具体保管人,而非追究股东的责任。然而,也存在特殊情况,虽然股东没有直接的保管公司财务资料的义务,但是其在公司经营过程中往往直接或间接地对公司的董事、高级管理人员等进行监督管理。因此,股东是否应作为清算义务人还需结合公司的实际情况具体分析。具体到本案中,彭某某既是云春大酒店的控股股东,又是执行董事兼总经理,多个身份竞合的情况下彭某某当然为公司的清算义务人。

2. 行为性质的认定及法律后果

关于控股股东兼高级管理人员实施隐匿、销毁会计凭证、会计账簿等行为是否当然构成"怠于履行清算义务"的问题,目前我国法律并无相关规定,但可参照《民商事纪要》对此进行分析。《民商事纪要》将《公司法司法解释(二)》第 18 条第 2 款规定的清算义务人的责任性质定义为侵权责任,故应从侵权责任的构成要件来对前述行为性质作出认定,以便确定行为人是否需要承担责任。因此,管理人需举证证明如下情况:第一,行为人有怠于履行清算义务的行为;第二,因主要财产、印章和账簿、文书等资料灭失导致了公司无法清算的结果;第三,行为人怠于履行清算义务的行为与公司无法清算的结果之间存在因果关系;第四,行为

---

① 《民法典》第 70 条第 2 款规定:"法人的董事、理事等执行机构或者决策机构的成员为清算义务人……"

② 《公司法司法解释(二)》第 18 条第 2 款规定:"有限责任公司的股东、股份有限公司的董事和控股股东因怠于履行义务,导致公司主要财产、账册、重要文件等灭失,无法进行清算,债权人主张其对公司债务承担连带清偿责任的,人民法院应依法予以支持。"

人主观上有过错。①

此外，《民商事纪要》第14条、第15条还进一步规定了有限责任股东对“怠于履行清算义务”抗辩的事由。若公司股东举证证明其已积极履行清算义务，或者小股东举证证明其从未自己担任或者委派他人担任公司的董事或者监事且未参与公司经营管理，则其行为不构成怠于履行清算义务，不应当对公司债务承担连带清偿责任。② 同时，若股东能够证明其怠于履行清算义务的行为与财务账册等资料的丢失之间不存在因果关系的，同样不承担责任。③ 以上规定在保护债权人利益的同时，也避免了过分加重股东的责任。

关于行为人怠于履行清算义务的法律责任问题。第一，民事责任方面。《民商事纪要》第118条第2款规定，应当依照我国《企业破产法》的相关规定来确定相关主体的义务内容和责任范围，不得根据《公司法司法解释（二）》第18条第2款的规定来判定相关主体的责任。④ 因此，根据《企业破产法》的相关规定，按行为造成的结果的不同，又可将行为人应当承担责任的方式分为两种：其一，虽然行为人怠于履行清算义务但并未造成“无法清算”的后果。根据《企业破产法》第127条的规定，法院可以对直接责任人员依法处以罚款，还可参照《民事诉讼法》的规定对行为人实施依法拘留，依据《中华人民共和国出境入境管理法》第12条的规定对其作出不准出境的决定。⑤ 其二，若导致无法清算或者造成损失时，从保护债权人的利益方面出发，管理人可要求行为人承担损害赔偿责任，因

---

① 参见高频、李楠：《论破产程序中公司有关人员清算责任的承担》，载《法制与社会》2021年第19期。

② 《民商事纪要》第14条规定：“公司法司法解释（二）第18条第2款规定的怠于‘履行义务’，是指有限责任公司的股东在法定清算事由出现后，在能够履行清算义务的情况下，故意拖延、拒绝履行清算义务，或者因过失导致无法进行清算的消极行为。股东举证证明其已经为履行清算义务采取了积极措施，或者小股东举证证明其既不是公司董事会或者监事会成员，也没有选派人员担任该机关成员，且从未参与公司经营管理，以不构成‘怠于履行义务’为由，主张其不应当对公司债务承担连带清偿责任的，人民法院依法予以支持。”

③ 《民商事纪要》第15条规定：“有限责任公司的股东举证证明其‘怠于履行义务’的消极不作为与‘公司主要财产、账册、重要文件等灭失，无法进行清算’的结果之间没有因果关系，主张其不应对公司债务承担连带清偿责任的，人民法院依法予以支持。”

④ 参见《全国法院民商事审判工作会议纪要》（法〔2019〕254号，2019年11月8日发布）。

⑤ 《企业破产法》第127条第2款规定：“债务人违反本法规定，拒不向管理人移交财产、印章和账簿、文书等资料的，或者伪造、销毁有关财产证据材料而使财产状况不明的，人民法院可以对直接责任人员依法处以罚款。”第128条规定：“债务人有本法第三十一条、第三十二条、第三十三条规定的行为，损害债权人利益的，债务人的法定代表人和其他直接责任人员依法承担赔偿责任。”

此获得的赔偿归入债务人财产。第二,刑事责任方面。行为人隐匿、销毁会计凭证、会计账簿等行为触犯《刑法》第162条之二的规定,构成故意销毁会计凭证、会计账簿、财务会计报告罪。管理人应当及时报送法院,法院应当根据管理人的提请或者依职权及时移送有关机关依法处理。

在破产清算程序中,公司控股股东兼高级管理人员涉嫌隐匿、销毁会计凭证、会计账簿等行为造成无法清算时,为保证清算工作顺利进行,管理人可先询问行为人关于公司财务资料下落,并向其释明隐匿、销毁会计账簿等的法律责任。同时,必要时管理人还可向人民法院申请对行为人采取罚款、限制出境等民事强制措施。穷尽前述措施后依然无法清算的,则应终结清算程序。

（三）控股股东兼高级管理人员涉嫌利用职务之便侵占公司财产行为的分析

1. 行为性质

根据《公司法》的规定,董事、监事、高级管理人员对公司负有忠实义务,不得侵占公司的财产。① 实践中,部分公司存在相关人员违反法律规定利用财务管理漏洞侵占公司财产的行为,严重损害了公司利益。当前述行为导致公司的财产不足以清偿对外债务时,还会对债权人利益造成损害。本案中,清算组、管理人在对云春大酒店的财产状况的调查过程中,发现云春大酒店账目不清、控股股东兼高级管理人员彭某某与公司存在大量款项往来等问题,存在股东与公司人格混同的可能。同时,彭某某利用职务上的便利,将公司的财物非法占为己有,数额较大,可能涉嫌职务侵占罪。

2. 破产清算程序中“公司人格否认”制度的适用

“公司人格否认”制度源于《公司法》第20条第3款的规定,适用“公司人格否认”制度需同时满足以下条件:其一,股东实施了滥用公司法人独立地位及股东有限责任的行为;其二,具有逃避债务的目的;其三,该行为严重损害公司债权人利益(严重损害具体指股东滥用权利使公司财产不足以清偿公司债权人的债

① 《公司法》第147条规定:“董事、监事、高级管理人员应当遵守法律、行政法规和公司章程,对公司负有忠实义务和勤勉义务。董事、监事、高级管理人员不得利用职权收受贿赂或者其他非法收入,不得侵占公司的财产。”

权)。实践中常见的情形有人格混同、过度支配与控制、资本显著不足等。[①] 如前所述,本案中控股股东彭某某实施了将云春大酒店的银行借款以及租金归其个人无偿使用的行为,同时还将以云春大酒店的名义对外借来的款项归其个人使用,均未作财务记载。彭某某的行为符合《民商事纪要》第 10 条第 1 项、第 2 项规定的"人格混同"情形。[②]

关于破产清算程序中是否能直接沿用公司法关于"公司人格否认"制度的规定的问题。《公司法司法解释(二)》第 18 条第 2 款规定,有限责任公司股东怠于履行清算义务造成无法清算时,债权人可主张行为人对公司债务承担连带清偿责任。该条规定明确了在清算程序中可以适用"公司人格否认"制度。

3. 清算程序中针对此类行为的处理方式探讨

根据《企业破产法》的规定,行为人利用职务之便侵占公司财产,导致公司财产不足以清偿债务时,其应当承担的民事责任主要为返还财产、赔偿损失,将其违反忠实义务所得归入破产财产。[③] 若是在破产清算程序终结后追回,债权人可请求人民法院追加分配。刑事责任方面,行为人利用职务上的便利,将公司的财物非法占为己有,数额特别巨大,其行为已触犯《刑法》第 271 条的规定,涉嫌职务侵占罪。根据最高人民法院《关于推进破产案件依法高效审理的意见》的规定,人民法院应当根据管理人的提请或者依职权及时移送有关机关依法处理。[④]

如前所述,清算程序中可以适用"公司人格否认"制度。根据《公司法》的规定,适用"公司人格否认"制度必须借助民事诉讼程序加以判定。同理,公司进入破产清算程序后,管理人发现自然人股东与公司存在人格混同时,也需通过提起

---

① 参见《民商事纪要》第二部分关于公司纠纷案件的审理的第(四)小结。

② 《民商事纪要》第 10 条规定:"……(1)股东无偿使用公司资金或者财产,不作财务记载的;(2)股东用公司的资金偿还股东的债务,或者将公司的资金供关联公司无偿使用,不作财务记载的……"

③ 《企业破产法》第 36 条规定:"债务人的董事、监事和高级管理人员利用职权从企业获取的非正常收入和侵占的企业财产,管理人应当追回。"第 123 条规定:"自破产程序依照本法第四十三条第四款或者第一百二十条的规定终结之日起二年内,有下列情形之一的,债权人可以请求人民法院按照破产财产分配方案进行追加分配……"第 149 条规定:"董事、监事、高级管理人员执行公司职务时违反法律、行政法规或者公司章程的规定,给公司造成损失的,应当承担赔偿责任……"

④ 最高人民法院《关于推进破产案件依法高效审理的意见》第 22 条规定:"……企业法定代表人、出资人、实际控制人等有恶意侵占、挪用、隐匿企业财产,或者隐匿、故意销毁依法应当保存的会计凭证、会计账簿、财务会计报告等违法行为,涉嫌犯罪的,人民法院应当根据管理人的提请或者依职权及时移送有关机关依法处理。"

民事诉讼的方式对前述事实予以确认，从而主张返还财产、赔偿损失。然而，法人股东与公司存在人格混同，清算实践中的处理方式略有不同。当法人股东与公司存在人格混同时，无法区分双方财产或区分成本过高，严重影响债权人公平清偿时，参照《破产审判会议纪要》第32条的规定，可以适用实质合并破产的方式进行处理，[①]即无须以管理人提起民事诉讼确认人格混同为前置程序。

我国目前尚未全面建立个人破产制度，针对自然人股东与公司人格混同的情况，对自然人股东财产的追究，除通过启动破产衍生诉讼予以追收之外，目前尚无更加有效的方法。理论界有观点认为，可以参照《破产审判会议纪要》第32条的规定，探索由管理人提出追加自然人股东申请，法院出具追加当事人裁定，直接执行自然人股东财产的方式进行处理，不必另行诉讼。[②] 与通过管理人提起诉讼先确认人格混同再代为追收股东侵占的财产相比，此种方式更加高效便捷，也可以防止债权人在烦琐冗长的破产衍生诉讼中损失更多的时间与金钱，从而实现债权人利益最大化。当然，考虑到破产程序中可能存在的特殊情况等问题，为防止"公司人格否认"制度的滥用，还需进一步深入探讨。

---

① 《破产审判会议纪要》第32条规定："关联企业实质合并破产的审慎适用。人民法院在审理企业破产案件时，应当尊重企业法人人格的独立性，以对关联企业成员的破产原因单独判断并适用单个破产程序为基本原则。当关联企业成员之间存在法人人格高度混同、区分各关联企业成员财产成本过高，严重损害债权人公平清偿利益时，可例外适用关联企业实质合并破产方式进行审理。"

② 参见杨林法、沈隆吉：《破产程序中股东与公司"人格混同"处置研究及裁判策略应对——以锅炉公司清算案为研究视角》，载《法律适用》2019年第20期。

案例三　重庆德浩实业有限公司破产清算案*

2020年12月31日，重庆市第五中级人民法院裁定重庆德浩实业有限公司（以下简称德浩公司）进入破产清算程序，指定重庆迈纵律师事务所担任管理人。管理人在该案清算程序中，一是自掏腰包垫付职工工资，赢得职工信任，平稳解决职工安置问题；二是通过多种途径全面清查公司财产并进行有效管理，最大限度地保护了债权人权益；三是根据公司实际情况，制作高效灵活的财产变价方案，3个月完成千万元资产的变价工作。德浩公司破产清算过程中，就职工债权的认定和破产财产的变价处理问题，管理人结合理论与案件实际情况制定了详细的方案，最终取得了良好的社会效果。

一、案件基本情况

（一）债务人基本情况

德浩公司成立于2016年8月29日，注册地址为重庆市璧山区璧泉街道双星大道8号，注册资本5000万元。经营范围为研发、制造、加工、销售：汽车零部件、电

---

* 执笔人：刘斌，重庆迈纵律师事务所主任；崔忠杰，重庆迈纵律师事务所律师。

机、家用电器、日用塑料制品；汽车销售；从事货物及技术进出口业务（须经审批的经营项目，取得审批后方可从事经营）。

（二）清算程序的基本情况

1. 案件审理情况

德浩公司经营地址在重庆众泰汽车工业有限公司厂区内，主要业务是为重庆众泰汽车工业有限公司生产汽车零部件。2020 年以来，国内汽车行业大环境恶化，重庆众泰汽车工业有限公司进入停产状态，德浩公司经营状况恶化。至 2020 年年末，德浩公司资金链彻底断裂，欠付职工工资和供应商货款。2020 年 12 月 31 日，重庆市第五中级人民法院作出（2020）渝 05 破申 727 号民事裁定书，裁定受理宁波力劲机械有限公司对德浩公司的破产清算申请，并于 2021 年 1 月 26 日指定重庆迈纵律师事务所担任德浩公司管理人。

2. 债务人资产负债情况

根据审计报告，截至 2020 年 12 月 31 日，德浩公司资产总额为千万余元，负债总额为几千万元，资产负债率为 206.77%。

德浩公司的主要资产包括银行余额、生产设备、生产原料、应收账款、车辆等；负债主要为职工工资、供应商货款等。

债权申报期内，管理人自主调查及接收申报债权共上百笔，金额共计几千万元。管理人通过接收材料时初审、与债务人及审计人员核对情况、交叉复查的方式，对全部债权进行高效审查，最终确定债权共上百笔，总额为几千万元。其中，职工债权近百笔，债权总额上百万元；普通债权 50 余笔，债权总额上千万元。管理人与债权人及德浩公司法定代表人逐一确认证据材料、计算方式，并向有异议的债权人释法明理。最终，无一人向人民法院提起破产债权确认之诉或破产债权否认之诉。

3. 管理人履职情况

2021 年 1 月 26 日，管理人在签收《指定管理人决定书》当天，即组建了包括 9 名执业律师及 2 名实习律师的管理人团队，并即刻建章立制，对德浩公司基本情况进行梳理，就团队人员进行职责分工。

2021 年 1 月 31 日，管理人解决德浩公司职工包围管理人、阻挠接管工作的问题，顺利完成对德浩公司的接管。

2021年2月5日，管理人通过公开邀标确定了审计、评估机构。

2021年2月28日，管理人完成德浩公司财产初步调查工作，拟写了德浩公司财产情况的报告。

2021年3月5日，管理人完成接收德浩公司债权申报工作，并完成所有债权的初审。

2021年3月11日，召开了德浩公司第一次债权人会议。管理人对德浩公司债权申报及审查情况、管理人执行职务情况、德浩公司财产状况、财产管理方案、变价方案和分配方案向债权人进行披露、说明，并提请债权人对财产管理方案、财产变价方案、财产分配方案进行了表决。

2021年5月27日，经管理人提请，重庆市第五中级人民法院作出（2021）渝05破53号民事裁定书，裁定确认德浩公司无异议债权，作出（2021）渝05破53号之一民事裁定书，宣告德浩公司破产。

2021年6月23日，重庆市第五中级人民法院作出（2021）渝05破53号之二民事裁定书，裁定认可德浩公司的破产财产分配方案。2021年6月底，管理人进行了第一次财产分配。

2021年6月，德浩公司财产变价工作结束，进行了债权分配。

2021年9月13日，重庆市第五中级人民法院作出（2021）渝05破53号之五民事裁定书，宣告终结德浩公司破产程序。

（三）管理人清算思路及履行情况

管理人根据德浩公司的资产、债务情况，明确了如下清算思路：一是设法稳定职工情绪，快速清理职工债权；二是盘点德浩公司所有财产，归集货币资金，对德浩公司财产进行有效管理；三是根据德浩公司的动产情况制定有针对性的变价方案，将德浩公司所有动产以价值最大化为原则，快速进行变价，最大限度地减小管理成本；四是德浩公司职工债权多、金额大，破产又恰逢春节，为妥善解决职工安置问题，考虑不仅要对职工债权进行分配，还要争取保证职工债权全额清偿的情况下尽可能多地清偿普通债权人。

2021年3月11日，德浩公司第一次债权人会议顺利召开。该次债权人会议对德浩公司的债权进行了核查确认。经表决，《重庆德浩实业有限公司财产管理方案》《重庆德浩实业有限公司财产变价方案》《重庆德浩实业有限公司财产分配方案》一次性全部通过。

2021年6月,管理人完成德浩公司财产变价工作,并进行了第一次财产分配,职工债权100%清偿,普通债权第一次清偿的清偿率为10%。2021年6月底,管理人提请人民法院依法宣告德浩公司破产并终结德浩公司破产程序。

二、实务经验总结

(一)重点焦点分析

1. 职工的情绪安抚与经济安置

德浩公司进入破产程序时,有100余名职工,且情绪极为激动,妥善安置职工成为管理人的第一要务。管理人面临的职工安置问题异常复杂。一是德浩公司欠付百余位职工3个多月的工资及社保、9名临时职工工资、2户劳务派遣单位的上百名派遣职工工资;二是管理人接管德浩公司时临近春节;三是在被法院裁定受理破产申请到指定管理人期间的1个月时间里,德浩公司还在生产经营,职工在情感上难以接受德浩公司破产的事实;四是职工对破产程序不了解,对相应法律后果心存恐惧,在心理上排斥公司破产。基于以上复杂的职工问题,管理人从如下方面对职工进行情绪安抚与经济安置。

一是释法析理,消除职工对企业破产后果的不安和恐惧。管理人接受指定后,在第一时间掌握了德浩公司职工的基本情况,并立即赶到德浩公司所在地重庆市璧山区工业区,召开全体职工会,向职工讲明德浩公司现状,全面统计欠付职工工资情况,耐心听取职工的意见和建议;建立德浩公司职工临时微信群,采取面对面与网络即时通信等多种方式,与职工保持良好沟通,及时通告德浩公司清算过程中的相关信息,避免职工因信息不对称引起的不安和恐慌;安排专门人员为职工解答相关疑问和法律规定。及时的通报、良好的沟通、耐心的解释,让德浩公司职工对企业破产的法律后果有了相应了解,对其职工债权的法律保障产生信心,从而帮助管理人更好地推进工作。因此,虽然德浩公司一百多名职工在得知企业破产之后就马上到重庆市璧山区高新管委会集访,但在管理人接管后,德浩公司职工向各单位进行反映的状况得以缓解并最终消除。

二是快速清理职工债权,解决职工因解除劳动合同遭遇的居住困难,让所有职工平稳离职。管理人从接管德浩公司开始,即把第一工作重点放在职工债权的清查上。清查过程中，对德浩公司所欠职工的工资、经济补偿金，由管理人直接调查，无须职工申报，从而提高清查效率；清查完成后，立即进行公示，让德浩公司职工对管理人保护其权益的工作产生信心。在职工债权调查清楚的基础上，管理人与德浩公司职工逐一签订解除劳动合同协议书。协议书签订过程中管理人发现，德浩公司经营期间为解决职工居住问题，向重庆两山建设投资有限公司租赁公租房42间，截至德浩公司进入破产程序时，公租房存在被转租、职工物品堆积等清退难问题。管理人为减少德浩公司因此产生的租赁费用，积极与职工、重庆两山建设投资有限公司等多方沟通，先行清理未使用的公租房，最后清理仍有职工使用的公租房，为尚有职工使用的公租房留足搬离时间，最终在较短时间内解决了职工公租房的退房事宜。为尽快彻底解决职工工资问题，管理人在财产分配方案中提出"第一次分配在财产变现后债务人货币资产足以支付全部职工债权时"即刻实施分配的办法。前述工作让德浩公司所有职工平稳离职，德浩公司在整个破产程序中未再发生任何一次信访事件。

三是管理人垫付部分职工工资，让职工对债权清偿充满信心。德浩公司进入破产程序时已拖欠职工部分工资；又恰逢春节临近，很多职工都等着发工资回家过年，且虽然2020年12月已经裁定德浩公司进入破产清算程序，但因未指定管理人，德浩公司在2021年1月仍进行了生产经营。以上种种，导致职工群情激烈。为妥善解决这一问题，管理人在将2021年1月德浩公司职工为德浩公司继续经营而产生的工资认定为共益债务的基础上，基于对德浩公司财产情况的准确判断，考虑到职工需要工资回家过年的特殊时间节点，在春节期间先行支付了德浩公司2021年1月职工工资和社保，自行垫资支付了职工部分工资。此外，为了不影响职工失业保险金，管理人采用先行支付2月社保费用再让相关单位退还的方式，解决职工领取失业保险金的问题。管理人自掏腰包减小企业破产带给职工的伤害，让职工群体对其工作充满信心。

管理人对职工耐心释法明理，让职工相信管理人会依法保障其权利；对职工债权的快速清查认定，让职工对管理人能力产生信任；春节期间由管理人先行垫付职工部分工资，让职工对管理人的德行充分肯定。这三大步骤成功安抚了德浩公司职工情绪，成功化解了破产企业职工因企业破产可能带来的社会稳定问题。

2. 职工债权认定中的难点与应对

破产债权申报过程中，管理人自主调查和收到职工债权申报共近百笔，债权总额上百万元。职工债权审核过程中，争议焦点有三：一是欠付的临时职工工资是否属于职工债权；二是欠付的派遣职工工资是否属于职工债权；三是经济补偿金的计算，即职工经济补偿金的计算基数是否要剔除疫情原因导致的非正常工作期间。

对欠付的临时职工工资，管理人认为，德浩公司与临时职工之间虽未订立书面劳动合同，但形成了事实上的劳动合同关系，故欠付的临时工工资应当属于职工债权。

对欠付的派遣职工工资，经管理人了解与核实，德浩公司在经营困难期间因无法解决生产问题，当地有关部门联系 2 个劳务派遣公司向德浩公司输送了大量劳务派遣人员。因本就是为解决企业生产问题，劳务派遣公司并未收取任何管理费，劳务派遣职工的工资均按天计算，劳务派遣职工的打卡记录也由德浩公司直接管理。鉴于此，管理人认为，虽然劳务派遣公司才是支付欠付劳务派遣职工工资的直接主体，但德浩公司情况特殊，对派遣职工宜参照临时职工欠付工资的认定方式，将欠付的派遣职工工资认定为职工债权。

对经济补偿金的计算问题，德浩公司破产前夕，很多职工只领取生活费，且该生活费已经低于重庆市最低工资标准。鉴于此，管理人认为，经济补偿金从性质上看系用人单位与劳动者解除或终止劳动关系后，为弥补劳动者损失或基于用人单位所承担的社会责任而给予劳动者的补偿，故经济补偿金应以劳动者的正常工作时间工资为计算基数。后来，公司经营面临困难，为了降低公司成本，公司向未正常排班的职工只发放生活费，故疫情期间并不能体现职工正常劳动所获得的劳动报酬的标准，将其从经济补偿金的基数中剔除更为公平合理。

3. 财产变价工作中财产处置方式的选择

破产财产的变现价格直接关系每一个债权人的利益。德浩公司的财产类型复杂多样，涉及机器设备、原材料、半成品，废弃物资等，且部分财产的处置涉及定价难、数量难以确定、变价方式难以抉择等诸多问题。

管理人对德浩公司的财产类型、现状作了详尽了解，根据德浩公司财产的情况，决定采用多种灵活的财产变现方式对德浩公司财产进行处置。一是采用整体处置与单独处置相结合的财产处置方式。变价财产的整体处置或单独处置，要充分考虑变价财产的现状及财产处置的合理性，选用合适的处置方式能大大提高变价财产的处置效率。例如德浩公司的机器设备，只有整体处置才能发挥最大作用、充分体现设备价值，如分开处置，则相当于拆除了一个生产线，会大大降低财产价值，对这类财产管理人采用了整体处置方式。而对德浩公司的汽车，则采用单独处置的方式，快速完成单个财产的变价。二是采用网络拍卖、定向招标和现场公开竞价等不同变价方式进行财产变价。对流通情况较好、没有特殊要求的企业办公设备等，管理人采用网络拍卖的方式，高效完成财产的变价；对德浩公司生产剩余的原材料，因为只能流通于相同行业，且存在无法清理数量的情况，管理人则是通过多方了解潜在购买人后，采用现场公开竞价的方式进行变价处置，快速完成该类特殊财产的变价工作；对德浩公司的废旧物资，包括不具备通用性的特定车型配件、料架、设备的配套设施等，一种废旧物资可能由多种材料（如钢、铁、铜、塑料等）构成，因为涉及环保问题，需要有资质的第三方进行特殊处理，管理人则采用公开邀标的方式，在有资质的投标人中选取最佳购买人。

管理人将不同财产类型化，对每一类型的财产都进行了市场调研，多方询问潜在买家，然后根据财产的类型和市场情况，考虑财产处置效率和效果，结合不同财产的特性、现状，针对性地作出财产变价方式，灵活选择财产处置方案，最终让德浩公司千万资产得以在 3 个月内完成变价，为德浩公司债权的清偿奠定了坚实基础，切实维护了所有债权人利益。

4. 股东另立新公司侵占公司财产的处理

在德浩公司财产调查过程中，经德浩公司职工反映，管理人了解到德浩公司股东在德浩公司破产案受理前夕另行成立新公司，借用德浩公司现有设备、场地、人员，从事与德浩公司相同的业务，可能存在侵害公司利益的行为。为此，管理人将核实股东侵权行为作为工作重点。通过向知情的职工了解、到客户单位访问，派常驻人员留在德浩公司处理相关事务 2 个月，审计核查公司财务情况等多种方式，固定股东侵权行为的证据。其后，对相关股东晓之以理、明之以法，最终让两股东将新公司所有剩余财产纳入德浩公司的破产财产，用于对债权人的清偿。

（二）办案心得感悟

1. 维护职工权益管理人应勇于担当

德浩公司属于典型的生产型企业，职工人数众多。德浩公司破产案受理之时恰逢春节,欠付职工工资的问题可能引发职工集体维权事件。因此,管理人接受指定后,第一项重点工作就是做好职工安置工作。管理人第一时间制定了职工安置方案,包括查明德浩公司的职工类型、与职工的劳动合同解除问题、根据工作年限和工作情况计算经济补偿金问题、欠付职工社保问题、职工领取失业保险金的问题、是否聘用留守人员问题等。管理人从职工的利益出发,首先通过向职工耐心释法安抚职工情绪,其次通过快速清理职工债权并进行公示,让职工切身感受到自身利益受到保护,最后根据时值春节这一特殊情况,制定了职工债权分批清偿、管理人先行垫付等清偿方案,在管理人向法院汇报得到批准后执行,让职工对管理人工作产生信任和认可。最终,德浩公司所有职工债权得到全额清偿,未发生任何职工信访事件,也没有职工对债权提出异议,德浩公司破产清算工作得以顺利进行。

2. 财产调查工作务求细致详尽

财产调查工作是破产案件管理人永远的重点工作。管理人除了要对破产企业的动产、不动产、对外投资、无形资产、注册资本等常规财产进行清查外,也要注意核查公司对外应收账款和关联企业之间的往来款项,通过向职工、供应方、关联企业询问情况、请审计机构辅助核查账目等多种方式调查破产企业的财产情况。德浩公司破产清算案中,管理人通过向老职工、股东、合作单位等多方了解德浩公司的经营情况,寻找德浩公司财产线索,根据找到的线索让审计单位核实德浩公司账面情况,查找相关证据。通过这种方式,管理人及时收回德浩公司对外应收账款和股东退回侵占款项近 100 万元。

3. 财产变价方案应灵活多变

德浩公司破产财产类型较多,包括原材料、半成品、生产设备等。其中,原材料和生产设备基本只能在行业中流通,部分废旧物资如果能作为再生资源进行处置,既环保又能最大限度地实现财产价值。因此,管理人根据德浩公司财产情况的类型和流通情况,制定了灵活的变价方案,在注重破产财产价值最大化并兼顾处置效率的原则下,通过整体或分散的方式进行财产处置。对于流通性好、没有特定要求的财产,通过网络拍卖进行变价;对于整体处理更有利于进行变价的财产,管理人进行了整体出售;对于部分只能在行业流通的财产,管理人通过寻找潜在投资人公开竞价的渠道进行财产变价,以提高破产财产的变价率。德浩公司破产财产的变价工作,充分体现了根据财产的类型和流通情况来制定变价方案,可以高效优质地完成破产财产的变价。

三、理论问题探究

在德浩公司清算过程中,职工债权人较多,占总债权人数的65%。而职工债权涉及的问题又多,包括职工安置问题、劳动合同的解除问题、经济补偿金的计算问题等。管理人在职工债权的清理和审核过程中,查阅大量职工债权认定的法律依据和司法判例,结合实际情况进行审核认定,最终确定了近百笔职工债权,确认金额为数百万元。职工债权确定后,对职工债权的清偿决定着各职工的实际利益。但债权清偿的基础在于破产财产的价值总额,而破产财产的价值最主要是看破产财产的变价情况。基于此,管理人在全面清查破产企业财产的基础上,通过灵活的变价方式,最大限度地提升破产财产变价效率和价值,最终职工债权得以全额清偿,普通债权人首次清偿率达到10%,保护了职工的利益和普通债权人的利益。

(一)职工债权认定范围及经济补偿金的计算问题

破产企业通常涉及破产企业职工安置问题,管理人如何制定切实可行的职工安置方案,关系到破产企业能否顺利完成清算工作,也关系到社会和谐稳定。从德浩公司破产清算案来看,难点主要在职工债权的认定范围和经济补偿金的计算上。

1. 职工债权的认定范围问题

职工债权的认定范围问题即欠付的临时职工工资和派遣职工工资是否属于职工债权。从《企业破产法》第113条第1款规定可以看出,[①]在企业破产清算中,应优先分配的是企业因破产宣告前的劳动关系而产生的债权,包括破产企业结欠劳动者的工资、医疗、伤残、因企业破产解除劳动合同依法应该支付给劳动者的经济补偿金和欠缴的社会保险费用等,该债权属于职工债权的范围。但实务中职工债权远远超过前述第1款的列举,例如欠付临时职工工资等。职工债

---

① 《企业破产法》第113条规定:"破产财产在优先清偿破产费用和共益债务后,依照下列顺序清偿:(一)破产人所欠职工的工资和医疗、伤残补助、抚恤费用,所欠的应当划入职工个人账户的基本养老保险、基本医疗保险费用,以及法律、行政法规规定应当支付给职工的补偿金……"

权的审定不仅关系到破产程序的有效推进，也关系到民生问题。因此，管理人不能机械地照搬法条，而应从实际出发，结合社会经验、社会习惯等综合考虑。职工债权即指职工基于劳动关系而对用人单位享有的各种基本的、具有优先权的劳动权利的总称，不管是临时职工还是派遣职工，基础在于是否与破产企业形成实际劳动关系。如果具备形成劳动关系的条件，则应当认定为职工债权。

2. 破产企业职工经济补偿金的计算，应否剔除非正常生产情况下的期间

1995 年 1 月 1 日施行的原《违反和解除劳动合同的经济补偿办法》第 11 条规定，"本办法中经济补偿金的工资计算标准是指企业正常生产情况下劳动者解除合同前十二个月的月平均工资。用人单位依据本办法第六条、第八条、第九条解除劳动合同时，劳动者的月平均工资低于企业月平均工资的，按企业月平均工资的标准支付"。该条明确，经济补偿金的计算基数是指"正常生产情况下"，如企业出现生产性停工等非正常生产的情况导致劳动者工资降低的，自然应予以剔除相应期间。据《中华人民共和国劳动合同法》(以下简称《劳动合同法》)第 47 条和《劳动合同法实施条例》第 27 条之规定，①经济补偿金的计算基数排除了《违反和解除劳动合同的经济补偿办法》对于经济补偿基数限定"正常生产情况下"的规定。虽然《违反和解除劳动合同的经济补偿办法》在 2017 年 11 月 24 日被人力资源和社会保障部《关于第五批宣布失效和废止文件的通知》(人社部发〔2017〕87 号)予以明文废止，但由于新法旧规长期并行，对经济补偿的计算基数全国各地出现了不同做法。前述法律主要运用于对病假工资的剔除，即职工个人原因导致的解除合同前职工工资过低的情况。2020 年全国新冠肺炎疫情暴发，对疫情原因导致的解除劳动合同前职工工资过低的情况，在计算经济补偿金的时候应予剔除，理由有三：一是法律并未明确规定不得排除疫情期间职工工资；二是疫情并非是职工原因，不扣除疫情期间的职工工资有失公平；三是疫情期间职工领取的是生活费，并非职工工资。因此，基于全国疫情此种非正常情况导致的职工解除劳动合同前职工工资过低的期间应当剔除。

---

① 《劳动合同法》第 47 条规定："经济补偿按劳动者在本单位工作的年限，每满一年支付一个月工资的标准向劳动者支付……本条所称月工资是指劳动者在劳动合同解除或者终止前十二个月的平均工资。"

《劳动合同法实施条例》第 27 条规定："劳动合同法第四十七条规定的经济补偿的月工资按照劳动者应得工资计算，包括计时工资或者计件工资以及奖金、津贴和补贴等货币性收入……"

3. 高管的工资调整和经济补偿金的计算问题

在企业破产前，高管的工资水平往往比普通职工高出很多，如果按照未经调整的工资来计算其经济补偿金，显然对普通职工不公平，也有可能会对普通债权的清偿产生不利的影响。考虑到经济补偿金具有一定的失业救济功能，且高管一般具有良好的就业条件，故按照职工平均工资计算其欠发工资，进而以调整过的工资来计算其经济补偿金，既体现了对普通职工的保护，也可以视为对高管经营不善的鞭策。如果机械适用《劳动合同法》第 47 条第 3 款的规定，显然违背了《企业破产法》保障职工基本生存权的立法精神。因此，德浩公司清算案中，管理人根据《企业破产法》第 113 条的规定，对破产企业高管的未发工资进行了调整，经济补偿金的计算基数也进行了相应调整。管理人与调整工资的高管进行了沟通，释明调整其欠付工资的原因和法理，最终得到高管的理解。

《企业破产法》第 113 条第 3 款明确规定，“破产企业的董事、监事和高级管理人员的工资按照该企业职工的平均工资计算”，但对企业的董事、监事和高级管理人员，需要严格鉴别。严格来说，对破产企业中的董事、监事和高级管理人员的平均工资基数计算需先认定人员，后按照职工平均工资进行相应的核算。但基于破产受理到裁定破产这段时间内，董事、监事和高级管理人员仍可能对破产的顺利进行起到关键性作用，若按照此种标准确定高管工资，已然触犯了管理者的利益，很可能会引起高级管理层的抵触情绪。因此管理人在工作过程中要寻找合适的方式与高级管理层进行沟通，避免高级管理层抵触影响后期工作的进行。

（二）破产清算中破产财产价值最大化问题

破产财产是供破产债权人分配的财产，决定着各债权人的实际利益。在破产财产处置过程中应当注重破产财产价值最大化，同时兼顾处置效率。管理人要积极探索灵活多样、更为有效的破产财产处置方式和渠道，对于能够通过整体或组合处置方式提高企业资产整体价值的，应优先采用该处置方式，最大限度地提升债务人财产的变价率。

1. 破产财产变价过程中的常见问题

一是对破产财产的监管失控，导致财产流失，在实操过程中，多数企业在进入破产程序之前已停产歇业，企业派人驻守看管，但这些人缺乏监督管理机制，导致财产的流失。二是部分破产企业以及职工违法自行处置和占用企业财产，减少了可供变现的财产范围。三是对破产企业的财产评估不尽合理，造成价值减损，对设备等除国有土地之外的资产评估大多是依据破产企业财务上的账面数字，比照市场行情商定作价，没有聘请专业的评估机构，就会出现高估或低估的情形。四是部分破产财产没有实际价值，变现困难。老旧的办公桌椅等，实际价值基本已经灭失，即使一次比一次降低起拍价，均无购买方，致使变现无法进行。五是职工安置费用缺乏来源，主要依靠财产变现，一定程度上影响了变现程序。企业破产后，职工的安置成为一大难题，事关稳定大局，必须首先考虑解决。为了不再形成新的社会矛盾，维护社会稳定，管理人需要加快破产财产的变现速度，尽快妥善安置职工。

2. 采用灵活的财产处置方式

管理人在处置财产时可采用不同的处置方式，如整体处置、组合处置、单独处置等。整体处置包括机器设备的整体处置，在整体处置时，管理人可以对现有财产进行优化组合，比如可以剥离出一部分有形财产或无形财产组合出售，也可以将现有财产科学分类后组合出售，处置过程可采用拍卖等方式进行。第一，组合处置。管理人可以根据市场行情或者购买者的特定需求，将部分财产进行组合后进行处置。组合处置的资产规模一般低于整体变价，但是对处置财产进行优化组合，一方面可以充分适应市场需求便于处置；另一方面也可以提高组合资产的市场变现价值。第二，单独处置。管理人可以根据实际需要将债务人财产单独处置。即使是在整体处置或者组合处置的情况下，针对部分无形财产或者不动产、动产也可以单独处置，在经过科学剥离后，部分财产的单独处置价值在一定程度上也会有所提升。管理人在德浩公司破产清算一案中，对机器设备采用整体处置的方式，通过拍卖的方式大大提高了财产的变现价值，而对德浩公司的废旧物资，则采用组合处置的方案，根据市场行情和特定购买者的需求，对废旧物资进行组合处置，成功处置了德浩公司的各类废旧物资，既成功处理了德浩公司的财产，又完成了环保的资源再生问题。而对德浩公司的车辆等财产，管理人采用单独处置的方案进行拍卖，变现速度非常快。

3. 合理选择处置平台

实务中，管理人可以选择多样化的资产处置平台，将“互联网＋”与传统处置方式相结合。目前主流的资产处置平台包括阿里拍卖平台、京东拍卖平台及各省市级产权交易中心等。管理人也可以在其他专业互联网平台、纸媒上刊登公告或者委托其他产权交易机构、拍卖机构进行推介,由此产生的费用应当列入破产费用。当然也可以充分发挥债权人、债务人的作用,鼓励他们通过各种渠道推介宣传,尽全力提高资产处置价值与效率。

网络拍卖凭借其竞价充分、公开透明、成本低廉等优势,已成为破产程序中处置财产的重要方式。在破产领域中,对于债务人财产的具体处置方式及拍卖程序,目前仍未出台在全国范围内具有普遍适用性的法律规范。2018 年 3 月 4 日出台的《破产审判会议纪要》,已明确提出"要适应信息化发展趋势,积极引导以网络拍卖方式处置破产财产,提升破产财产处置效益"。北京、上海、深圳、重庆等地也陆续出台了有关破产财产处置的规范性、指导性文件,大部分均明确了"网络拍卖优先原则",即除债务人财产性质不适宜网络拍卖、债权人会议另有决议或法律及其他有关规范另有规定的情况下,破产程序中处置债务人财产应当首先采用网络拍卖方式。破产财产网络拍卖是管理人根据债权人会议表决通过的财产变价方案实施的破产财产变价行为,是在受《企业破产法》及相关司法解释调整的基础上、遵从债权人会议决议实施的意思自治行为。

4. 选择合适的定价方式

破产财产处置参考价的确定方式主要如下:一是定向询价。债务人财产有计税基准价、政府定价或者政府指导价的,管理人可以向确定参考价时财产所在地的有关机构进行定向询价。二是网络询价。债务人财产无须由专业人员现场勘验或者鉴定,且具备网络询价条件的,管理人可以通过司法网络询价平台或其他网络询价平台进行网络询价。例如深圳市中级人民法院、安阳市中级人民法院均提出,管理人向债权人会议提出首次网络拍卖起拍价建议的,应当通过网络询价系统进行询价,以询价系统显示的价值或者多个询价系统比对后的平均值为依据。因此,借助信息化手段,依靠大数据的优势,以网络询价方式确定破产财产处置参考价,既是大势所趋,亦是实践之真知。三是委托评估。法律、行政法规规定必须委托评估、债权人会议要求委托评估的,管理人应当委托评估机构进行评估。网络询价不能或不成功的,管理人可以委托评估机构进行评估。四是管理人估价。无法通过以上三种方式确定参考价的股权、知识产权等、委托评估费用过高或者财产价值显著较低的,管理人可以根据市场交易价格、财务数据等进行估算。该方式作为上述四种方式中的兜底性选择,显然结合了管理人在破产程序中执行职务的角色这一特性，在管理人综合考虑待处置财产的性质、处置参考价确定成本、财产价值等因素的情况下，赋予管理人根据市场交易价格、财务数据等进行估算的职权，是极具破产程序特色的变通方式。综上，部分地方法院关于破产财产处置参考价的确定方式的指引，除吸收了民事执行程序中新增设的定向询价、网络询价方式之外，根据破产程序自身特点，创新了管理人估价的特殊方式，加上传统的委托评估方式，搭建了四种处置参考价确定方式的框架，供管理人在不同情形下灵活选择，既符合破产审判的实际需求，也是实现破产财产处置环节效率提升的有力保障。

德浩公司破产财产变价过程中，管理人主要选用公开拍卖的方式，互联网的发展近年来势如破竹，应运而生的网络拍卖相较于传统拍卖，更为公开透明、高效便捷，也更能满足网络拍卖市场中挂拍方和竞买方的现实需求。在已出台破产财产处置有关规定的地区亦指出了网络拍卖优先原则。因此，通过实践的大量考量，在破产财产处置环节确立破产财产网络拍卖优先原则的规则基础已昭然若揭。在变价平台的选取上，管理人主要选择阿里拍卖平台进行公开变价，阿里拍卖平台是目前受众面最广的平台，对于流通性较好的财产，选择阿里拍卖平台可以帮助管理人快速进行财产变价。另外，对部分流通性较小，受众面较小的财产，管理人则采用通过债权人债务人各种渠道推介宣传，管理人寻找潜在投资人的方式进行变价处置，采用该辅助处置平台方式，可以提高资产处置的价值与效率。

5. 科学处置应收账款等疑难资产

管理人调查后，如果发现债务人存在有清收可能的债权，可以通过电话联系、发函、诉讼等方式进行催收，也可以整体或者“分别打包”公开拍卖。在无法实现及时清收的情况下，经债权人会议决定，可以采用实物分配的方式进行分配。调查后发现确无追回可能或追收成本大于债权本身的，管理人在向债权人说明情况后可予以核销处理，不再进行追索。债务人的债务人亦破产的，管理人可依法申报债权，通过破产程序进行处理。德浩公司的资产也包含应收账款，管理人通过电话联系、发函、诉讼等方式进行催收，对于债务人的债务人亦破产的，管理人则依法申报了债权。对部分具有条件的应收债权，管理人同样采用公开拍卖的方式进行了变价处置。管理人采用一切可变价的方式的对应收账款进行了变价处置，提高了破产财产的整体价值和债权清偿率。

破产财产变价是破产清算工作中一个非常重要的环节，变价工作的快慢直接决定破产清算案件的办理期限，德浩公司破产一案中，管理人正是因为在破产财产变价过程中采用了灵活的变价方案，在 3 个月时间内完成了千万元资产的变价处置，大大缩短了德浩公司破产清算案的办理周期，取得了较好的办案效果。